AF369840

Lautrec
Edw Ancourt Par

HENRI
DE TOULOUSE-LAUTREC

Jane Avril

Jane Avril.
Affiche (1893)

MAURICE JOYANT

HENRI DE TOULOUSE-LAUTREC

1864-1901

DESSINS - ESTAMPES - AFFICHES

H. FLOURY, ÉDITEUR

2, RUE SAINT-SULPICE & 4, RUE DE CONDÉ

PARIS (VIe)

1927

Hôtel du Bosc, à Albi.
Maison natale de H. de Toulouse-Lautrec.

CHAPITRE PREMIER

Le Peintre et le Dessinateur

LA TECHNIQUE

« En tout objet, écrit Delacroix, la première chose à saisir
pour le rendre avec le dessin, c'est le contraste des lignes principales.
Avant de poser le crayon sur le papier, en être bien frappé... c'est
là tout le secret du dessin. Le plus difficile est de l'appliquer au
corps entier. Ingres l'a trouvé dans des détails de mains. Tous les
autres peintres, sans en excepter Michel-Ange et Raphaël ont des-

siné d'instinct, de fougue, et ont trouvé la grâce à force d'en être frappés dans la Nature ; mais ils ne connaissaient pas le secret de... la justesse de l'œil. Ce n'est pas au moment de l'exécution qu'il faut se bander à l'étude avec des mesures, des aplombs, etc.

Il faut de longue main avoir cette justesse qui, en présence de la Nature, aidera de soi-même le besoin impétueux de la rendre. Dans les portraits, indispensable : Quand, par exemple, on a fait des ensembles avec cette connaissance de cause, qu'on sait, pour ainsi dire, les lignes par cœur, on pourrait en quelque sorte les reproduire géométriquement sur le tableau. Portraits de femme, surtout, il est nécessaire de commencer par la grâce de l'ensemble. Si vous commencez par les détails, vous serez toujours lourd. Témoin : ayez à dessiner un cheval fin, si vous vous laissez aller aux détails, votre contour ne sera jamais accusé (1). »

Cette profession de foi s'applique exactement à Lautrec. On doit savoir son métier, tout de suite, en naissant, ou on ne le sait jamais : la justesse de l'œil au service d'une vision naturelle aiguë.

Les nombreux dessins, toiles et panneaux de sa jeunesse, sont une preuve d'un métier instinctif, non appris ; leur acuité déconcerte, lui-même les baptise d'horreurs; il y a une griffe, une sûreté de main, une compréhension du mouvement des êtres, qui sont bien à lui et lui confèrent d'emblée une supériorité.

Travailleur acharné, immobile des années de par son destin tragique, en proie à une " furia " qui, plus tard, le fera aller dans le cours de sa vie, partout et bien ailleurs, pour observer, dessiner,

---

(1) Journal d'Eugène Delacroix, tome I, 1823-1850, pp. 195 et suiv. **Paris, Plon,** 1893.

Portrait de H. de Toulouse-Lautrec, par Anquetin (1889).

peindre, au détriment de son sommeil, de sa santé, dans une activité dévorante ; il « bourre dans le tas », suivant son expression.

Sa manière de peindre peut se diviser en des périodes très nettement délimitées comme métier et comme influence, bien qu'il ne se soit jamais strictement emprisonné dans une formule rigide. Des grands courants artistiques dont il fut témoin, Lautrec, certes, s'en est inspiré ; mais dans sa technique, il amalgamera ce qui passe devant lui, suivant son humeur indépendante, suivant son instinct, servi par une sorte d'extravagance manuelle géniale.

C'est dire qu'on ne peut absolument en inférer une chronologie de son faire. Aux peintres, amis de sa prime jeunesse, à l'Ecole des Beaux-Arts, puis à l'impressionnisme, au pointillisme, au symbolisme, aux maîtres anciens et aux modernes, comme Degas, Manet, Whistler, Renoir, il prendra un peu de leur enseignement et de leur manière, les admirera, puis les oubliera pour en arriver à une maîtrise personnelle parfaite ; il deviendra une sorte de nouveau Greco de la bonne manière.

Lorsque, dès 1875, il travaille seul sous la coupe de Princeteau, sa palette est claire ; de 1880 à 1882, sous l'influence de ce dernier, des peintres et sculpteurs mondains et sportifs habitués des grands Cercles et des Salons, de John Lewis Brown et de Forain entrevus, il évolue déjà. Tout ce qu'il exécute de 1879 à 1881, à Nice, au Bosc dans le

Portrait d'enfant (1882).
Fusain

NICE. Sur la promenade des Anglais
Aquarelle (1879)

Tarn, à Céleyran dans le Narbonnais, témoigne d'une grande clarté ; il se rapproche inconsciemment de Bastien Lepage, très lumineux, au milieu du bitume de son époque. Bien qu'il ne connût point encore, ou soupçonnât à peine les impressionnistes, ses plein-air s'en rapprochent. Naturellement, il a le sens de la construction des êtres et des paysages. Les hommes, les femmes, les chevaux, les chiens, les oiseaux qu'il peint au bord de la Méditerranée ou dans le Languedoc, ne sont point mannequins habillés. On sent une ossature solide, et la compréhension du mouvement, surtout du mouvement en puissance.

Les portraits exécutés à cette époque, ceux de la Comtesse de Toulouse-Lautrec (1), de nombreux hommes,

Moine assis dans une église (1880).
Aquarelle.

et femmes, travailleurs des domaines familiaux (2), sont parmi les exemples d'une peinture claire, qui n'a encore subi aucune déformation par l'enseignement.

---

(1) Musée d'Albi, N° 53.
(2) Musée d'Albi, N°ˢ 58, 59, 61.

De 1882 à 1884, le passage dans les ateliers de Bonnat et de Cormon lui apprend l'orthographe du métier, tend à le refréner, mais obscurcit sa peinture et assagit son dessin, que Bonnat trouve « tout bonnement atroce ».

Académie (Atelier Cormon, 1882)

Ce n'est que grâce à sa résistance native, à son indomptable esprit de liberté, que Lautrec, ayant pris ce qu'il lui fallait de l'enseignement, arrive à se libérer de l'emprise de l'Ecole des Beaux-Arts.

Dès 1884, il rejette complètement les thèmes mythologiques ou historiques, dans lesquels les scènes bibliques et mérovingiennes voisinent avec les Icares ailés et les Prométhées enchaînés.

Et pourtant, en cette matière, il a montré combien, lorsqu'on est doué, rien ne devient banal. Lautrec a laissé une suite de « Printemps de la Vie » d'un grand sens décoratif.

La légende, sans doute donnée par Cormon, a fourni au futur peintre l'occasion de composer, mais non de manière conventionnelle, des scènes de l'âge d'or, époque heureuse où les garçons et les filles jouaient nus parmi des tigres attelés aux chars ; ou se mesuraient «avec les lions, les panthères... et les crotales d'airain», ajoutait Lautrec, en réminiscence d'un chœur d'Opéra.

Ces sujets de concours, tout de légèreté et de grâce, donnent, malgré leur exiguïté de format, l'impression d'une pensée qui est sous l'empire de Puvis de Chavannes et qui voit sa réalisation en grandes fresques murales.

H. de Toulouse-Lautrec, par lui-même (1892)
Détail du tableau " Au Moulin-Rouge ".

En 1885, l'impressionnisme est en pleine évolution ; aux factures primitives de Jongkind, de Manet, de Degas, de Monet, de Renoir, de Pissarro, de Sisley, qui sont, pour certains, à leur début, si apparentées aux Corot d'Italie, succèdent celles des hachures et des recherches dans la division des valeurs et des couleurs. Lautrec subira cette évolution.

Les différentes effigies de sa mère, la femme au nœud rose, l'artiste Grenier sont peints avec des touches larges ; ce dernier, par son allure calme, rappelle l'échevin de Cranach du Musée de Bruxelles (1). Un autre portrait de sa mère assise sur un banc avec un fond de verdure et de fleurs, à Malromé, est à rapprocher de celui de Mme Manet assise sur un banc et que Lautrec ne connaissait certainement pas ! mais le faire est ample, avec une prescience curieuse.

Egalement à cette époque, Alfred Stevens au métier impeccable,

Téte de femme (1886).

---

(1) Vente Decourcelle, N°s 75 et 78.

ajusteur d'étoffes rares, savamment peintes, donnera à Lautrec le goût de s'essayer à des recherches de femmes habillées en somptueuses robes de soie jaune brossées à grands coups de pinceau (1).

Puis, quittant pour l'instant la facture par larges touches, Lautrec suivra celle des impressionnistes. A cette période se rattache le portrait de Mme de Toulouse-Lautrec lisant (2), ceux de Mme Suzanne Valadon, de sa cousine Mme Pascal, de Mme Aline Gibert, etc. La peinture se rapproche de celles de Pissarro, de Renoir, faites de hachures. Il faut aussi citer toute une série de scènes de ballet à l'Opéra et la décoration de l'auberge Ancelin, à Villiers-sur-Morin, composée de quatre panneaux peints à même les murs et la porte. Dans l'un : le Poulailler, des individus en blouse et en cas-

Tête de vieil homme (1880).
Aquarelle

____

(1) A l'atelier. La pose du modèle. Coll. de M. S. Chapelier.
(2) Musée d'Albi, N° 53.

quette à pont sont vautrés au balcon des cintres, crispés par l'attention. Curieuse décoration, car malgré l'enseignement des Beaux-Arts, on sent tout l'horrible d'un certain populaire des poulaillers de théâtres de faubourgs (1).

Dans les prisons (1888).

En se représentant en apache, avec un foulard rouge, Lautrec a transposé des recherches photographiques faites avec Anquetin et Carabin. D'un amusement d'atelier, il a exécuté cette fresque remplie de verve de premier jet, rejetant les enseignements de ses maîtres, qui n'admettaient que du monde bien habillé.

Dans ces œuvres où se révèle sa nature, on peut dire que Lautrec. a pensé à Forain et à Raffaëlli, qui furent également pour lui deux

____

(1) Vente Pédron, N° 61. Coll. de M. Zunz.

Au café (1886).
Dessin au lavis.

initiateurs. Si, dans toutes ses séries de ballets, Lautrec est hanté peut-être par Forain : dans les illustrations du *Mirliton,* du *Paris illustré,* sur les Bals, sur l'Eté à Paris, il semble qu'il ait pris le second comme exemple.

La Blanchisseuse qui traverse une rue de Paris, son panier au bras (1), le Côtier qui attend, avec son cheval de renfort, la montée de l'omnibus en bas de la rue des Martyrs, les Cavaliers qui passent place de l'Etoile pour aller au bois, l'Ouvrier endimanché qui promène sa famille un jour de première communion, peuvent se réclamer d'un souvenir de Raffaëlli.

Puis l'influence grandissante de M. Degas ; l'avènement du symbolisme, avec Emile Bernard, Gauguin et leurs simplifications, la découverte des Japonais, lui enseignent la recherche de mise en page et le goût du raccourci, des accouplements de couleurs peu nombreuses en des valeurs rares et juxtaposées.

En 1888-1889, on peut dire que Lautrec a déjà conquis la pleine possession de ses moyens ; encore incertain sur sa technique et

Le dernier salut (1887).

sur son « métier de gâcheur de mortier », il se libère peu à peu
de l'obscurcissement dû à ses maîtres. Il travaille en pleine matière,
sa peinture est chaude, cossue, somptueuse même : on en trouve

Catulle Mendès (1888).

H. de Toulouse-Lautrec, en carabin
de l'Hôpital Saint-Louis (1888).

l'expression dans le portrait de l'acteur Samary tenant le rôle de
Raoul de Vaubert dans *Mlle de la Seiglière* ; dans des portraits de
femmes, comme la Lettre ou En meublé, la Pierreuse, certaines
femmes au lit. Sa peinture donne l'impression d'un fruit mûr,

témoins les tableaux des Bals du Moulin de la Galette, de l'Intérieur de Cabaret, de l'Elysée Montmartre, A la Mie. Puis, toutes
les suites des Rousses qui posent sur les fonds de verdure du jardin
de M. Forest. En se
reportant au catalogue
chronologique, on s'en
rend facilement compte.

Dès que Lautrec
expose, il conquiert
d'emblée l'attention.
Ses sujets heurtent,
mais la maîtrise nais-
sante s'impose.

Yvan Rambosson,
à propos de l'Exposi-
tion du Cercle littéraire
et artistique de la rue
Volney où Lautrec
envoie " Celles qui se
peignent ", dit :

« Ces Toulouse-
Lautrec prennent une
valeur très grande
dans la banalité contin-
gente (1). »

Mirbeau, en ren-

Tête de femme (1886).

dant compte des Indépendants de 1891, écrit : « Et malgré les noirs
dont il salit indûment ses figures, M. de Toulouse-Lautrec montre
une force réelle, spirituelle et tragique dans l'étude des physio-
nomies et la pénétration des caractères (2). »

____

(1) *La Plume*, 15 mars 1893, N° 70.
(2) *Echo de Paris*, 30 mars 1891.

La blanchisseuse (1888).
Encre de Chine.

Jules Anthoine trouve que « le dessin de Henri de Toulouse-Lautrec est austère, mais sa couleur lugubre (1). »

(1) *La Plume*, Nº 44, 13 février 1891. Salon des Indépendants.

Roger Marx ne marchande pas son admiration :

« Par une heureuse exception, à une si peu consolante règle
(que les œuvres exposées ne sont que des espoirs de talent) échappent
M. Anquetin et M. de Toulouse-Lautrec, et il faut les mettre

H. de Toulouse-Lautrec. Sa charge par lui-même en chien (1888).

tous deux au nombre des plus véridiques et des mieux doués d'entre
nos peintres de mœurs, à la suite de Degas et de Forain, par le
caractère de l'attitude, le jeu de la physionomie, la sûreté incisive
de la linéature.

« Le portrait d'homme de M. de Toulouse-Lautrec s'impose
et le souvenir reste d'un analyste pénétrant, en même temps que

Babylone d'Allemagne
Affiche (1894)

d'un peintre maître de son métier et en possession de moyens d'expression personnels au suprême (1). »

Enfin, Gustave Geffroy qui, l'année précédente, avait reconnu chez Toulouse-Lautrec des qualités dans Un Bal du Moulin Rouge, « d'une sarcastique vision » donne son opinion sur le peintre qui « représente, avec une volonté gouailleuse, des milieux équivoques, de couleurs salies, où surgissent d'affreuses créatures, des larves de vices et de misères (2). »

Ah ! le surgissement ! ironisait Lautrec, sans plus, tout en faisant son profit de ces justes critiques.

Dès 1891, une évolution commence, celle d'aller vers plus de clarté, de supprimer les noirs de ses maîtres, de simplifier ; évolution vers des harmonies, des recherches de sym-

Tête de femme (1886).

phonies de tons rares, telles que Whistler en avait montré le chemin.

<hr>

(1) *Le Rapide*, 30 mai 1891. Le Salon des Arts libéraux.
(2) *Vie artistique*, vol. I, DENTU, 1892, chap. XVII, p. 309. Les Indépendants avril 1891.

Un Japonais (1889).
Au bal du " Courrier français ".

Mais tout ce qui est exécuté de 1891 à 1893 représente la suite logique d'un désir, qu'on pourrait appeler whistlérien. Citons les effigies de MM. Fourcade, Paul Sescau, Louis Pascal, docteur Bourges, Georges-Henri Manuel, de Mme F..., à Arcachon.

Puis, Lautrec ne se réclame plus que de lui-même, allant toujours vers plus de simplicité, essayant de peindre comme les primitifs et les maîtres des musées qu'il admire. Peut-être

Toute la suite des portraits de la famille Dihau se rattache encore à la période impressionniste; sauf celui de Désiré Dihau, en buste, de face, que Lautrec a exécuté certainement en pensant à Vincent Van Gogh, dont, quelques années auparavant, vers 1885, il en avait fait le pastel.

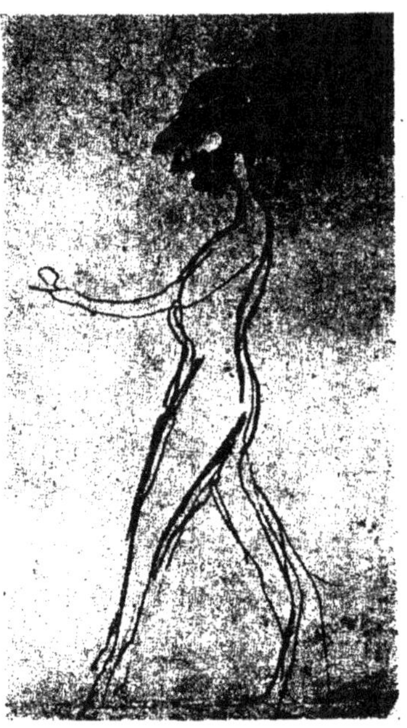

Portrait-charge du Comte A. de Toulouse-Lautrec (1889).

dépassera-t-il Degas et Whistler, par plus de profondeur dans l'observation, plus de synthèse dans la facture, sans qu'il doive rentrer dans cette notation, aucun jeu facile de parallélisme, ou de rabaissement de l'œuvre de ses deux glorieux prédécesseurs.

La première Exposition de Lautrec, qui a lieu en janvier 1893

Gentleman rider (1888).
Mine de plomb.

dans la galerie de l'ancienne Maison Goupil, 19, boulevard Montmartre, est un des points de départ de sa consécration. Ce n'est pas sans une grande appréhension qu'un artiste affronte le jugement du public : l'épreuve est redoutable ; si l'ensemble de l'œuvre ne se tient pas et s'il ne ressort pas une continuation logique d'effort et de pensée, l'artiste risque de se casser les reins. Une exposition ne consiste pas seulement à accrocher des cadres comme en un musée d'Histoire naturelle. Rien de tel pour Lautrec. Voici ce qu'en disaient les critiques d'art de l'époque :

EXPOSITION TOULOUSE-LAUTREC
Boulevard Montmartre

Toulouse-Lautrec se présente avec un goût complètement affirmé et d'une manière d'art assimilée qu'il développera logiquement selon la force secrète qui

Gueule de Bois (1889).
Encre de Chine.

est en lui. On aura un renseignement certain sur sa faculté d'exprimer les " paysages d'êtres " et d'assembler les colorations, lorsqu'on s'arrêtera à ce fait qu'il a conçu et exécuté de la meilleure manière quelques affiches ; Bruant, La Goulue et plus récemment le Divan Japonais ont pris possession de la rue avec une autorité irrésistible. Il est impossible de ne pas voir l'ampleur des lignes et le sens artistique des belles taches.

— 22 —

Partie de la couverture de " L'Estampe originale " (1893).
Lithographie.

Avec une couleur différente, parfois sourde et somptueuse, parfois boueuse, presque sale, suivant les cas, Lautrec peintre et pastelliste, se montre aussi expert à exprimer le surgissement d'un individu, l'apparition spontanée d'une attitude ou d'un mouvement, l'allée et venue d'une femme en marche, le tournoiement d'une valseuse. Chaque fois, il y a de l'inattendu dans la manière d'être qu'il nous montre. Ce n'est pas la pose, comme déjà vue et reproduite à tant d'exemplaires, et pourtant c'est une pose naturelle, une des infinies poses naturelles que l'œil fin d'un artiste a su discerner entre toutes les autres, ériger comme un résumé d'existence physiologique et sociale. Il y a un côté traditionnel dans cet art, et les maîtres qui en ont été les initiateurs et les représentants successifs pourraient être nommés.

Mais il suffit que Toulouse-Lautrec s'ajoute à cette tradition, lui donne un nouvel accent personnel, l'applique à des spectacles... Il donne la preuve de son originalité par la compréhension du vrai qu'il connaît et qu'il exprime.

Ici, je ne crois pas qu'il soit nécessaire de défendre longuement l'artiste contre les reproches qui lui viennent d'un critique qui se montre par trop préoccupé du sujet. Toulouse-Lautrec est banni, voué au dégoût pour la bassesse et l'horreur qui se dégagent de scènes et de sujets qu'il affectionne.

Cette bassesse et cette horreur ne sont pas niables, et ne sont pas plus à proscrire que la pitié, la mélancolie, l'amertume, que d'autres, voyant à leur façon, pourraient extraire des mêmes ignominies.

Il y a de la gouaillerie, de la cruauté avec complaisance chez Lautrec, lorsqu'il donne à visiter les bals, les intérieurs de filles, les ménages hors nature. Mais il reste artiste intègre, son observation impitoyable garde la beauté de la vie, et la philosophie du vice qu'il affiche parfois avec une ostentation provocante prend tout de même, par la force de son dessin, par le sérieux de son diagnostic, la valeur de démonstration d'une leçon de clinique morale.

Gustave GEFFROY.

La Justice, 15 Février 1893.

L'ART NOUVEAU

Sur l'Exposition d'ouvrages récents de M. de Toulouse-Lautrec et de M. Charles Maurin
Galerie Goupil, 19, boulevard Montmartre.

De longtemps artiste aussi doué que M. de Toulouse-Lautrec ne s'est rencontré, et peut-être son autorité vient-elle de l'accord de ses facultés : j'entends l'accord de la pénétration d'analyse avec l'acuité des moyens d'expression. Par son observation cruelle, implacable, il se rapproche des Huysmans, des Becque et de tous ceux qui afficheraient sur la physionomie extérieure, sur le masque, l'intimité du tempérament, de l'être. Si les procédés de notation ont pu rappeler, à la période des débuts, Forain, Degas, M. de Toulouse-Lautrec s'est vite affranchi

de la tutelle des admirations pour développer sa propre individualité, pour devenir complètement, intégralement, lui-même.

Il n'est pas sans curiosité de remarquer, à l'Exposition présente, de quelle fidélité de point de vue, d'angle visuel M. de Toulouse-Lautrec a témoigné ; certes, le progrès a été constant ; sans arrêt, parallèlement se sont développés, amplifiés les dons natifs ; les dons du penseur, du satiriste et les dons du dessinateur, du peintre parvenant à une consignation de formes, de couleurs toujours plus saisissantes ; mais, tout de même les ouvrages de 1887-1888 (ce portrait de dame, le promenoir) contiennent bien en germe la création d'aujourd'hui (les femmes qui dansent, attablées).

Avec la confiance, avec la volonté des puissants qui se sentent pourvus d'une originalité véritable, en toute quiétude M. de Toulouse-Lautrec poursuit, réalise l'œuvre pressenti, dès l'abord annoncé.

Œuvre singulièrement révélateur des mœurs de ce temps où l'humanité est surprise, fixée dans son geste, dans la particularité de ses attitudes, de ses manières de voir et de paraître, dans ses dehors et dans son essence. Et nous ne songions pas seulement aux scènes du Moulin Rouge, d'une vérité exacerbée, d'un humour féroce, mais à ces études, à ces portraits, le portrait d'homme roux surtout, de si caractéristique allure, à ces affiches, à ces lithographies, à tout l'ensemble de cette production qui emprunte son prix au double intérêt psychologique et plastique.

A Armenonville (1896).
Dessin au crayon bleu.

Au résumé, Toulouse-Lautrec et Charles Maurin ne relèvent d'aucune école ; ils n'appartiennent à aucune chapelle.

4

La souveraine indépendance de leurs talents, différents à l'extrême, un amour inné, profond, pour le dessin, sont les seuls points communs qui expliquent comment un instant leurs noms et leurs œuvres ont pu se trouver réunis.

Si peu que doive durer cette Exposition, elle n'en laissera pas moins à l'esprit, en ce temps de redites, de pastiches, le réconfortant exemple de deux talents, dédaigneux du banal, autant que du déjà vu, de deux fières personnalités dont la maîtrise librement s'atteste, définitivement s'impose.

Roger MARX.

Le Rapide, 13 Février 1893.

La Roue (1893).
Illustration pour " Les Plaisirs à Paris ".

Le pointillisme, le divisionnisme n'ont jamais séduit Lautrec, bien qu'il vécût dans un milieu de fervents apôtres, tels que Seurat, Signac, Luce, Cross, Théo Van Rysselberghe. Camille Pissarro lui-même n'avait point échappé, vers 1890, à cette marotte, et, toujours enthousiaste du nouveau, l'avait adoptée ; il en revint ensuite, au point qu'il gratta et refit nombre de ses toiles sur Eragny et la Serpentine de Londres.

Les traces que le pointillisme a quand même laissées dans l'œuvre de Lautrec, sont fort légères. Elles lui ont procuré, dans quelques fonds, certaines taches qui l'amusaient; mais, comme pour toute chose imposant une discipline, attentant à son indépendance, il ne s'y plia point ; un des rares tableaux subissant cette technique est celui de Jane Avril sortant du Moulin Rouge, avec un fond de

pointillés en jaune (1). On peut encore citer les semis de couleurs
de quelques œuvres faites dans les maisons closes, telles que le Baiser,
En meublé.

Si l'on se reporte à la suite des images classées chronologique-

ment, on peut facilement se rendre compte de l'évolution permanente et logique du peintre.

A celui-là, il n'y a lieu de lui faire le reproche, comme à tant
d'autres, insincères conscients ou victimes inconscientes de formules littéraires et d'exaspérations verbales, d'avoir changé suivant
la mode et l'heure « son fusil d'épaule ».

Cette difficulté qu'éprouvent les grands sincères pour faire

____

(1) Collection P. Gallimard.

œuvre de peinture, cette angoisse permanente de se demander si « cela tient » à côté des maîtres, Lautrec l'a plus que quiconque, ressentie.

Féroce vis-à-vis des insincérités notoires, de ceux qui ont peur d'être toujours en retard pour « prendre le dernier bateau », il était plein d'indulgence, voire même de respect pour l'effort de ceux qui avaient franchement, quoique inutilement, peiné, sans toutefois s'obliger à en admirer le résultat.

C'est ainsi qu'à un vernissage du Salon des Artistes Français où, dans la grande salle d'honneur, trônait une suite de Bonnat, aux temps héroïques de la scission qui avait créé la Société nationale des Beaux-Arts, on vit arriver un groupe de mondaines froufroutantes, dont l'une, suivant le rite de l'époque, s'exclama avant que de regarder : « Ah ! les Bonnat, c'est infect ! » et toute la troupe s'en fut, sans plus.

Lautrec fut secoué tout d'abord d'une joie de Peau-Rouge qui a scalpé son ennemi, puis dit, l'index levé : « Monsieur, ces gens sont tout de même injustes, c'est tout de même un bon ouvrier. »

Hommage au vieux maître qui, quoique ne l'ayant jamais compris (il devait d'ailleurs, plus tard, encore davantage le démontrer), avait sincèrement peiné et lui avait donné le respect du travail.

Par contre, son intransigeance était absolue, si l'on se permettait d'attaquer ceux qu'il admirait et aimait ; elle lui valut une aventure à un de ses voyages à Bruxelles : Il faillit se battre en duel avec le peintre Henry de Groux, dont la silhouette n'était pas moins extraordinaire que la sienne... Je ne puis mieux faire que de laisser conter Octave Maus, l'animateur de la *Libre Esthétique* et un des apôtres de l'art moderne :

Anarchie, autocratie : l'expérience m'a enseigné que ces deux formes de gouvernement sont, pour administrer un salon d'art, les seules possibles.

Pendant la période anarchique, les exposants se chamaillaient entre eux, tout en échangeant des coups avec le public ; sous l'autocrate que je devins, ils ne se

Au pied de l'échafaud (1893).
Affiche pour *Le Matin*.

battaient plus que contre l'incompréhension des foules. C'était, somme toute, un progrès.

Deux types d'esclandres carabinés me reviennent à la mémoire, l'un intérieur, l'autre extérieur. Il faut que je vous les raconte.

Le premier faillit mettre en ligne sur le pré, l'épée à la main, Henri de Toulouse-Lautrec et Henry de Groux.

Ceux d'entre vous qui ont la notion du physique de ces personnages pourront se rendre compte de la bouffonnerie d'une pareille rencontre.

Un accident d'enfance avait, en lui cassant les jambes, raccourci Lautrec aux dimensions d'un nain. Son buste, demeuré normal, était si près du sol que ses camarades l'avaient surnommé — nous sommes presque entre hommes — "Bas du cul ".

De Groux, malingre, tout en profil, le teint terreux, n'était guère de taille plus haute. Une pèlerine verdâtre, d'où n'émergeaient qu'une tête, petite et fine,

Raoul Ponchon (1890).

et les pieds, lui donnait l'aspect d'une sonnette. A Bayreuth, on l'appelait "Die Glocke ".

A un banquet de vernissage — car, en Belgique, l'un ne va guère sans l'autre — une discussion surgit au sujet de Van Gogh, dont quelques toiles sabrées et schématiques illuminaient la cimaise.

Ces peintures exaspéraient De Groux. Et le voilà, éreintant le peintre d'Arles,

Au Moulin-Rouge. La Goulue et sa sœur
Lithographie (1892)

le traitant d'ignare et d'esbrouffeur. A l'autre bout de la table surgit brusquement Lautrec, les bras levés, criant que c'était une honte d'injurier un
pareil artiste. Riposte de De Groux. Tumulte. Echange de témoins. Signac
déclarant froidement que si Lautrec était tué, il reprendrait l'affaire pour
son compte.

J'eus toutes les peines du monde, le lendemain, à amener De Groux à
une rétractation.

Octave MAUS.

La Lanterne Magique, Conférence faite à Lausanne en 1918.

Après son Expo-
sition de 1893 et le
succès de ses affi-
ches, la littérature
s'empare de Lautrec.
Ses collaborations
avec Geffroy sur le
Plaisir à · Paris, les
Bals et le Carnaval,
les Restaurants et les
Cafés-Concerts des
Champs - Elysées ;
enfin l'Album d'Y-
vette Guilbert, le
consacrent comme
une sorte de mora-
liste, un peu malgré
lui, il faut bien le
dire.

L'Album d'Y-
vette, dont nous avons
conté les avatars, a

Albert Besnard. — Anquetin.
(1888).

donné à Gustave Geffroy l'occasion d'écrire une préface qui est
une sorte de profession de foi sociale et philosophique.

Voici l'opinion de M. Georges Clemenceau :

Au Café-Concert

Comme je m'essaye dans le métier d'écrivain, voilà Gustave Geffroy qui se fait orateur. Car il n'y a pas à s'y tromper, sous le prétexte d'une plaquette sur Yvette Guilbert (1), c'est un discours qu'il vient de faire et, pour tout dire d'un mot, un discours socialiste. Le moine de l'an mille montait sur une borne pour annoncer la fin du monde. Geffroy, sur les tréteaux du café-concert regarde dans les yeux la muse blafarde, et philosophiquement conclut : « Fini de rire, mes amis. »

L'idée de confier la chanteuse macabre, d'ironie froidement violente, aux soins de ce Breton tranquille avec du rêve et de la volonté dans les yeux, vint d'une vue profonde sans doute, surtout quand la plume du philosophe s'accompagna du crayon mordant de Lautrec. Ni le philosophe ni l'artiste n'ont hésité. Ils sont allés tous deux droit au monstre. Et l'un crayonnant, l'autre parlant — car je soutiens que Geffroy a, ce jour-là, moins écrit que parlé — ils ont tiré d'une chanson de café-concert un haut enseignement d'art et de pensée. A la vérité, leur accord rappelle assez bien la sérénade de Don Juan. Pendant que l'un se lamente, prédit mille maux, l'autre rit et raille effroyablement. Du heurt inattendu de ces deux contraires, naît un sentiment d'indulgence cruelle qui est peut-être le juge-

La Loïe Fuller (1893).
Dessin.

(1) Édité chez André Marty.

Aristide Bruant (1893).
Lithographie.

ment le plus proche d'une équitable appréciation du café-concert et de son public.

Le public de café-concert, en vérité, c'est tout le monde. Du *smoking* orné du blanc chrysanthème, jusqu'au bourgeron du faubourg, toute la hiérarchie s'y rencontre et s'y coudoie. Et quand apparaissent ces deux hommes côte à côte, l'un exhibant ses ironiques silhouettes verdâtres, l'autre dénonçant l'hypocrisie, le mensonge, la foule assemblée devant eux est vraiment représentative de la société qu'ils raillent et flétrissent tout à la fois. Regardez, écoutez, et s'il en est temps encore, profitez de la leçon.

Regardez ce fantôme figé dans d'expressives contorsions. Que dites-vous de cet œil trop petit, tout noir, allongé par le maquillage, double tache sombre dans la face blême? Et ce nez trop long aux narines évasées, qui se retourne tout à coup au lieu d'en rester là? Et cette grande bouche de fille du peuple qui peut tout prendre et tout rendre, voyez-y passer tour à tour le hideux plissement de dégoût, le grand rire gai, la moue railleuse, l'avachissement affreux? Et ce grand cou sans fin, et ces houppes de frisons jaunes, et ces deux tentacules noires d'un geste si sobre et si prenant? Les ombres trop dures, la lumière trop violente, font saillir l'ossature étrange, et le spectre raidi saisit comme une vision d'apocalypse.

Pendant que ces images se succèdent, écoutons le frère prêcheur :

« Vous rappelez-vous Thérésa, fin d'un régime? C'est maintenant le tour d'Yvette. La première était une fille robuste, aux puissantes mamelles, de voix violente, de geste résolu. Quand elle chanta *La Marseillaise*, tout sursauta, et nous vîmes passer, vivant, secouant le haillon tricolore, le fantôme éperdu que Rude a sculpté sur la pierre.

« Celle-ci, d'une voix ennuyée et mordante, chante la noce sur des airs d'enterrement. Chaque syllabe arrive en flèche, décochée par le gosier, par les dents, par la langue. Rien ne se perd de sa parole et de son geste. Mais quelle noce conduit-elle en terre avec sa robe claire et ses gants noirs?

« Si les couplets ressortent du patriotisme, de l'obscénité, de la scatologie, le rire sera brutal, la pamoison naïve, les bravos d'enthousiasme. C'est affreux, blessant, et vous, Monsieur ou Madame, vous quitterez votre siège, vous fuirez ce lieu empesté... Au Théâtre, les femmes rient derrière l'éventail et les hommes ne fument pas à l'orchestre. Avouez que l'intellectualité du plaisir admis n'est pas toujours sensiblement supérieure.

« Cette masse riante qui applaudit les niaiseries et les cochonneries, pourquoi est-elle là? Tous ces gens qui pourraient donner leurs cinquante sous au drame, à la comédie ou à l'Opéra...

« Comment dites-vous cela?

« Ces cinquante sous pris sur le nécessaire, sur la paie de la semaine, sur les appointements du mois, sur les bénéfices de la boutique, ils vous relèguent aux étages supérieurs après une interminable queue, et le plaisir devient une fatigue,

Lender et Baron (1893).
Lithographie.

une peine, une humiliation. Le populo estime qu'il vaut mieux entrer tout de go, à l'heure que l'on veut, au café-concert, s'installer devant un verre, sortir son tabac et bourrer sa pipe.

« Nous sommes en 1894, et il va y avoir bientôt vingt-quatre ans que la troisième République* existe. Depuis ce temps-là, et même depuis un peu plus longtemps, les plus retentissants orateurs de la démocratie n'ont cessé de réclamer la mise à l'ordre du jour de l'éducation du peuple... Mais dans la simple pratique, ils se sont montrés plus timides. D'un côté, des écoles fondées sur l'esprit de caste, de l'autre, *l'Hôtel-Dieu primaire du pauvre...*

« Cet homme, le premier venu de la foule, il va vivre au jour, laborieux pendant quelques brèves années. On va lui prendre une partie de sa jeunesse pour la caserne, une partie de son gain par l'impôt, il connaîtra tant bien que mal l'amour, la paternité, pour continuer les destinées de la terre, il sera l'engrais social avant d'être l'engrais naturel.

« Véritablement, pourquoi voulez-vous que cet homme n'aille pas au café-concert? C'est la seule porte qui lui reste ouverte, la seule maison qui lui soit hospitalière. Pour un prix infime en proportion, il est placé comme un abonné des mardis de la Comédie-Française ; pour presque rien, il peut entrer et se trouver avec ses semblables. Il faut bien tout de même qu'il emploie d'une manière quelconque le temps laissé libre par le travail. Que lui offre-t-on d'autre comme organisation de repos et de plaisirs?

« L'Eglise?... On ne redonne pas la foi à volonté, pas plus d'ailleurs qu'on ne l'ôte... Que la bourgeoisie effarée invoque la mule du Pape ou la botte de Napoléon, comme elle nous en donne le spectacle assez répugnant depuis quelque temps, rien n'y fera.

« Le cabaret?... c'est un mal universel, la recherche du stupéfiant, le laisser-aller dans l'oubli, et ceux qui vont à l'église, se saoulent comme ceux qui n'y vont pas.

« Les cours du soir, les bibliothèques publiques? Les travailleurs manuels sont peu enclins, forcément, aux longues et fortes méditations, après dix, douze heures de métier. Réduisez d'abord la journée de travail.

« Le musée? Ouvert le soir en Angleterre, fermé en France.

« Le soir venu, une promenade en famille et nous voilà devant la porte du café-concert...

« La foule est confiante ; elle accepte, comme de la vérité et de la poésie, ce

Aristide Bruant dans son Cabaret (1893).
Aquarelle.

qui lui est offert. Avant de la réformer, réformez-vous donc vous-mêmes, vous qui lui parlez, soi-disant apporteurs de vérités... Ne dites pas que vous lui donnez ce qu'elle aime. Elle a faim et soif, elle mange et boit ce que vous lui versez pour ne pas tomber d'inanition... Il est affreux de lui donner pour la réjouir et l'apaiser, les infectes sauces, le mauvais pain, le mauvais vin, le tord-boyaux. Elle s'habituerait à d'autres mets. Pas tout de suite, peut-être, car elle a le palais brûlé, le goût dépravé, l'estomac effondré... Tout de même aujourd'hui, dans le grouillement des couplets grossiers, qu'il se fasse un appel à la sentimentalité, au désintéressement, il sera entendu... Coupables ceux qui galvaudent ces sentiments. Ecrivains sadiques ou roucouleurs de romances, patriotards de tribunes parlementaires ou de scènes de café-concert, c'est la même race exploiteuse de la crédulité. Mais l'amour est tout de même l'admirable et profond sentiment, la poésie vitale, et la patrie, annonciatrice d'humanité, le lien le plus fort, l'agrandissement de la famille, l'unité de langage, la création d'idées et de chefs-d'œuvre, la preuve d'une pensée d'avenir, l'affirmation de la survivance...

« Ne cherchez pas ailleurs que dans l'homme semblable à l'homme, les raisons du dévergondage qui vous offusque, du cynisme qui vous effraie. Ceux qui ne peuvent pas voir la réalité des choses veulent au moins en avoir les apparences, le spectacle. Ils s'en vont donc là où le fumet cherché affectera leurs narines, ils iront se récréer de la niaiserie et de la crapule, ils demanderont à voir le personnel du brillant lupanar, les couchers, les levers et les lavages de ces dames. N'est-ce pas de la révolte qui finit en envie et en bassesse?... L'idée de justice veut sa solution et elle l'aura à travers tout... Pour cela, bien des choses qui sont encore debout s'effondreront, tout ce qui constitue la civilisation héritée. L'Eglise et la Bourse, le Palais et la Caserne... » (*Applaudissements, grognements, oui, oui... non, non... bruits divers.*)

Fermant les yeux, il répondit :

« Je me parle à moi-même. »

G. CLEMENCEAU.

La Justice, 15 Septembre 1894.

Nous ne reviendrons pas sur la production de Lautrec pendant les années de 1889 à 1899 exposée dans le premier volume : son métier devient de plus en plus personnel ; il a trouvé sa voie et se crée une manière picturale bien à lui.

Au moment de sa crise de 1899, il semble que Lautrec en soit arrivé à une parfaite maîtrise de ses moyens, une sorte de géniale vision allant vers une instinctive synthèse, résumé de son foudroyant acquits.

Cette ascension vers plus de simplicité et arrêtée par la mort, se sent de façon très nette dans toute la série d'œuvres de fin 1899 clôturant sa carrière. Notamment dans les portraits de Romain Coolus, d'André Rivoire, d'Octave Raquin, de la Modiste, de Maurice Joyant, du docteur Wurtz, de la série sur *Messaline* de l'Opéra de Bordeaux.

Madame Abdala (1893).
Lithographie.

Enfin, sa toute dernière œuvre, l'Amiral Viaud, donne une indication sur des projets toujours caressés, de s'essayer à de la grande décoration.

Ce tableau, le dernier auquel Lautrec, arrivé à l'extrême limite de ses forces, en septembre 1901, travaillait encore, illumine toute la salle à manger du château de Malromé. Conçu et exécuté sur la place à laquelle il était destiné, ce tableau représente un amiral anglais, portrait de Paul Viaud, en perruque blanche, en habit rouge de commodore, bâton de commandement en main, sur son gaillard d'arrière, ordonnant le feu ; au lointain, sur l'Océan, une frégate sous voiles. Le rouge écarlate de l'habit et le bleuté de l'Océan se marient dans un effet des plus heureux avec le blanc des murailles en pierre, au-dessus de la cheminée.

Cette œuvre laisse le regret de penser que l'artiste n'a pu mener à bien ses projets qui l'ont hanté toute sa vie.

Les sujets des ateliers Bonnat et Cormon, les " Printemps de la Vie ", esquisses légères et claires, indiquent qu'il pensait bien en artiste capable de couvrir de grandes fresques.

Le cirque Fernando lui suggéra ensuite des thèmes avec des clowns plus que grandeur nature.

La décoration de l'auberge Ancelin, à Villiers-sur-Morin, de 1885, les grandes toiles extérieures de la baraque de la Goulue à la foire du Trône, en 1895, les arrangements de fleurs et de mé-

Brandès et Leloir (1894).
Lithographie.

daillons du salon style Louis XV de la rue d'Amboise, ont montré ce dont il était capable. Il faut aussi noter un projet de tapisserie conservé au Musée d'Albi.

Cette préoccupation de la peinture décorative se retrouve à chaque instant dans son œuvre ; nous ne parlons pas pour le moment de ses affiches, véritables décors des rues.

Le portrait d'Oscar Wilde, énorme sur un fond de Tamise et de Westminster brumeux, peut évoquer l'idée d'un rapprochement avec le tableau du château de Malromé.

Lugné Poë et son Théâtre de l'Œuvre ont fourni à Lautrec, en 1894, l'occasion de se livrer à toute sa verve. Il a composé pour le premier acte du *Chariot de terre cuite* : " Autrefois dans l'Inde ", de Victor Barrucand, une maquette où, en quelques traits de pastels, toute l'Inde est évoquée :

DÉCOR INDIEN.

« C'est pour M. Lugné Poë que Toulouse-Lautrec dessina ce décor. Lorsqu'on parle d'un peintre dont on aime le talent, on est toujours porté à dire : « s'il avait fait ceci, s'il avait tenté cela, il eût certainement réussi ». Ce sont propos faciles et qui n'engagent en rien ceux qui les tiennent.

Ici l'on peut affirmer en toute certitude et avec preuve à l'appui que Toulouse-Lautrec était capable de faire de très beaux décors de théâtre. Ce grand dessin fut, en effet, composé presque d'un jet, pour servir au *Chariot de te.re cuite*, de Kalidsa.

L'impression d'ensemble est obtenue avec des moyens très simples et classiques. Deux masses au premier plan créent la perspective et repoussent au loin l'horizon : un massif de cactus à droite, l'avant d'un éléphant de profil à gauche. Dans la manière dont ce dernier est coupé par le cadre, on retrouve l'esthétique chère à Lautrec comme à Degas, qui, à l'exemple des Japonais, n'ont jamais craint de fragmenter une figure dans la composition d'un tableau. Entre ces deux masses, la scène se trouve condensée plus que rétrécie. Elle se prolonge au fond jusqu'à la ligne d'horizon où le ciel rejoint la bande unie d'une mer bleue qui vient, à droite, s'appuyer contre les ruines d'un monument sur quoi un gibet dresse un cadavre humain.

Et c'est une vision de l'Inde suggérée par des éléments essentiels : son passé, riche de gloire artistique, avec les ruines d'un temple ; ses paysages par le sol dont les tons d'ocre viennent vibrer sur le bleu intense de ses plages, sa faune avec l'ani-

Ida Heath au bar (1894).
Lithographie.

mal puissant et massif qui en est la richesse, sa flore enfin, par les larges feuilles et les fruits du cactus. Sans efforts, d'instinct, Toulouse-Lautrec généralise. Il dresse, comme en jouant, la vision d'un monde. Son génie, aigu et perspicace, traite magistralement tout sujet qu'il aborde (1). »

René Jean.

*_**

En 1893, Antoine, directeur du Théâtre libre, demande à Lautrec un tableau pour une pantomime, *Amants Eternels*, parodie de *Roméo et Juliette*, de MM. André Corneau et Gerbault avec musique d'André Messager. Cette toile, portrait de famille, devait orner la scène ; elle représente la mère " à Juliette ", " La mère Capulet ", grosse dondon, cocasse au possible, avec un air candide, les yeux noyés de langueur, vraie couveuse d'héroïne de Conservatoire. Sous les lèvres purpurines comme framboises se voit un petit trou : celui des balles de pistolet qu'Antoine s'est amusé à tirer en faisant mouche.

Au musée d'Albi est conservée une aquarelle, projet de décor pour une reprise à Bordeaux de *Paul et Virginie*, vers 1896. Le brick, Le St-Géran, est échoué sur les récifs au milieu du décor des montagnes.

Dans le domaine de l'art décoratif, il faut noter le vitrail exposé au Salon du Champ-de-Mars en 1895, par M. Louis Tiffany, vitrail exécuté d'après un carton de Lautrec : " Papa Chrysanthème ".

« Le plus étonnant de ces vitraux, écrivait M. J.-E. Blanche, est peut-être celui de M. de Lautrec, qui a su, d'une scène de cirque et d'un chapeau de cocotte, composer le plus beau motif de décoration et le plus moderne (2). »

Enfin, Louis Muller, potier à Ivry, a, vers 1894, cuit un certain nombre de faïences en couleurs représentant Yvette Guilbert.

------

(1) L'Œuvre. Revue Internationale, fascicule automne 1925. Pl. I.
(2) *La Revue Blanche*, 15 mai 1895, N° 47.

Allant partout au gré de son humeur, un milieu, une scène, une attitude, des gestes d'êtres l'intéressaient-ils, vite Lautrec, avec n'importe quel bout de crayon, sur n'importe quel papier tiré de ses poches ou d'un buvard de café, quelquefois sur les feuillets d'un minuscule album, tapi dans un coin, crayonnait. Sa silhouette dans les cabarets de Montmartre, dans les bals, toujours à la même place pour avoir le même angle, et la même optique, était légendaire.

Bien peu se sont douté, en voyant ainsi ce petit bonhomme centre d'une table de café et de consommateurs, du travail de tous les instants qui, dans le brouhaha, s'accomplissait, et n'en ont retenu que la dispersion de ses gestes.

Les témoignages de ces notations sont recueillis dans de nombreux portefeuilles maintenant à Albi. Souvent un point, deux traits sont les sources précises et la genèse d'une lithographie ou d'un tableau.

Dès qu'un motif l'avait séduit, de suite, à l'atelier, suivant l'emportement de sa pensée, de son pinceau ou de son crayon, Lautrec, tout à ce sujet qui l'imprégnait, le jetait sur une toile, un carton, un papier, puis après, en prenant modèle, il exécutait son tableau déjà créé en entier dans sa pensée. Jamais il ne s'est répété ni recopié : si le mouvement, les gestes et les personnages sont les mêmes avec leurs traits caractéristiques, jamais Lautrec n'a recommencé le même

Le Cortège du Radjah (1895).
Illustration pour *La Belle et la Bête*

tableau. Bien qu'il ait fait, ainsi qu'il aimait à le dire, « toujours la même chose », il faut entendre par là que si ses thèmes ne furent pas nombreux (on a vu les vagues successives de ce qui l'intéressait) ce furent souvent les mêmes thèmes avec des variations de virtuosité dans l'exécution ; sa liberté d'esprit, sa fantaisie, ne lui eussent pas permis de refaire une page d'écriture.

Avant de se mettre à peindre un tableau composé, un portrait, Lautrec passait par une très longue période " d'incubation " ; longtemps il parlait du sujet du portrait à faire, regardait et scrutait ; il ne passait à l'exécution que quand la chose était mûrie dans son esprit " visionnaire de la réalité ".

Deux ans, on parla de mon portrait : le jour où il se décida, tyranniquement, il exigea sur l'heure qu'on s'y mît.

Le souci du détail exact et de la documentation se retrouve dans toute son œuvre, que ce soit Yvette Guilbert, May Belfort, ou Marcelle Lender, vingt fois, cinquante fois, il ira au Théâtre, au Café-Concert, à la même place, à la même heure, voir son héroïne du moment dans la même posture qu'il a choisie. Que de fois, aux Variétés, à gauche, a-t-il attendu au même fauteuil d'orchestre, le moment où Lender, dans *Chilpéric*, danse son pas du boléro ; que de croquis, que de lithos sont sortis de " ce filon ", pour arriver

Yvette Guilbert (1895).
Céramique.

Yvette Guilbert (1894).
Lithographie.

Yvette Guilbert (1894).
Lithographie.

à un grand tableau, résumé de toutes ses observations sur ce sujet.

Même souci pour les accessoires; ses pages d'album sont couvertes de croquis, d'études sur des arrangements d'architecture, de mises en page, d'intérieurs de théâtres, de coins de loges, également les accessoires d'un individu, ses chapeaux, son habillement.

Souvent Lautrec avait recours à des photographies pour se documenter. Voici, par exemple, le tableau " A la Mie ".

Il commence par regarder longuement son ami Maurice Guibert attablé avec un modèle, puis Paul Sescau fait une photographie qui donne une idée de mise en page.

En comparant cette photographie d'après nature et la toile, on est frappé de la transposition, du génie de la mise en scène, de l'invention morale, qui prête à deux modèles, avec, dans la réalité, des figures plutôt sages et insignifiantes, une allure tourmentée, synthèse de l'Apache et de la Fille.

Il n'y a rien dans le tableau qui puisse rappeler la copie servile de la nature ; seule, une création enfantée par le cerveau du peintre existe.

La Femme et les Parasites

Lorsque Lautrec était empoigné par un motif, il s'y dévouait, toute affaire cessante.

Pour garder un modèle dans son orbite, pour avoir sous la main une May, la dessiner ou la peindre sous toutes les coutures, conscient que les charmes de son esprit ne pouvaient, auprès des femmes, compenser son infériorité physique, Lautrec avait recours à un amusant subterfuge : il se livrait à ce qu'il baptisait des " travaux d'approche " pour résumer de façon lapidaire : « On la garde, hein ! » C'est ainsi qu'il supportait certaines espèces d'êtres encombrants et nuls, utiles à lui, invention malicieuse de se servir des parasites et des suiveurs comme boucliers pour affronter des endroits

difficiles ou encaisseurs pour gardienner l'oiselle de passage, le temps nécessaire.

Lautrec qui avait toujours de rechange quelqu'un de ces importuns, et cela dans les endroits les plus divers, casait toujours son objet et suppliait : « Gardez-la encore, je n'ai pas fini mes dessins, ne jetez pas encore votre mégot. »

On peut s'expliquer ainsi l'indulgence dont Lautrec a fait preuve vis-à-vis de bon nombre de parasites encombrants, bellâtres sans intérêt qui, sûrement, ne comprirent rien à ce qui se passait, se contentèrent de vider des verres et ne furent que, sorte de pions sur un échiquier, personnages épisodiques manœuvrés de main de maître, et tolérés seulement en un but d'étalons ou de gardiens de phénomènes, que ce fussent chiens, chevaux, acrobates ou femmes.

Maintenant

M. H. Marty. Souvenir du Bal des Quat'z-Arts (1895).

que le peintre est entré dans l'Immortalité, incroyable est le
nombre de ceux qui se terguent hautement de l'avoir accompagné
dans les mauvais lieux et qui, croyent le connaître, ramassèrent
mots grossiers et anecdotes invraisemblables; ne le jugeant qu'à
travers leur insuffisante image, ils ne se doutèrent point que celui
qui leur payait à boire et leur procurait " le reste ", ne s'était
point livré : laissant, suivant son mot « les gens sur le balcon ».

Certains de ces oisifs, amorphes, l'œil atone et absent,
ayant dormi toute la sainte journée ou traîné à des pelouses de
champs de courses, venaient, à heure fixe, au bar ou au café, s'affaler
sur les banquettes, et, comme en un corps de garde, attendre l'arrivée
de Lautrec, organisateur tyrannique de la bonne aubaine.

En les apercevant, Lautrec disait d'un air entendu, en riant
sous cape, " Panthères ", c'est-à-dire, animaux qui ont l'air de
dormir l'œil mi-clos avant de se jeter sur la pitance.

Mais un beau jour, disparition de Lautrec, le planton restait
seul à attendre avec, sur les bras, l'oiseau de passage, divine maî-
tresse, retenue un instant pour la beauté de sa carnation, de sa
chevelure fauve ou de sa primesautière gaîté, tel jeune chien qui
mordille les savates. Elle était laissée pour compte, n'offrant
plus pour le dessinateur et le peintre, aucun intérêt... et personne
ne comprenait plus rien.

« On ne la garde plus, hein ! on l'a assez vue... On change
de quartier... de café et de bar. »

Cependant, la Femme, Lautrec l'a aimée, adorée, comprise,
mieux que personne ; il ne faut point s'arrêter aux effigies seules
de celles qui furent des " damnées ". De même que pour les portraits
d'homme, il n'a pas seulement peint que des bonneteurs et des
apaches, de même pour la femme, sa grande affection et son grand
respect pour celles de sa famille, de ses amis, lui a fait exécuter
des peintures pleines de sérénité, où tout le caractère des femmes
bien élevées et austères dans leurs devoirs, est nettement marqué.
Quels portraits sont plus calmes que ceux de sa mère, de ses tantes,

de ses cousines, de sa vieille amie Mlle Dihau ? Certes, ces effigies de si haute tenue n'ont point tout d'abord attiré les regards comme celles des " Femmes " dont il était facile de disserter.

Mais cet amour de la forme féminine, de l'enveloppe d'une âme, qu'elle fût belle ou déchue, Lautrec l'a eu plus que qui que ce soit. S'il a su parfaitement dégager l'austérité et la distinction des femmes bien nées, et attachées à leur devoir, il a senti et discerné ce qu'il y a de voluptueux chez certaines, quand, en plus, la forme s'alliait à une belle carnation et à une chevelure fauve.

Il a eu surtout l'amour de la Rousse ; bien que, sans vouloir trop généraliser, ce genre de femme accuse souvent la caractéristique, soit d'un visage moutonnier, soit d'un masque un peu bestial aux mâchoires volontaires, par contre, l'accrochage de la lumière dans ses cheveux et la qualité rare des valeurs de sa carnation invitent l'artiste à s'essayer à les peindre. Peut-être cet amour pour la splendeur du jeu de lumière et des formes bien personnelles aux rousses a-t-il fait

glisser Lautrec, dans sa jeunesse, vers de plus tendres sentiments. Il n'en a jamais rien dit, mais il a été facile de deviner que, comme bien d'autres, et plus que d'autres, lui, chétif, il lui arriva d'être fort déçu. Cette ironie cruelle qui, parfois, lui montait aux lèvres venait du souvenir de certaines rancœurs, à peine soupçonnées de son entourage ; amoureux pour tout de bon de Jenny l'ouvrière... une rousse, la noblesse et l'indépendance de son esprit la lui firent, après tout, écarter, par horreur de l'enlisement. Le

sacrifice fait, il n'en reste pas moins des blessures cuisantes,
d'autant plus longues à effacer, dans son cas, que sa disgrâce
physique ne lui accordait point quantité d'aventures sentimen-
tales de rechange et le vouait, par avance, à plus encore de
rebuffades. Et quand, parfois, il affichait un certain mépris
pour les femmes, ce qui lui créait une auréole de cynisme, ce
n'était au fond que pour mieux masquer un grand désarroi;
contempteur de surface de la vertu féminine, lorsqu'il disait « je l'ai
eue » ou « je l'aurai pour 50 francs », il ne s'avouait sans doute pas,
qu'il était comme le Renard de la fable.

Carmen, fille de joie rouquine, du boulevard de Clichy, a été
la première passion de ses yeux ; d'elle, Lautrec a laissé de nombreux
dessins et peintures; ensuite ce furent toutes les autres rousses
du Mirliton :

> *C'est Rosa, j'sais pas d'où qu'a vient,*
> *All' a l'poil roux, eun' tête de chien.*
> *Quand a pass' on dit : v'là la Rouge,*
> > *à Montrouge.*

> *Quand a s'baladait sous le ciel bleu,*
> *Avec ses ch'veux couleur de feu,*
> *On croyait voir eun' auréole,*
> > *à Batignolles.*

Dans ses femmes assises dans le jardin de M. Forest, harmonies
de cheveux d'or, de corsages mauves et de verdures, dans ses blanchisseuses, ses pierreuses, ses modèles d'atelier, pensums de chairs
se mariant à des tapis gris bleuté ou à des courtepointes rouges;
enfin, dans des portraits sévères de tenue, c'est le ton de la chevelure
et de la carnation des rousses qui a été pour une bonne part dans
son enthousiasme : tels ceux de Mme Grenier, de Mme Natanson
et de nombreuses femmes de théâtre comme Mlle Marcelle Lender...
quand elles portaient perruque fauve !

May Belfort (1895).
Lithographie.

Maintenant, les titres sensationnels ou anecdotiques, les noms de baptêmes littéraires s'effacent peu à peu.

Devant les masques de Latour, les femmes d'Outamaro, les ribaudes de Frans Hals, peu nous chaut, quant au nom et à l'origine des modèles.

Sont-elles filles publiques, ou dames de l'aristocratie ? L'histoire des femmes peintes par Lautrec importera de moins en moins.

Tout s'estompe peu à peu. Seules, restent de calmes effigies d'inconnues, pétries dans une admirable matière, reflet de la Vie.

Du Chapeau haut de forme

Dans l'œuvre de Lautrec, le chapeau, surtout le haut de forme tient une grande place ; c'est peut-être bien à cause de leur coiffure et de la façon dont elle était campée, comme complément nécessaire d'un habillement, qu'il a eu souvent le désir de peindre tel ou tel.

Lautrec appartient à une génération dont le signe de bonne élégance se manifeste par le port du huit reflets. Le prince de Galles, le prince de Sagan, les membres du Jockey Club et des grands cercles donnaient le ton avec des " made in London ". On se serait cru déshonoré d'arborer un melon, un chapeau mou ou un canotier de paille avant le Grand Prix.

Dans un grand respect pour cette marque d'un milieu social de bon aloi, Lautrec, dès sa plus tendre jeunesse le dessine et, plus tard, en connaisseur, après le bonnet de fourrure de l'échevin de Cranach, admirera ceux de Courbet, de Manet, de Renoir, de Degas. De ce dernier maître, un chapeau haut de forme, entre tous, était un objet de dévotion : c'est celui qui coiffe un homme à barbe de profil, tableau maintes fois exposé (1). Car, suivant un

____

(1) Collection Ernest Chausson. Exposition Degas, N° 19, 1924, Galerie Georges Petit.

mot de Manet, rien n'est plus difficile que de faire tenir un chapeau sur une tête.

Et Lautrec s'y est inlassablement appliqué. C'est ainsi qu'après avoir longtemps reluqué M. de L..., possesseur d'une barbe rousse et d'un tube, à bords plats, impeccable, rien que pour ces deux ornements, il en fit la connaissance et le portrait. La vérité oblige à dire que M. de L... avait, en outre, un autre prestige aux yeux de Lautrec, celui d'être encore plus fort en gueule que Bruant !

Un jour, remontant tous deux de compagnie le pont Caulaincourt, pour rentrer à l'atelier, ils croisèrent Bruant en sa tenue classique de travail, grand chapeau, cache-nez rouge, complet de velours et en bottes, descendant en sapin découvert de son ermitage du haut de la Butte.

Arrêtant sa voiture, et après avoir salué de tutoiements et de mots gras, Bruant vint à demander à Lautrec en désignant son compagnon à teint pâle, à barbe rousse, au huit reflets luisant, à qui appartenait « cette tête de pipe bénie à l'eau de javelle ! »

La riposte ne s'était pas fait attendre : dans le flot de l'engueulade sonore qui déferla sur le pont Caulaincourt, ce ne fut pas Bruant qui eut le meilleur.

Aussi, enthousiasmé, Lautrec ne présenta-t-il plus qu'ainsi son modèle : Un gentleman qui est capable d'être encore plus bruyant et mal embouché que Bruant.

Le portrait de M. de L... est une merveille de simplicité : assis dans un fauteuil en osier, les jambes croisées, il est de profil et fume sa pipe, mais c'est surtout le portrait de son chapeau haut de forme, de sa barbe rousse et d'une pipe de bruyère (1).

---

(1) Portrait de M. E. Lauradour, collection de M. P. Gallimard.

Dans nombre de croquis, dessins et portraits, nous retrouvons le chapeau haut de forme ; tous ceux des portraits du docteur Bourges, de Sescau, de Louis Pascal, de M. Delaporte, de Fourcade, etc.

Enfin, dans les nombreuses esquisses (1) pour la couverture de l'album de " Elles ", un chapeau haut de forme posé sur une chaise avec une canne et un paletot, devient un vrai symbole : « Celui du passager, maître pour l'heure. »

Du Cheval

Lautrec a vu également le cheval aller de pair avec le chapeau haut de forme. Il trouve toute une formule conventionnelle du cheval, léguée par les peintres de bataille du Premier Empire.

Après Géricault, sous la Restauration et le Second Empire, toute une pléiade d'artistes, comme Delamarre, Heyranet, Montpezat, Alfred de Dreux mettent à la mode un art chevalin : nombreuses scènes des champs de courses de Longchamp, d'Auteuil, de Chantilly et de Baden-Baden ; des gagnants de Grands Prix, des suites d'attelages et de jeux équestres qui résument toutes les élégances d'alors.

La guerre de 1870 fait éclore une production guerrière qui déborde la formule courante de bon ton ; l'imagerie du cheval sans vie se réfugie chez Meissonier, chez Detaille et ses imitateurs, malgré une recherche visible du désordonnement tragique des allures.

Cependant, avec Delacroix, Constantin Guys, l'animal n'est déjà plus une bête empaillée ; on sent le mouvement. John Lewis Brown et de Neuville ont une compréhension un peu plus vivante ; ce ne sera qu'avec M. Degas, avec J.-F. Raffaëlli, puis avec Forain, Jeanniot, que l'on sentira du mouvement en puissance, que ce soit un cheval de course ou une rosse étique

---

(1) Musée d'Albi, N°s 103 et 115. Musée de Toulouse.

des fortifications. La formule conventionnelle est débordée, quoiqu'elle soit sûre de trouver un éternel asile dans le Salon des
Artistes français.

Lautrec, qui commence d'instinct à dessiner, ne peut que
s'imprégner des formules courantes qui l'entourent. Il copie
Goubie et Princeteau, puis, comme pour le reste, il se libérera
et aura son cheval bien à lui, marqué de sa griffe.

Que ce soient pur sang, chevaux de courses, d'attelage, ou
de cirque, de fiacre ou de trait, ce sont des êtres pleins de vie avec
toutes les caractéristiques de leur métier.

Le bon jockey (1895).
Aquarelle.

Incroyable est le nombre des dessins à la plume sur les chevaux,
les chiens, les oiseaux, sur leur structure, qui couvrent les devoirs
d'écolier dès 1873. Vivant au milieu de ces animaux, on peut dire
que quand il se met franchement, en 1882, au métier d'artiste,
il a déjà près de dix ans d'un travail journalier qui lui a livré le secret
du dessin animalier.

C'est ce qui explique cette facilité, plus tard, à jeter vivement la vision exacte de ce qui l'avait frappé au cours de ses promenades quotidiennes au Bois.

Il a laissé un croquis d'un cavalier qui est le témoignage de cette maîtrise.

Tous les matins, vers 1894, paraissait à la Porte Dauphine, un cavalier, un peu cassé, certes, mais d'une admirable tenue de vieil homme de cheval ; c'était le Duc de Nemours, qui avait bien près de 80 ans.

En deux coups de crayon, Lautrec en a rendu l'allure nonchalante qui révèle, malgré tout, des années d'expérience. Il a fait comprendre toute l'élégance de ce cavalier bien assis, impeccablement marié avec sa monture, et la caractéristique du mouvement d'un vieillard qui retombe, au temps de trot, un peu lourdement sur sa selle. Par contre, pour d'autres cavaliers malhabiles, tout de suite le point faible de leur tenue et de leur gaucherie est mis en évidence.

Dans la suite des dessins du Cirque qu'il a exécutés de mémoire, pendant sa mise au repos en 1899, se trouve résumé tout ce qu'il sait sur le cheval. Nous ne reviendrons pas sur cette nomenclature

Illustration pour " Les deux Sœurs légendaires " (1896).

donnée au premier volume ; il faut en retenir seulement ceci : c'est que, depuis la tenue impeccable des écuyers de haute école jusqu'aux pitreries grotesques d'un clown sur un âne ou un poney dressé à la voltige, chacun a la marque exacte de sa profession.

Le paddock (1890).
Crayon et sépia.

Dans toutes ses toiles, ce seront toujours les mêmes fonds
de jardins et de plantes, de Montmartre, mêmes fonds d'ateliers,
de chambres à tentures à ramages ; c'est toujours la même table
en zinc de café, le même fauteuil en rotin de son atelier, et le même
divan avec un tapis bleu de Chine, qui figurent au second plan.

Ce ne sont qu'accessoires toujours pareils, simples, mis là
« comme cela », pour faire chanter son sujet dans l'ensemble des
valeurs et des tons.

Lautrec essaiera de les limiter au strict nécessaire ; chercha-t-il
à ce qu'ils expliquent un peu, par leur forme et leur choix, une
partie du caractère de son modèle : cela paraît douteux.

Très impressionné par Whistler, il
visera dans les nombreux portraits exécutés vers 1891, tels ceux de Sescau,
Bourges, Fourcade, etc., puis de Nocq,
en 1897, de Bouglé, en 1898, à la simplicité whistlérienne dans un grand raffine-
ment de tons.

L'arrangement des fonds dans le
marchand de coton de la Louisiane, de
Degas, ceux des portraits de Carlyle et
de la mère de Whistler sont pour lui
des enseignements précieux.

Dans celui du poète Georges Henri
Manuel, qu'il exécuta en 1891, au moment même de l'entrée du tableau de
Whistler au Luxembourg, il l'a représenté dans une attitude absolument
pareille à ce dernier portrait : assis de
profil, vers la gauche, les mains jointes
et posées sur les genoux — mais alors
qu'il n'y a qu'un mur gris et nu et la
tache blanche d'un tableau sur lesquels

se détache la mère de Whistler — Lautrec a réalisé ce tour de force de faire ressortir son modèle sur un fond de nombreux cadres, accrochés au mur dans un chahutage d'arrangement invraisemblable. Et pourtant, cela se tient : sans être en aucune façon gêné par le tumultueux désordre qui fait repoussoir, l'ensemble est rempli de calme et de sérénité! (1).

EXÉCUTION MATÉRIELLE

L'ambition de Lautrec était de peindre comme Breughel, comme Cranach, comme Piero della Francesca, Le Greco, comme Degas ; il désirait peindre simplement, comme les anciens dont la peinture ressemble à celle d'un panneau de porte de voiture, disait-il.

La matière de la peinture de Velasquez, de Whistler ou celle de Renoir, notamment dans un portrait de l'actrice Jeanne Samary, le transportait d'admiration. De ce dernier, il disait : c'est mal fichu, mais que c'est bien! (2). Par contre, il goûtait peu la matière et les sujets, rien que de paysages, de Claude Monet.

Pour bien établir sa technique, consciencieusement, il s'appliquait à faire des " pensums ", c'est-à-dire de prendre modèle, et, tous les jours, de peindre inlassablement le même nu de femme rousse, sur le même tapis rare, gris bleu de Chine, sous différentes lumières, en reprenant à chaque séance le tout.

Les portraits qu'il a faits ont été souvent des supplices de longueur pour ses modèles ; non qu'il travaillât longtemps chaque jour, mais les journées étaient nombreuses.

Le mien ne compte pas moins de soixante-quinze séances, dans une incessante reprise, chaque jour, de tout l'ensemble, ce qui lui assure un aspect de facilité et de simplicité. Quant au fond, ébauché d'un seul jet, avec le bateau, la voile, Lautrec, malgré une

----

(1) Collection de Mme la princesse Lucien Murat.
(2) *Maître de Sa Joie*, par Jean Dolent, 1902, p. 112.

Yvette Guilbert.
Linger-longer-loo (*Rire*, 1894).

documentation précise qu'il réclama, jamais ne voulut le terminer. La figure faite, le reste n'avait plus d'importance, sauf la tache bleue de la Manche pour faire jouer le jaune du ciré (1).

Il a été toujours d'usage d'employer certains matériels de peinture : petits panneaux de bois pour faire des esquisses rapides, en plein air, puis des toiles. Lautrec, dans sa jeunesse, suivra les procédés habituels, jusqu'au moment où il adoptera une innovation de J.-F. Raffaëlli qui mit en vedette un procédé de peindre à l'essence, très légèrement, sans empâtement sur des cartons dont le fond gris jouait son rôle comme valeur.

A l'exposition que Raffaëlli avait faite en juin 1890, avec Théodore Van Gogh, dans le vieil entresol de la maison Goupil, Lautrec avait été très impressionné par l'habileté de Raffaëlli. Aussi, à l'exposition qu'il fît en 1893, dans le même local, avait-il adopté cette nouvelle méthode, et je me souviens fort bien de Raffaëlli, avec un peu d'aigreur vis-à-vis de Lautrec, disant : « Quoi ! c'est moi qui ai inventé ce procédé de peindre (2). »

Nul n'en disconviendra ; ce qui était nouveau, c'est ce que Lautrec créait.

Outre le carton, qui domine dans son œuvre, il s'est servi de toiles pour les grands morceaux. Vers 1896 et jusqu'à la fin de sa vie, il peindra souvent ses portraits sur des panneaux de bois de tilleul, bien parquetés, à même le bois non enduit de préparation.

Sa palette assez claire naturellement avant de connaître les maîtres, s'obscurcit par son passage dans les ateliers Bonnat et Cormon, puis, tous ses efforts tendent à la clarté.

Très au courant de la peinture " à la tempera " de la Renaissance italienne, il essaie, suivant en cela les recherches des artistes gravitant autour de Degas, comme Chialiva, Charles Maurin, Tillot, sur les couleurs pures devenues introuvables chez les

---

(1) Musée d'Albi, N° 50.
(2) Lettre d'Amérique à mes amis. L'art dans une démocratie, Raffaëlli, 1896.

Au Moulin-Rouge (1896).
Dessin et lavis.

marchands, de simplifier sa palette et de ne se servir que de couleurs
inaltérables. C'est ainsi qu'avec un trait léger à l'essence en
violet, il esquisse ses contours et ses dessous. Un moment, ayant
contemplé Le Greco, il les fera comme ce maître, en vermillon ou
en carmin.

Enfin son étude des Japonais l'a amené à ajouter dans ses
fonds, de l'or pur.

Lautrec, dans certains tableaux d'ordre décoratif, en a fait
l'essai, notamment dans une partie des médaillons de la rue
d'Amboise, traitant ses têtes de femmes dans un cadre de fleurs
Louis XV, comme des Kakémonos.

La dernière palette de l'artiste est maintenant au Musée d'Albi
et montre combien les couleurs sont simples : il n'y a ni le bitume,
ni la terre de Sienne, chers à ses maîtres.

De ce parti-pris de se servir seulement de peu de couleurs,
il résulte que rien n'a bougé, et que les trente ans écoulés ont
laissé à la peinture toute sa fraîcheur. Aucun tableau n'est
craquelé, ni transposé dans les relations des valeurs. Enfin, rien
n'a été verni de son vivant; seuls les rares toiles ou panneaux sur
bois qui peuvent l'être, ne l'ont été qu'au bout de vingt ans, alors
que les couleurs avaient pu sécher définitivement.

DESSINS, FUSAINS, AQUARELLES.
COLLABORATION AUX JOURNAUX ILLUSTRÉS.
DES MOYENS DE REPRODUCTION.

Dès sa jeunesse, en 1873, Lautrec, jusqu'à son entrée chez
Bonnat, en 1882, couvre, nous l'avons vu, d'innombrables pages
de cahiers d'écolier, d'albums, de croquis au crayon, à l'encre,
et d'aquarelles. Animaux, oiseaux, cavaliers, chevaux, voitures,
chiens, scènes de vendanges, marines, représentent sa vie journalière
au bord de la Méditerranée, à Nice, aux Bains de Barèges, Lamalou-
les-Bains, dans l'Albigeois ou dans le Narbonnais, dans les vignobles
de Céleyran.

Il est un virtuose du dessin à la plume ; cela
éclate dans les illustrations qu'il a faites pour un
conte un peu enfantin : *Cocotte,* de son jeune ami
Etienne Devismes, vers 1880. Une jument de
réforme, Cocotte, a pris sa retraite chez un bon
curé de campagne ; mais, son ancien régiment
de cuirassiers passe... au son des trompettes, la
vieille jument dresse l'oreille, et au lieu de mener

le bon curé auprès d'une de ses ouailles, s'emballe et en fait un
cuirassier malgré lui, au milieu de son ancien escadron.

On se figure facilement avec quelle verve Lautrec s'est amusé
à décrire les aventures de " Monsieur le Curé " (1).

En 1882, lorsqu'il entre chez Bonnat, il se sert, comme tout
bon élève, du fusain, pour exécuter, soit d'après le plâtre, soit d'après
le nu, quantité d'études. En possession de ce nouveau moyen,
il fera plus de trois cents académies et de portraits de tout son
entourage.

Ces fusains, tous sur grand papier Ingres, sont le témoignage
d'un énorme labeur ; ils dénotent un soin, une application de saisir,

avant tout, les ensembles, et
de ne pas se perdre dans le
détail. Certaines académies
font penser à M. Ingres ; les
fusains dans lesquels l'élève
a plus d'une année d'école
sont d'une haute tenue classique et font comprendre
pourquoi Lautrec a pu se
permettre plus tard de n'en
retenir que l'essentiel et d'arriver à la synthèse. Jamais,
la nécessité de savoir l'orthographe du dessin n'a paru plus utile

---

(1) Musée d'Albi. 20 dessins.

pour qu'un artiste, né enfant prodige, pût ensuite acquérir sa supériorité.

Ses classes terminées, lorsqu'il débute dans Montmartre, en 1884-85, Lautrec se tournera vers les journaux illustrés et espérera se faire reproduire : *Le Courrier français*, en 1886, *Le Mirliton*, et le *Paris Illustré* en 1888 l'accueillent.

A cette époque, les moyens de reproduction qui s'offraient aux artistes n'étaient pas très nombreux. La typographie en noir sur zinc ou sur cuivre, la chromotypographie existaient à peine.

Les journaux illustrés n'avaient que la lithographie et la gravure sur bois, interprétations qui devenaient une véritable œuvre d'art entre les mains d'artistes tels que Baude ou Daniel Vierge.

Vers 1880, Gillot, fervent collectionneur des Japonais, trouve un procédé de reproduction typographique : " le gillotage ", qui permet de reporter et d'imprimer en relief sur zinc, un dessin fait sur un papier de son invention.

Ce procédé nouveau permettait de remplacer les pierres lithographiques par des planches en zinc gravées chimiquement ; c'est ainsi que le *Paris Illustré*, en 1881, a pu être créé et reproduire d'admirables pages de Raffaëlli, sur les Bals, le Cirque, etc.

Lautrec s'est servi de ce procédé pour ses tout premiers dessins (1).

Lorsqu'en 1887 la maison Goupil lance un nouveau procédé de reproduction typographique, Lautrec en fera l'étrenne.

Dans les numéros de mars et de juillet 1888, il donnera au *Paris Illustré*, pour accompagner des articles sur les Bals et Carnaval et l'Eté à Paris, de grandes pages, mais, limité par les exigences du métier, il ne les exécute qu'en blanc et en noir.

La méthode de travail de Lautrec sera la suivante dans les premières années : tout d'abord, recherche de sa composition au fusain ; puis de nombreux calques, à l'essence, à l'encre de

---

(1) *Courrier français*, N° 39, 26 septembre 1886.

Skating. Professional Beauty (1896).
Dessin au crayon bleu.

Chine, pour avoir un trait net reproduisible typographiquement ;
enfin, des recherches de couleurs à l'essence, pour être certain
de la voie où il s'engage dans le cas où le sujet doit être colorié.

Tout ce qui a paru dans le *Mirliton, le Courrier français,
Paris Illustré*, de 1886 à 1888, a été exécuté suivant cette méthode.

Des indications que, comme fabricants de gravures et éditeurs
de journaux illustrés, nous avions pu lui donner, Lautrec avait fait
son profit. Il n'a jamais omis d'exécuter les dessins destinés à être
reproduits, au moins de quatre à huit fois plus grands que la page
du journal à illustrer (1).

Un trait, un dessin, pour être élégant, conserver toute sa
nervosité à la reproduction, doit, en effet, être de beaucoup diminué.

Si l'artiste mène son travail en tenant compte de la question
de grandeur, les vigueurs, les accents, les déformations voulues
ne deviennent pas invisibles et subissent moins la trahison que
tout procédé de reproduction mécanique et chimique inflige à
un original. Très réduit, un dessin conçu en vue de la reproduction,
peut conserver toute son âcreté ; cette constatation est facile à faire
dans les pages des quotidiens où d'autres dessinateurs ont hebdo-
madairement donné leurs illustrations. Ils ont dû souvent souffrir
des traits imprimés, trop gras ou trop mièvres, parce que leurs
originaux étaient trop petits ou à la grandeur de la reproduction.

Du beau Dessin

Ce n'est que vers 1894 que Lautrec, en meilleure posture
de ses moyens, ne fera plus de fusain ni de calques pour les dessins
destinés à être reproduits ; il fera des esquisses rapides pour jeter
sa pensée, puis, au crayon et à l'encre le trait définitif.

Pour le *Figaro Illustré*, pour le *Rire*, après des notations et
croquis de détail, d'un coup il exécutera de très grands dessins sur

---

(1) Dessins du *Rire*. Musée d'Albi, Nos 121, 124, 126, 128, Dessins du *Figaro illustré*,
voir la Bibliographie.

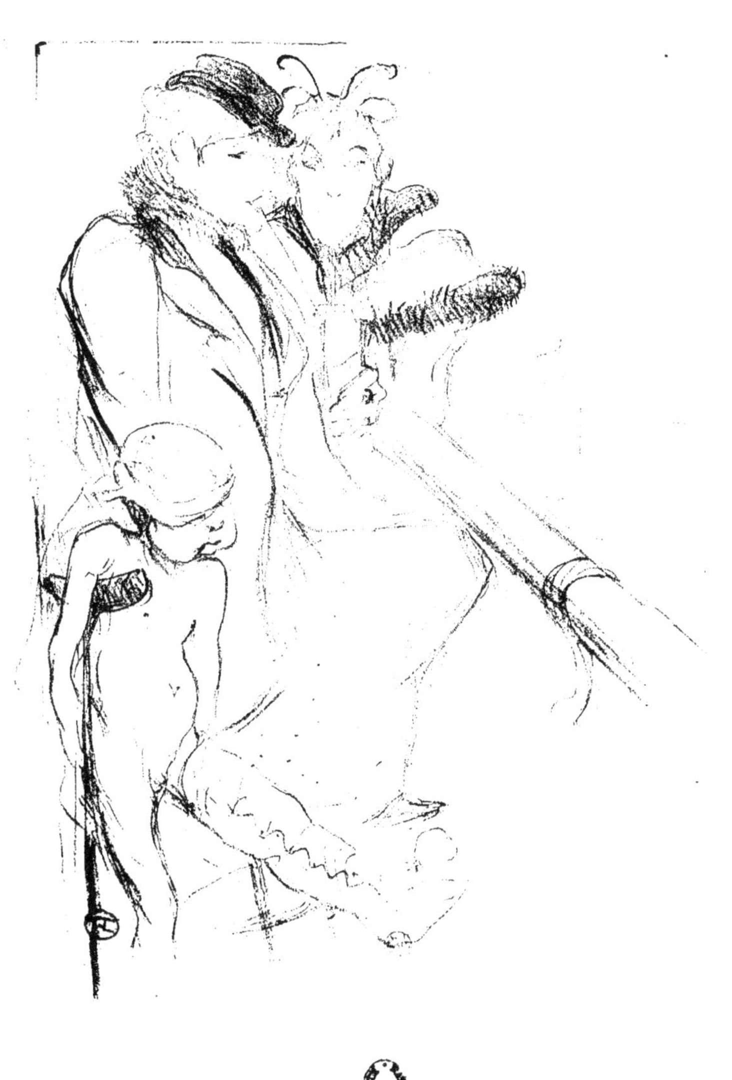

bristol, à l'encre de Chine, à l'aquarelle. Sur le trait typographique, il indiquera les à-plats de couleurs pour l'exécution des clichés chromotypographiques.

Les collaborations de Lautrec à des journaux illustrés ne sont pas très nombreuses : au *Mirliton*, au *Courrier français*, au *Paris Illustré*, au *Figaro Illustré*, au *Rire*, à la *Revue Blanche ;* on trouvera le détail aux appendices.

Il ne s'est jamais, en effet, enrégimenté, il ne suivait que sa loi, par goût de l'heure ou par amitié.

Mademoiselle Polaire (1895).
Dessin au crayon et lavis.

Il ne fallait pas lui demander comme à un Forain ou à un Willette un dessin à date fixe. De cette grande indépendance vis-à-vis des journaux et de leurs directeurs, est née, sans doute, l'hostilité certaine qui lui fut témoignée au *Courrier français*, par Roques, et bien ailleurs. Les choses de la politique ne pouvaient longtemps le retenir, pas plus que la lutte épique des Forain, des Ponchon, des Willette, s'amusant à côtoyer la correctionnelle et à berner, de toute leur verve, M. le Sénateur Bérenger, défenseur de la Pudeur.

Lautrec était trop lointain d'esprit, trop passionné de scruter la vie qui se déroulait devant lui pour se

10

complaire à ces luttes d'humoristes, qui l'eussent détourné de son labeur de peintre et de dessinateur.

S'il donnait une légende, c'est qu'il était bien forcé d'en donner une ; mais, au contraire des autres dessinateurs pour lesquels elle est une bonne part de leur succès, Lautrec disait, haussant les épaules : « On n'a pas besoin de légende, mettez celle que vous voulez. »

Celles qu'il a mises sont toutes, mots entendus et retenus, d'observation directe : elles se distinguent par leur portée générale et ne sont jamais asservies à une opportunité de la vie courante, politique, morale ou autre.

Jamais, comme tant d'autres obligés de se creuser la tête pour fournir un dessin d'actualité et à date fixe avec une légende, il n'a pu s'astreindre à faire ce métier. Aussi lui est-il arrivé, qu'ayant fait un dessin, il s'en allait demander à Tristan Bernard ce que l'on pouvait bien mettre dessous :

« Jeanne, passe-moi ton porte-monnaie » (1), est un produit de leur collaboration.

En 1897, cela ne plaît plus à Lautrec de dessiner pour les journaux, il est accaparé par la lithographie, la peinture, et par une passion grandissante qui le tiendra jusqu'à la dernière limite de son existence : celle de faire " le beau dessin ".

Dès sa jeunesse, il en a eu le sens : un dessin de Forain représentant son père, le Comte Alphonse, a été pour lui une sorte d'initiation et le sujet d'une admiration que les années ne purent atténuer. Lautrec avait toujours ce portrait devant les yeux, le considérant comme un exemple de ce que doit être un beau dessin.

Avec ses académies des ateliers, avec les Carmen de 1885, cela l'avait déjà hanté ; mais devant les femmes des maisons closes, devant Elsa la Viennoise, devant d'autres à masque

____

(1) 1897, *Rire*, N° 129, 24 avril. Snobisme.

FORAIN. Le Comte A. de Toulouse-Lautrec

Chocolat dansant (1896).
Dessin à l'encre de Chine.

tragique, devant l'Anglaise du Star du Havre, une sorte de furie de dessiner le prend.

Un matin, Lautrec, vers 1897, de très bonne heure, vient me surprendre et m'offre une feuille d'album enveloppée d'un papier quadrillé, fermé par des étiquettes bleues. Sur cette feuille d'album, une femme dormant, la même qui a servi pour la couverture de l'Etoile Rouge de Paul Leclercq : Gasparine !

« Un dessin de maître, monsieur, me dit Lautrec, fait au jour naissant ! » Figure de femme douloureuse et écrasée de fatigue !

Il a laissé vers la fin de sa vie un ensemble de dessins qui peuvent soutenir la comparaison avec ceux de nos grands maîtres de l'Ecole française. Ils respirent l'élégance et la distinction, et, suivant le mot de Jean Dolent : " La noblesse ".

Ces dessins sont l'aboutissement d'un ensemble, d'une vie de savoir et de travail alliée à des qualités géniales ; de même que chez Fragonard, Watteau, Ingres, Hokusaï ou Degas, ils font ressentir le volume, la forme, la vie, mais avec une supériorité, à lui, bien personnelle (1).

Cet amour du trait rare, raffiné, s'explique encore complètement dans un petit croquis que M. Robin-Langlois a donné au Musée d'Albi.

Illustration pour *Le bon jockey* (1895).

(1) Anglaise du Star du Havre, Musée d'Albi, Nos 98 et 100. Vente Manzi, 1919, Nos 193-191. — Tête de femme. Sanguine. Vente Pierre Baudin, 1921, No 28, Collection de M. Berthellemy. — Berthe Bady, Sanguine. Vente H, 1913, No 21, Collection de M. M. Guérin. — Mlle Cocyte, crayon, No 12. — Tête d'enfant, Sanguine, No 18, Collection de M. L. Suzor.

« Je vous proposerai une petite chose que Lautrec m'offrit un jour en ces termes : Ça, c'est un beau dessin, gardez-le, et il ajoutait, tranchant avec un bon rire que vous savez, ça n'a pas d'importance ! »

Cette toute petite chose est un perroquet, tout seul, de face, et de profil, mais de quelle vérité !!!.

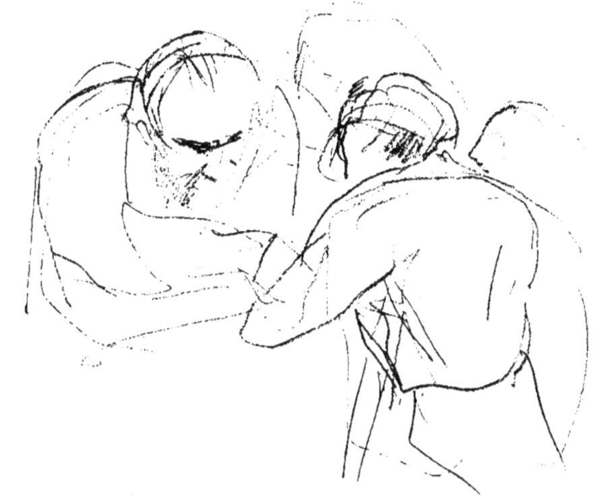

CHAPITRE II

La lithographie

Lautrec a eu la bonne fortune d'assister à un moment héroïque, à celui de la rénovation de la lithographie et de la gravure en couleurs en tant qu'œuvre originale, et d'y jouer un rôle prépondérant.

Vers 1880, les artistes ont presque tous perdu le sens de recourir à la lithographie, à la gravure sur bois, et à la taille-douce pour créer une œuvre originale. Ces modes d'expression sont presque uniquement consacrés à des buts de reproduction qui entraînaient une certaine défaveur au point de vue artistique.

La reproduction d'un tableau était la plupart du temps considérée comme une forme d'industrie ; le public, les artistes des

Salons officiels ou des Cercles parisiens se contentaient d'admirer des gravures presque toujours en noir, au besoin exécutées à grand renfort de moyens mécaniques et photographiques. C'est le règne du trompe-l'œil et du fac-similé.

La gravure en creux (burin, eau-forte, pointe sèche, vernis mou, manière noire) restait l'apanage de quelques rares artistes.

Une vie de labeur témoignait de leur patience et de leur probité artistique. On ne doit pas oublier les admirables burins en taille franche et directe, d'Henriquel Dupont consacrant dix ans de sa vie pour graver un tableau de Raphaël, ou l'Hémicycle des Beaux-Arts de Delaroche, ni les eaux-fortes si pures comme métier de Waltner.

L'œuvre originale, c'est-à-dire celle conçue, exécutée, voire même imprimée par l'artiste lui-même, était chose presque ignorée ; Bracquemond, Seymour Haden, Whistler émergent à peu près seuls.

Quant à la lithographie, depuis son fondateur, Senefelder, en 1796, elle servait surtout à des fins purement industrielles.

Si Géricault, Prudhon, Vernet, Ingres, Bonington, puis Devéria, Raffet, Gavarni, Daumier, Nanteuil, Mouilleron, avaient bien trouvé en la lithographie un moyen de s'exprimer, ils n'avaient point acquis la complète admiration de leur temps.

Dans la pénurie des moyens de reproduction, la lithographie et la gravure sur bois seules faisaient le fond des images des journaux illustrés, et les artistes qui s'en servaient étaient plutôt considérés comme des artisans au service d'un commerce journalistique ; avant qu'on ait bien voulu reconnaître quelque talent comme dessinateurs, à Gavarni et à Daumier, on ne jugea leurs lithographies, parues dans les journaux, que comme une expression commerciale.

Cette tare originelle de déchéance d'art, qui frappait ainsi la production des artistes se servant de la lithographie et du bois gravé, existait encore, au moment où Lautrec aborde la vie artistique et se prépare à jouer un rôle dans la réaction qui s'opère.

Pourtant, Delacroix, les maîtres de l'Ecole de 1830, Corot,
Millet, Daubigny, Th. Rousseau avaient produit un certain nombre
d'estampes originales tant en lithographie qu'en taille-douce, à
peine regardées, comme leurs peintures, d'ailleurs.

Continuant cette tradition des grands maîtres comme Rem-
brandt, Goya, les vrais Indépendants, Jongkind, Manet, Degas,

Le bar Picton (1896).

Whistler, Puvis de Chavannes, Pissarro se mettaient à l'œuvre et
demandaient à des procédés simples et directs : la lithographie,
l'eau-forte, la pointe sèche, les moyens de s'exprimer avec des
beaux noirs, des beaux gris et des beaux blancs. Le Chat sur la
Gouttière de Manet, son Polichinelle avec son timide essai de
couleurs en à-plats ; les recherches de Degas par de nombreux
moyens, litho, vernis mou, monotype, eau-forte ; les eaux-fortes et
les lithographies de Whistler et de Seymour Haden, celles de Brac-

quemond, sont des points de départ du renouveau qui se prépare.
Vers 1890, il y a chez les artistes, non ceux des Salons officiels, une
véritable fièvre de recherche ; on se remet franchement à la lithographie.

Si les impressionnistes, continuant la tradition de l'École de 1830,
commencent par le blanc et le noir à peine rehaussés de couleurs,
des artistes comme Raffaëlli et Charles Maurin, sont des initiateurs
et d'acharnés chercheurs dans le métier de l'estampe originale en
couleurs, agrémentant leurs lithographies, leurs pointes sèches ou
leurs eaux-fortes d'à-plats de couleurs superposées.

Quel a été l'initiateur de Lautrec ?

« Cela est arrivé comme cela », de même qu'en peinture, il fut
attiré par la bataille de demain, de même, la lithographie renaissante
étant dans l'air, il l'adopta tout de suite comme un moyen rapide et
direct d'expression. Vivement, il inventa pour son usage une certaine
technique, un certain maniement du crayon lithographique et des
couleurs, un usage des crachis qui a servi à beaucoup de ses imitateurs.

Charles Maurin, dont on ne pourra jamais assez louer les
patientes recherches sur la bonté des matériaux en peinture, sur les
vernis mous, les grains posés sur les gravures, les belles impressions chères à nos pères du XVIIIe siècle, fut un de ceux qui don-
nèrent à Lautrec les conseils les plus avisés. De ce dernier, il a
laissé un curieux portrait exécuté au vernis mou et avec des à-plats
de grains posés au bitume (1).

Enfin, avec Willette, Adolphe Albert, Ibels, Carabin, Lautrec
eut des camarades qui l'aidèrent à trouver sa voie dans le métier du
bon lithographe, parmi la pléiade des artistes de son époque dont
Bonnard, Carrière, Chéret, Maurice Denis, de Feure, Forain,
Grasset, Jeanniot, Lunois, Odilon Redon, Hermann-Paul, K. X. Rous-
sel, Henri Rivière, Jean Veber, Vuillard et des pointillistes comme
Cross, Luce, Signac, Théo Van Rysselberghe.

---

(1) *Lautrec*, par Coquiot. Frontispice de Ch. MAURIN, Ollendorff, 1921.

Elles (1896).
Femme mettant son corset. Conquête de passage.

L'*Estampe Originale*, éditée par Marty, et pour laquelle Lautrec a composé deux couvertures, est une sorte de monument contenant les œuvres de tous les artistes qui se sont consacrés à ce renouveau de l'estampe.

Au point de vue de la technique, lorsqu'il aborde la lithographie en 1892, encore incertain de son métier, Lautrec procède par touches larges, enlevées à la manière d'Hokusaï ; c'est l'époque de l'album sur le Café-Concert qu'il illustre avec Ibels ; Jane Avril, Yvette Guilbert, Paula Brébion, La Loïe Fuller, sont campées à la façon d'un maître japonais.

Puis, l'habitude de dessiner sur la pierre lui fait rechercher de beaux gris, des noirs francs ; il suffit de jeter les yeux sur les lithographies données à l'Escarmouche et toutes ses séries sur le Théâtre Français. Il devient un maître dans l'art de se servir d'un crachis pour ses fonds, de jeter ses traits en deux tons, trouvailles d'habileté, dont maints artistes, après coup, se serviront.

De même que pour peindre, Lautrec ne s'est jamais recopié, ni recalqué. Longuement il regardait, notait, faisait une esquisse de peinture, de dessin, qui fixait sa vision.

Puis, sa mémoire prodigieuse lui permettait, à l'imprimerie, chez Chaix, chez Verneau, chez Ancourt ou chez Stern, de faire jaillir d'un coup, sur la pierre, son sujet, sans reprises ni repentirs.

Poussé par une force invisible, son crayon doit courir, courir, ainsi qu'il l'écrivait dans sa jeunesse, sinon... patatras !

Avant que d'imprimer une lithographie, Lautrec s'est avant tout et toujours préoccupé d'avoir de la bonne matière : son sens aigu lui faisait comprendre que pour créer une belle chose, il faut outil et matière première de la meilleure qualité.

Aussi s'est-il toujours assuré de papiers les plus rares : pour les Japons il a pu s'en procurer de très anciens. Ses papiers de fil étaient de pur chiffon, de la fabrication nouvelle de M. Mazure. Même soin pour le choix des pierres lithographiques, dites de Munich.

Les grands concerts à l'Opéra (1896).
Ambroise Thomas assistant à une répétition de " Françoise de Rimini ".
Dessin.

L'art de grainer une pierre et de tirer une épreuve a toujours été une chose des plus délicates. Rares sont les ouvriers experts en cette matière, aussi Lautrec a-t-il frappé aux bonnes portes.

Vers 1890, Lemercier représentait à peu près seul la vieille tradition dans son imprimerie de la rue Mazarine : c'est là qu'on a pu résoudre la difficulté de tirer les lithographies de Carrière. Lautrec y est allé : mais celui qui lui a apporté la plus précieuse collaboration d'aide technique, est l'imprimeur Ancourt, du faubourg Saint-Denis. A tous les artistes de cette époque, ce dernier a apporté l'aide de son grand savoir et d'une inaltérable patience.

Chez cet imprimeur, il y avait encore un de ces vieux ouvriers lithographes, qui, de même que dans la corporation des taille-douciers, sont souvent des originaux doublés d'artistes.

Artisans, amoureux de leur métier, procédant de traditions et de préjugés séculaires, mais qui savent tirer un beau noir, laisser toute leur légèreté aux gris et son ampleur à un trait tenu.

Il y avait donc, chez Ancourt, un vieil ouvrier, le père Cotelle, rompu à toutes les ruses du métier de lithographe, et qui fut vite, avec Lautrec, compère et compagnon.

Le père Cotelle (1893).
Dessin.

Dans la couverture de l'*Estampe Originale*, Lautrec l'a portraicturé devant sa presse à bras, pendant qu'au premier plan, Jane Avril regarde une épreuve.

Le père Cotelle, ses lunettes sur le nez, en bras de chemise, tourne la roue de la presse et porte une petite calotte noire sur le derrière de la tête, tel un enfant de chœur ou un curé, «fend comme un curé!» disait Lautrec, dans son langage sybillin : ce qui voulait dire que cette calotte était fendue « comme le pantalon d'un curé », sans qu'il soit nécessaire d'en comprendre davantage.

C'est à cause de ce couvre-chef, que le père Cotelle figure dans la lithographie : cette petite calotte était découpée dans un vieux chapeau de feutre, et était, pour son propriétaire, un objet des plus précieux : car, adhérant au crâne crasseux, elle devenait tous les jours, depuis des années, un peu plus grasse ; et, le père Cotelle, au cours de ses tirages, faisait profiter la pierre de la crasse recueillie aussi dévotement. En cela il ne faisait que suivre une tradition antique que tous les bons vieux ouvriers lithographes pratiquent encore.

On comprend que Lautrec n'ait point laissé échapper l'occasion de fixer pour la postérité les traits du propriétaire d'une petite calotte qui jouait un rôle aussi important pour la bonté et la beauté de ses lithographies.

Plus tard, ses lithographies ont été tirées par Stern, un très bon ouvrier, qui finit par s'établir à son compte et qui n'eut pas de meilleur client jusqu'à sa fin. Verneau, Chaix travaillèrent également pour Lautrec, mais pour tirer surtout les affiches.

Aujourd'hui, les estampes sont recherchées et font de très gros prix ; non seulement la qualité de l'œuvre de l'artiste l'explique, mais le fait que tous les tirages ont été soigneusement contrôlés, donne aux collectionneurs une grande sécurité.

Lautrec avait, en effet, à notre contact d'éditeur, compris que pour qu'une estampe, conçue, dessinée, imprimée par l'artiste lui-même, œuvre d'art dans toute l'acception du mot, puisse conserver sa valeur, le tirage doit être strictement limité au chiffre

Couverture de l'Estampe originale
Lithographie (1893)

l'estampe
originale
publiée
par
le Journal des
artistes

annoncé, et chaque épreuve signée et numérotée. Comme Whistler,
il fut toute sa vie d'une loyale intransigeance, et malgré les pleurs
de quelques éditeurs, il effaçait lui-même ses pierres après tirage
et détruisait impitoyablement les épreuves de passe.

Midinettes (1896).
Dessin, lavis et crachis.

Celles qui ont été trouvées dans son atelier après sa mort ont
été données avec une collection complète à la Bibliothèque Nationale et au Musée du Luxembourg.

Peut-être quelques épreuves de passe ou d'essai ont-elles pu,
en fin de sa vie, être mises en circulation de par des fuites d'atelier
pour la plus grande joie des collectionneurs; leur quantité est
négligeable et sans influence sur la rareté de l'ensemble de
l'œuvre.

Les Lithographies en noir

L'œuvre en tant qu'estampes imprimées en un seul ton est considérable : dans les deux volumes qu'il lui a consacrés, L. Delteil a pu réunir 310 pièces chronologiquement classées (1).

Si, en 1892, Lautrec débute par deux planches en couleurs sur le Moulin Rouge, jusqu'en 1896 il n'exécute ses tirages qu'en en un seul ton noir, verdâtre, ou sanguine ; à partir de 1896 jusqu'en 1899, l'estampe en couleurs le séduit, et pendant ces deux années, il s'y adonnera ; de sa crise de 1899 à 1901, il n'imprimera plus qu'en un seul ton.

Sans revenir sur ce que nous avons dit au volume I et sur le catalogue dressé par Delteil, il est utile de faire une revue rapide de ces estampes qu'on trouvera plus loin réunies en un tableau par années.

Parmi celles qu'il convient, à notre avis, de retenir, comme qualité et légèreté de tirage uni à un dessin des plus aigus, il faut citer : Le Sommeil, femme nue, dormant, sanguine tirée à peine à 15 exemplaires ; Mlle Pois-Vert, tête de femme d'une distinction extrême, avec son ruban noir autour du cou ; Blanche et Noire ; May Belfort, de face ; Mlle Lender, de dos, dans "Chilpéric" ; Ida Heath, danseuse anglaise.

Je ne cite que celles-là, qui sont dans l'œuvre parmi les plus typiques et les plus rares, de ton, de distinction, de dessin mordant et de beauté d'impression dans l'art lithographique.

PRINCIPALES LITHOGRAPHIES EN NOIR

1893. Le Café-Concert, texte de Montorgueil : Yvette Guilbert, Jane Avril, Loïe Fuller, Paula Brébion, Ducarre, Mary Hamilton, D. 28 à 38. - L'Escarmouche, 12 lithographies sur le Théâtre, Café-Concert, D. 40 à 51. - Aux Variétés : Mlle Lender et Brasseur, D. 41 ; Mlle Lender et Baron, D. 43. - A la Renaissance : Sarah Bernhardt dans *Phèdre*, D. 47.

---

(1) *Le Peintre-Graveur illustré*, Tomes X et XI. *H. de Toulouse-Lautrec*, par Loys Delteil, 1920.

Le baron Moïse (La loge) (1898).
Lithographie pour " Au pied du Sinaï ", de G. Clemenceau.

1894. Opéra : Mme Caron dans *Faust*, D. 49. - Comédie-Française : Bartet et Mounet-
Sully dans *Antigone*, D. 53 ; Truffier et Moreno dans *Les Femmes savantes*,
D. 54 ; Réjane et Galipaux dans *Madame Sans-Gêne*, D. 52. - Théâtre
libre : Antoine dans *L'Inquiétude*, D. 51. - Variétés : *Mme Satan* : Mlle
Lender, D. 58. - Théâtre de l'Œuvre : *Au-dessus des forces humaines*, Lugné
Poë et B. Bady, D. 57. - Comédie-Française : *Cabotins* : Brandès et Leloir,
D. 62 ; Brandès et Lebargy, D. 61. - Album d'Yvette Guilbert, D. 79 et suite. -
Nib, de Tristan Bernard, D. 98 et suite.

1895. Variétés, Théâtre libre, Théâtre de l'Œuvre, Folies-Bergère, Ambassadeurs,
Café-Concert :
Variétés : Mlle Marcelle Lender dans *Chilpéric*, D. 102 et suite ; Mlles Lender
et Auguez, D. 108 ; Mlles Lender et Lavallière, D. 109 ; Entrée de Brasseur
dans *Chilpéric*. - Gymnase : *L'Age difficile*, de J. Lemaître : Yahne et An-
toine, D. 112 ; Yahne et Mayer, D. 113 ; Yahne, D. 111. - Variétés : *Le
Capitole* : Guy, Simon Girard, Guyon fils ou Tarride, D. 114 ; *Le Fils de
l'Arétin* : Lender et Lavallière, D. 164.
Antoine, Gémier, Lugné Poë, Suzanne Desprès, Brasseur, Eve Lavallière,
Yahne, Simon Girard, Luce Myrès, Mary Hamilton, Lucien Guitry, Ida
Heath, Berthe Bady, Marcelle Lender, Baron.
Cissy Loftus, May Belfort, Luce Myrès, Pois Vert, 13 planches d'acteurs et
d'actrices.

1896. Lender et Lavallière ; Ida Heath ; La petite Loge ; D. 166 (Opéra) ; Sortie de
Théâtre, D. 169 (Comédie Française) ; Le Sommeil ; Blanche et noire ;
Mary Hamilton ; 3 planches Procès Arton ; Procès Lebaudy, D. 190, etc.

1897. A la Souris, D. 209, 210 ; Série anglaise d'Yvette Guilbert ; Chevaux ;
Calmèse, marchand de chevaux.

1898. Au Star du Havre ; Diti Fellow ; Miss Dolly, D. 274 ; La chanson du matelot,
D. 276 ; Au Hanneton, D. 272 ; Femmes de théâtre ; Amazone et tonneau ;
Amazone et le Fox ; Tilbury ; Le poney Philidor.

1899. Chien, D. 277 ; Cheval et fox ; Pur-sang et bull dog ; Clown ; La Modiste,
D. 278 à 290.

LIVRES

LITHOGRAPHIES ORIGINALES

1894. *Le Chariot de terre cuite*, par Victor Barrucand. Savine, éditeur. (Couverture,
D. 78). - *Babylone d'Allemagne*, par Victor Joze, Savine, éditeur. (Couverture, D. 76).

1895. *Les Pieds nickelés*, par Tristan Bernard. Ollendorff, éditeur. (Couverture,
D. 128).

1897. *Le Fardeau de la Liberté*, comédie de Tristan Bernard. Edition de la *Revue
Blanche*. (Couverture, D. 214). - *La Tribu d'Isidore*, roman de mœurs
juives, par Victor Joze. Anthony et Cie, éditeurs. (Couverture, D. 215). -
Les courtes joies, par Julien Sermet, préface de Gustave Geffroy. Joubert,
éditeur. (Couverture, D. 216).

Arrestation de Schloumé Fuss (1898)

Lithographie pour "Au pied du Sinaï", de G. Clemenceau.

1898. *L'Exemple de Ninon de Lenclos amoureuse*, par Jean de Tinan. Editions du *Mercure de France*. (Couverture, D. 230). - *L'Etoile Rouge*, par Paul Leclercq. (Couverture, D. 231). - *Au pied du Sinaï*, par Georges Clemenceau. Floury, éditeur. (Couverture et onze illustrations, D. 235 à 249).

1899. *Histoires naturelles*, par Jules Renard. Floury, éditeur. (Couverture, 22 planches et 6 culs-de-lampe, D. 297 à D. 323). Limité à 100 exemplaires numérotés. - *Le Motographe*. Album d'images animées. Paris, Clarke et Cⁱᵉ, 225, rue Saint-Honoré. (Couverture en typographie, couleurs).

1901. *Jouets de Paris*, par Paul Leclercq. Librairie de la Madeleine, éditeur. (Couverture, D. 333).

PROGRAMMES DE THÉATRE

LITHOGRAPHIES ORIGINALES

1893. Théâtre libre. 1ᵉʳ spectacle : *Une faillite*, de M. Björnstjerne-Björnson ; *Le poète et le financier*, de M. Maurice Vaucaire. (Lithographie, Le Coiffeur, D. 14). - 2ᵉ spectacle : *L'Argent*, de M. Emile Fabre. (Lithographie, D. 15. - 3ᵉ spectacle : *Le Missionnaire*, de M. Marcel Luguet. (Lithographie, La Loge au Mascaron doré, D. 16).

1894. Théâtre de l'Œuvre : *Le Chariot de terre cuite* : Autrefois dans l'Inde, de M. Victor Barrucand. (Lithographie, D. 77). - Prospectus-Programme. (Lithographie, D. 149). - *Raphaël*, de M. Romain Coolus. - *Salomé*, de M. Oscar Wilde. (Lithographie, Portraits de MM. R. Coolus et Oscar Wilde, D. 195).

1896. Comédie Parisienne : *La Lépreuse*, de M. Henry Bataille, au bénéfice de Mᵐᵉ Louise France. (Lithographie, Mᵐᵉ Berthe Bady, D. 196).

1897. Théâtre de l'Œuvre : *Le Gage*, de M. Frantz Jourdain. (Lithographie, D. 212). - Théâtre Antoine : *Le Bien d'autrui*, de M. Emile Fabre ; *Hors les lois*, de MM. Louis Marsolleau et Arthur Byl. (Lithographie, Hommage à Molière, D. 220), Stock éditeur, 1898; Programme du Bénéfice Gémier. (Lithographie, Portrait de Gémier, D. 221).

1900. Théâtre de la Porte-Saint-Martin : *L'Assommoir*, de M. Emile Zola. (Programme en typographie noire, d'après une esquisse peinte).

COUVERTURES DE MUSIQUE ET CHANSONS

LITHOGRAPHIES ORIGINALES

1885. *A Saint-Lazare*, A. Bruant, éditeur et auteur. (D. 10.)

1893. *Les Vieilles Histoires*, poésies de Jean Goudezki, mises en musique par Désiré Dihau. Ondet, éditeur. Couverture-portrait de Dihau avec un ours. (En couleurs, D. 18) : *Pour Toi* (D. 19), *Nuit blanche* (D. 20), *Ta Bouche* (D. 21), *Sagesse* (D. 22), *Ultime Ballade* (D. 23). - *Etude de femme*, *Le millimètre*, poésie d'Hector Sombre. Ondet, éditeur (D. 24). - *Carnot malade*, chansons du Chat-Noir, interprétées par l'auteur, Eugène Lemercier. Ondet, éditeur

La Halle aux draps, à Cracovie (1898).
Lithographie pour " Au pied de Sinaï ", de G. Clemenceau.

(D. 25). - *Pauvre Pierreuse*. Hommage à Charles Chincholle, chanson réaliste. Répertoire Eugénie Buffet. Ondet, éditeur (D. 26). - *Le Petit Trottin*, paroles d'Achille Mélandri. Musique de Désiré Dihau. A. Fouquet, éditeur (D. 27).

1894. *La Goulue*, valse pour piano. A. Bosc, éditeur (D. 71). - *Adolphe ou le Jeune homme triste*, monologue, par Maurice Donnay, créé par Yvette Guilbert. Paul Dupont, éditeur (D. 73). - *Eros Vanné*, monologue, par Maurice Donnay, créé par Yvette Guilbert. Paul Dupont, éditeur (D. 74). - *Les Vieux Messieurs*, monologue, par Maurice Donnay, créé par Yvette Guilbert. Paul Dupont, éditeur (D. 75). - *Colombine à Pierrot*. Réponse créée par Yvette Guilbert. Paroles de Gaston Habrekorn. Musique de Désiré Dihau (D. 96).

1895. Mélodies de Désiré Dihau, de l'Opéra, sur des poésies de Jean Richepin. C. Joubert, éditeur (D. 129 à 142) :

I. *L'Adieu*, barcarolle, chantée par Mlle Renée Richard, de l'Opéra ; II. *Ballade de Noël*, chantée par M. Lassalle ; III. *Ce que dit la pluie*, mélodie ; IV. *Le Fou*, chanson ; V. *Les Papillons*, rondeau ; VI. *L'Hareng Saur*, chanson ; VII. *Le Secret*, mélodie ; VIII. *Etoiles filantes*, mélodie ; IX. *Oceano Nox*, cantilène ; *Les Hirondelles de mer* ; *Floréal*, valse chantée ; *Achetez mes belles violettes*, chanson ; *Berceuse* ; *Les vieux Papillons* chanté par Mme Judic ; *La Valse des Lapins*, (D. 143).

1898. *La Chanson de la Source*, dédiée à Mme Renée Vert. Paroles d'Ernest Simoni. Mélodie de Désiré Dihau. G. Ondet, éditeur (D. 267, sous le titre "Bicyclistes ").

1899. *Les Rois Mages*, légende. Répertoire Yvain. Poésie de L. Delorme et P. Maly. Musique de Désiré Dihau. Quinzard, éditeur (D. 293).

1900. *Au Jardin de mon cœur*. Poésie de Jean Richepin. Musique de Désiré Dihau. Quinzard, éditeur (D. 327, sous le titre " Déclaration ").

1901. *Zamboula-Polka*, chansonnette comique. Paroles de P. Volfe. Musique de Désiré Dihau. Ondet, éditeur (D. 334).

LES ESTAMPES EN COULEURS

Il est intéressant, après trente ans, de se reporter à l'accueil qui fut fait à l'estampe en couleurs et aux polémiques qui s'ensuivirent : on comprend mieux dans quelle bataille Lautrec s'était jeté dès 1892.

Encore en 1898, bon nombre de critiques d'art et d'artistes déniaient à l'estampe originale en couleurs son droit de cité, la traitant dédaigneusement d'imagerie, la refusant aux Salons réservés à l'Art de la gravure, qui, « par ses principes essentiels, ses

Mademoiselle Cocyte dans "La Belle Hélène" (1900).
Mine de plomb.

origines et ses traditions, est sans contredit l'Art du Noir et du Blanc (1). »

Dans *Le Temps*, le critique écrivait : « Les peintres lithographes se perdent, à mon humble avis, trop souvent dans des recherches d'effet qui ne sont pas du domaine de la lithographie ; en particulier, ils sont férus, presque tous, de la manie de traduire en couleurs leurs élucubrations et je trouve cette manie déplorable. Il est impossible de faire rendre à la lithographie en couleurs autre chose que des effets très tranchés qui font merveille dans l'affiche, mais qui agacent l'œil et le malmènent dans une estampe soignée faite pour le carton de l'amateur ou l'album (2). »

On ne peut maintenant que sourire de ces doctes conseils. Par contre, la gravure en couleurs eut de zélés défenseurs dans les Gustave Geffroy, Roger Marx, Charles Maurin, Arsène Alexandre, rénovée par une pléiade d'artistes (3).

Éternelle bataille de l'avant-garde contre les vieilles gardes !

Les premières estampes de Lautrec sont, nous l'avons vu, celles que la maison Goupil éditait au prix de 20 francs en octobre 1892 : elles détonnaient au milieu des autres publications consacrées à des reproductions de Detaille, de Gérome, de Delort, de Flameng.

On peut dire que ces deux pièces : la Goulue et sa sœur, l'Anglais au Moulin Rouge, ont été parmi les premières qui puissent se targuer d'avoir joué un rôle dans la rénovation de l'estampe.

Larges de touche, elles sont traitées comme des estampes japonaises, avec un trait vert foncé ou carminé, cernant des à-plats de couleurs juxtaposés.

En 1893, pour l'*Estampe Originale*, pour la couverture de la musique de Désiré Dihau et pour la Loïe Fuller, Lautrec avait

----

(1) MELLERIO : *La Lithographie originale en couleurs.* Floury, 1898, p. 5. Rapport de M. Henri Lefort, président de la section de gravure et de lithographie à la Société des Artistes français, 24 janvier 1898.
(2) *Le Temps*, du 5 novembre 1897, Thiébault-Sisson.
(3) *Voltaire*, 30 mars 1898. *Journal des Artistes*, 20 mai.

fait certaines recherches. Dans cette dernière estampe, à l'imitation
des japonais, il a essayé d'introduire de l'or : il le posa lui-même
avec des tampons d'ouate sur ses crachis. En 1895, pour la Revue
allemande, *Pan*, il exécute une Marcelle Lender, en buste, avec
tirage compliqué de huit couleurs.

Attelage en tandem (1897).
Recherche pour la lithographie

Ce n'est qu'en 1896, avec La Débauche, le Bar Picton, la Passagère du 54, et avec l'Album de « Elles » (suite de dix planches)
qu'il acquiert sa maîtrise et simplifie son métier.

En 1897, on verra une éclosion d'estampes dont certaines sont
des souvenirs de ses tableaux, la Grande Loge, la Clownesse, l'Idylle
princière (Rigo et la Princesse de Chimay), la Petite Loge, la Danse
au Moulin Rouge, Elsa la Viennoise, Partie de Campagne. En 1898,

revenu aux choses du sport, il commencera une série inachevée
sur les chevaux de courses avec le Jockey, le Paddock, l'Entraî-
nement, pour l'éditeur Pierrefort.

Les estampes en couleurs de Lautrec, une trentaine environ,
se distinguent par une grande rareté de tons ; le trait est fait d'une
teinte neutre : peu de couleurs, une recherche de symphonie
raffinée qui s'allie à son incomparable dessin.

Dans son admiration et sa compréhension des maîtres japonais, Lautrec avait retenu qu'il était possible, avec des couleurs
simples et juxtaposées, d'obtenir des résultats aussi francs qu'avec
des couleurs nombreuses et superposées.

Dans ses recherches, il suivit les leçons des estampes du
premier état des Torii et d'Haronobou, si fines dans leurs harmonies de jaune et de vert, et de gris gaufré ; de celles des Kyonoga,
des Outamaro, des Yei-shi, plus chatoyantes et compliquées.

L'album du Yoshivara, d'Outamaro, pour lequel il avait une
vénération particulière, lui a donné toute la gamme raffinée des
bleus, des roses, des verts : gammes de tons que les Japonais ont
intitulées avec autant de justesse que de poésie : blanc d'aubergine,
blanc ventre de poisson, neige rosée, neige fleur de pêcher, neige
bleuâtre, lune fleur de pêcher, vert crevette, vert cœur d'oignon,
vert thé ou vert crabe, et noir du ciel pour le bleu foncé.

Une des estampes qui, à mon avis, atteint le plus haut degré
de perfection et peut se comparer à n'importe quelles épreuves des
" Fleurs de cerisier " d'Outamaro, est Elsa la Viennoise : un bleu
rare se marie avec un léger ton jaune et vert ; le dessin est d'une
subtilité aérienne. Cette femme est d'une noblesse altière ; elle
est drapée de distinction. On sent combien Lautrec aime la
forme féminine ; il en a bien dégagé toute la volupté par une sorte
de rut de son esprit et de son talent.

Mais si son admiration pour les estampes de l'Annuaire des
maisons vertes du " Seiro-ye-hon-hen-ju-ghio-si ", d'Outamaro,
et ce long titre plein d'énigmes n'avait point été fait pour lui dé-

Les Vieilles Histoires
Poésies
de Jean Goudezki
mises en musique
par
Désiré Dihau
G. Ondet
éditeur

plaire, lui avait suggéré de belles trouvailles de couleurs, son esprit fantaisiste qui s'exerçait souvent aux dépens de ses amis, dont Maurice Guibert, lui faisait transposer ces vers des courtisanes du Yoshivara, dans les Contemplations de la Lune :

« Ce n'est qu'en l'admirant à deux que la Lune est belle ! Quand je suis seule, elle m'inspire trop de sentiments attendus », soupire Kumaïl.

Dans les Étoiles filantes, poésie de Jean Richepin, pour illustrer la musique de Désiré Dihau, Lautrec a représenté Maurice Guibert, les yeux exorbités au ciel, en chemise de nuit, enlaçant une femme en domino, sous le globe de la Lune !... Le titre primitif était : « Manon, voici le soleil ! (1) »

Lautrec a essayé, outre la lithographie, le métier du graveur sur cuivre ; les difficultés de ce métier l'ont un peu rebuté. Au vernis mou, il a laissé deux ou trois monotypes faits au pinceau sur cuivre : Une jeune acrobate dans l'arène et une charge de M. Joyant (2).

La pointe sèche l'a un moment séduit, comme moyen rapide d'expression, et sur des bouts de zinc et avec les conseils de Maurin il a exécuté une série de sept portraits (3) et celui de M. Tristan Bernard (4).

Pour terminer le chapitre des estampes, voici une opinion de l'écrivain de race qu'était Jean de Tinan :

« Si les estampes de Debucourt nous ont conservé l'aspect des "Promenades" du XVIIIe siècle, nous pouvons demander aujourd'hui aux fortes et impitoyables lithographies de Henri de Toulouse-Lautrec de nous renseigner, sinon sur le Palais-Royal plutôt délaissé, sur la vie des music-halls aux passages fardés de filles. Il a fait des " Yvette Guilbert ", des " Polaire ", une " Marcelle Lender " si empoignantes qu'on ne les voit plus cruelles.

---

(1) Voir vol. I, *Lautrec*, JOYANT. Catalogue 1895. Floury 1926.
(2) Delteil, N°s 338, 338 *bis*. Vente Manzi, 1919, N° 185. Musée du Petit Palais.
(3) Album Manzi-Joyant, 1911, sept pointes sèches.
(4) Frontispice du *Peintre-Graveur illustré*, tome X, Delteil.

« Je sais de lui un portrait de Maxime Dethomas, devant une consommation à quelque redoute où sont des femmes en maillots roses, d'un éreintement plombé extraordinaire... On connaît mieux ces avant-scènes sanglantes et dorées qu'occupent auprès de gigolos en papier mâché d'effarantes figures plaquées de poudre de riz comme d'ulcères... Il les a suivies jusque devant des " toilettes " où, pour atteindre le flacon d' "odeur " au stilligoutte poisseux, il faut butter contre des vases oubliés, dans lesquels une touffe de cheveux roulés sur le doigt surnage... Il nous a montré leurs draps isabelles... (1). »

Et de Gustave Geffroy à propos de la lithographie :

" Au Bal public " :

« Voici des inquiets, des chercheurs... et Toulouse-Lautrec se révèle une fois de plus admirable par son dessin impeccable, sa finesse aiguë, l'assurance avec laquelle il fait surgir cette prome-neuse au profil chevalin, cette autre macabre, les regards bridés ; le nez pointu des chercheurs et des regardeurs, les panaches des femmes mêlés aux pompons des municipaux : toute la mise en scène d'un lieu de plaisir dont il extrait une savante horreur (2). »

---

(1) Cirques, cabarets, concerts, par Jean de TINAN, dans *Mercure de France*, août 1898, p. 566.

(2) Germinal 1899. *Au bal public*. Delteil, N° 290.

CHAPITRE III

Le créateur d'affiches

En 1889, au moment de l'Exposition Universelle, les murs de Paris se couvrent de réclames, la plupart du temps, hideuses, conçues dans le plus bas esprit commercial, sans art aucun.

Seules, les affiches de Chéret, brusquement, éclairaient les rues, remplissant les yeux de joie, de couleurs gaies et chatoyantes : sarabandes de pierrots, d'arlequins, de colombines, émergeant en un tumultueux désordre de nuages multicolores, véritables arcs-en-ciel.

A côté des laideurs affligeantes, le Parisien pouvait contempler une chose qui s'imposait par la grâce aérienne de notre pays et par un dessin léger et conventionnel qui créait " le Décor de la Rue ".

Huysmans, dès 1880, trouvait qu'il y avait plus de talent dans une affiche de Jules Chéret que dans la plupart des tableaux du Salon. Ce dernier est le véritable rénovateur de l'affiche moderne, c'est lui qui, en créant le nouvel Art de la décoration des murs, montre la voie. Jusqu'à lui, on n'avait point le sens que l'affiche doit tenir le mur, qu'elle est faite pour être regardée de loin et de haut, qu'elle doit être conçue comme une sorte de coup de poing donné au passant.

Les Anglais n'étaient pas tout à fait tombés dans cette erreur; ils ont eu de tout temps le goût des grands placards, simples de couleurs, composés de lettres énormes bien disposées.

Cela, Lautrec l'avait fort bien compris : son admiration pour Chéret et pour la conception brutale anglaise lui faisait concevoir ce qui doit être mis sur un mur. Les leçons de M. Degas, de l'Impressionnisme et des Japonais, devaient l'aider à trouver son expression personnelle pour tapisser un mur et y éclater.

Et c'est ainsi qu'un tout jeune nouveau-venu, sans rien pasticher, se révélait brusquement avec une autorité, une volonté dans le dessin, des raccourcis audacieux, des mises en pages curieuses, et pouvait donner la sensation du mouvement et du geste, avec des placards de couleurs simples, violant les yeux.

La première affiche de Lautrec pour le Moulin Rouge, en 1891, suit celle que Chéret avait faite en octobre 1889, et qu'il semblait difficile de surpasser.

Cette première création étonne et conquiert d'emblée tous les suffrages. Bientôt suivent le Pendu, le Divan Japonais, Reine de Joie, les trois Bruant, à l'Eldorado, aux Ambassadeurs et dans son Cabaret, Jane Avril, dite La Mélinite, et Caudieux, comique de l'Eldorado et des Ambassadeurs.

Lautrec, avant que d'être reconnu peintre et dessinateur, voit sa renommée s'établir comme faiseur d'affiches.

Voici une opinion amusante :

« Un qui a un nom de D... de culot, mille polochons, c'est

La Goulue au Moulin-Rouge
Affiche (1891)

Lautrec ; ni son dessin, ni sa couleur ne font des simagrées. Du blanc, du noir, du rouge en grandes plaques et des formes simplifiées, voilà son fourbi. Y en a pas deux comme lui pour piger la trombine des capitalos gagas attablés avec des fillasses à la coule qui leur lèchent le museau pour les faire carmer. La Goulue, Reine de Joie, le Divan Japonais, et deux fois un bistro nommé Bruant, c'est tout ce que le Lautrec a manigancé comme affiches... mais c'est épatant de toupet, de volonté, de rosserie, et ça en bouche un coin aux gourdiflots qui voudraient becqueter rien que de la pâte de guimauve ! (1) »

En 1894 et en 1895 viennent celles de Bruant au Mirliton, vu de dos, et de " Babylone moderne ", de May Belfort, de May Milton, la Revue Blanche, Confettis. La pensée qui a guidé Lautrec pour cette dernière est, pour ainsi dire à " base de Jeanne Granier "; longtemps, Lautrec avait recherché à fixer le sourire de Mme Granier, sourire indéfinissable et d'une synthèse si difficile. Dans Confettis, le sourire est venu d'un coup à Londres. En 1896, ce sont : la Chaîne Simpson, le petit Michaël, le Bar Picton.

A partir de 1897, complètement pris par les estampes en couleurs, et avec l'interruption de 1899, il ne fera plus que deux affiches, l'une pour sa vieille amie Jane Avril, en février 1899, la seconde en janvier 1900, pour Marthe Mellot, dans *La Gitane*, drame en quatre actes de Richepin, représenté au Théâtre Antoine. Puis ce sera fini.

Toute son œuvre, si prépondérante dans la renaissance de l'affiche, en compte seulement vingt-neuf (2). Elles ont permis à beaucoup de s'en inspirer et de les pasticher.

Ces affiches, dont Lautrec fit presque toujours les frais, ce qui lui permettait de les exécuter à sa guise, ne plurent souvent point à ceux auxquels elles étaient destinées. On se souvient de ses

---

(1) *Le Père Peinard*, 30 avril 1893.
(2) Delteil, N°s 339 à 368.

14

démêlés avec Yvette Guilbert qui montra peu d'empressement à accueillir une maquette, se trouvant trop laide.

Bruant contait un autre avatar : Quand, descendant de Montmartre, il s'en fut, en 1892, pour la première fois, montrer son feutre, son cache-nez rouge, ses bottes et son complet de velours au Tout-Paris des Ambassadeurs, il demanda à Lautrec de lui faire son affiche.

L'après-midi, avant la représentation, on se met à la coller devant Lautrec et Bruant sur les panneaux des entrées, lorsque Ducarre, le Directeur des Ambass, survient et se met à hurler : « Quelle cochonnerie ! C'est affreux ! Retirez-moi cela ! » Cris ! mots gras ! engueulades !! Alors, Bruant de mugir : « Mon vieux, vous allez laisser cela, et, en plus, me la foutre, sur la scène, de chaque côté, sur des panneaux... Et, tu m'entends ! Si, à huit heures moins le quart, — pas huit heures, — çà n'y est pas, je ne fais pas mon numéro ! je f... le camp ! tu as compris !! »

A l'heure dite, l'affiche s'étalait sur la scène, encadrant Bruant : le succès du chansonnier et de sa comparaison furent énormes.

Après la représentation, Ducarre avoua s'être trompé, car tout son personnel lui disait que le public avait trouvé l'affiche " épatante ".

« Alors ! condescendit Bruant, pour te punir, mon vieux, tu vas en couvrir tous les murs de Paris ! »

D'autres furent presque interdites ; c'est ainsi que celle de " Babylone " qui montre des officiers allemands campés à cheval faillit être l'objet d'une affaire diplomatique avec l'Allemagne ! En 1894, on en était encore à une époque où la France devait éviter de déplaire !

Mais Lautrec se soucia peu des interdictions et des pressions officieuses, et, pour son compte, la termina, l'édita, et elle vit tout de même le jour.

Un autre projet lui valut une rebuffade plus cuisante : la maison Boussod Valadon et Cie, en 1895, ouvrit un concours pour

Aristide Bruant, dans son Cabaret
Affiche (1891)

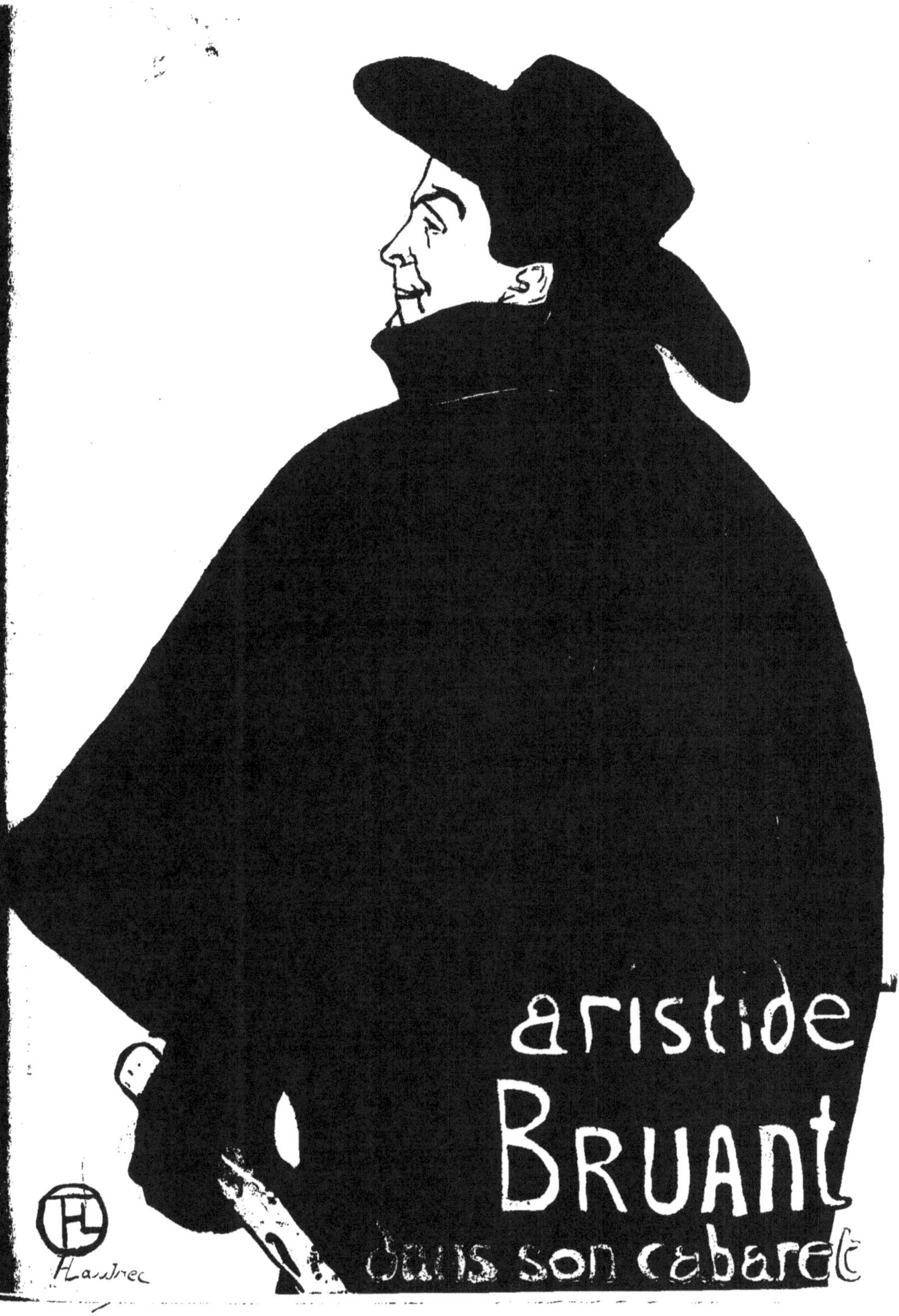

aristide
Bruant
dans son cabaret

Menu à la fillette nue.
Lithographie.

annoncer « Une Vie de Napoléon », par le R. d. Sloane que la Century and Co devait éditer en Amérique.

Lautrec composa donc une grande esquisse représentant Napoléon, de face, sur un cheval blanc, au milieu d'une caracolade de maréchaux et de mameluks.

Le jury écarta sommairement ce projet et les prix furent distribués ainsi :

1er Prix : Lucien Métivet .... 1.000 Fr.
2e Prix : Chartier .... 750 Fr.
3e Prix : Henri Dupray....... 500 Fr.

Il faut dire que le jury se composait de : MM. Detaille, Gérome, Vibert.

L'esquisse fut ensuite proposée pour quelque deux cents francs, à M. Frédéric Masson, qui, comme on peut encore s'en rappeler, a beaucoup écrit sur Napoléon et monopolisé tout ce qui avait trait à son grand homme. Mais il fallut battre en retraite sous les injures de ce soi-disant défenseur de l'ordre et de la tradition, dont l'esthétisme borné n'allait pas au delà de considérer le violet que comme un stigmate de décadence et ceux qui osaient s'en servir, que comme des anarchistes, bons à fusiller... « On nous fusille, disait Manet, mais on fouille nos poches... »

Comme consolation, Lautrec a exécuté et édité, par ses propres moyens, une magnifique estampe en couleurs dans laquelle, un certain violet domine et se marie élégamment avec du jaune et un rappel de rouge. Peut-être verrons-nous un jour, maintenant que tous les acteurs sont morts, l'estampe et la maquette se réfugier au Musée Napoléonien de la Malmaison! (1).

Enfin, au Musée d'Albi est conservé un projet inédit au fusain, pour le " papier à cigarettes Job ", représentant un soldat anglais assis, de profil (2).

-----

(1) Delteil, N° 358.
(2) Musée d'Albi, N°s 118 et 119.

Confetti
Manufactured
by
J & E Bella,
Charing Cross Rd
London
W.C.

Pour terminer cette nomenclature, il faut signaler une affiche presque inconnue : c'est celle de la " Société Philanthropique " l'Union du Commerce.

On avait imposé une exécution dans le mode le plus pompier possible, aussi Lautrec s'est-il appliqué à la traiter comme aurait pu le faire un des maîtres du Salon des Artistes Français :

Une femme drapée à l'antique, qui doit évidemment être la Philanthropie ou la Soli-darité, avec une étoile brillante dans les cheveux, tient d'une main un caducée et de l'autre une palme de lauriers qu'elle brandit au-dessus d'un jeune homme et d'un vieillard, symbolisant sans nul doute la Jeunesse et la Vieillesse. Elle ne serait point désavouée par un Luc Olivier Merson, ou un Albert Besnard.

Seulement, notre " Soli-darité ", vraie gamine de Montmartre, a un sourire indéfinissable et railleur à l'adresse de ses deux vis-à-vis, vêtus également du clas-sique peplum, et porte bien

Moulin Rouge. - La Goulue (1891).
Esquisse de l'affiche.

l'empreinte de notre peintre. Certainement, il s'est proposé de démontrer que la banalité d'un sujet et une exécution très École des Beaux-Arts, s'il lui prenait fantaisie d'en faire, n'avaient aucun secret pour lui.

De même que pour exécuter un tableau, une estampe, Lautrec procédait de la même façon : notations, recherches, mises en place sur un carton en peinture à l'essence de son sujet, puis passait à la période d'exécution. Sur un vaste panneau de papier marouflé sur toile, il exécutait au fusain son trait initial : celui qui serait reporté sur pierre ; sur ce trait au fusain, souvent repris à l'essence, il posait un grand calque sur lequel il recherchait les couleurs. Ainsi, avant d'aborder le travail de la pierre, il ne laissait au hasard que le moins d'improvisation possible.

Dans les coulisses des Folies-Bergère (1896).
Lavis et encre de Chine.

Cette façon de procéder lui a permis d'exiger tyranniquement ses choix de couleurs, malgré la routinière résistance des imprimeurs.

Lautrec, chez Chaix, chez Ancourt ou chez Verneau, savait exactement ce qu'il voulait et il l'imposait, vite adoré de ses ouvriers. Souvent, dès sept heures du matin, on le voyait arriver en

May Milton

habit noir de la veille, les poches bourrées de brosses à dents pour exécuter des crachis.

Il était devenu, en effet, un virtuose dans l'art de saupoudrer ses pierres ; pour appuyer ses traits, il a pu donner ainsi sans hachures, ni modelage d'ombres, la sensation de la plénitude avec des à-plats.

Cette nouvelle façon d'opérer déroutait les ouvriers lithographes : aussi, ayant un jour préparé un vaste crachis sur une pierre, il la trouva le lendemain complètement nettoyée. Inutile de dire comment il prit l'aventure qui démontrait l'ignorance des lithographes en ce qui concernait les crachis et leur nouvelle utilisation (1).

Dans les affiches de May Belfort, de May Milton, Lautrec s'est soucié de faire des placards bien anglais, le rouge de la première rutile à l'envi du bleu de la seconde.

Lorsqu'on considère l'ensemble de ses affiches, il faut, outre ses mises en page si personnelles, retenir cette nouveauté du trait coloré qui sert à orner les à-plats. Les couleurs très simples donnent le maximum de leur chanson par le jeu des complémentaires : elles sont presque toujours juxtaposées, rarement superposées.

Le blanc du papier, qui est intégralement réservé aux affiches officielles, a été, dans la mesure où il pouvait être employé, un des facteurs des fonds : lorsqu'il était impossible d'avoir la surface claire suffisante, Lautrec a tourné la difficulté en imprimant sur un papier à peine teinté de jaune, et restait ainsi d'accord avec les règlements législatifs.

Pour compléter ce chapitre des Affiches et faire ressortir l'accueil qui fut fait aux créations de Lautrec, nous ne pouvons mieux faire que de donner l'étude suivante d'un grand écrivain, d'Ernest Maindron, parue dans les *Affiches Illustrées*.

------

(1) Cette anecdote est rapportée par A. Marty, dans *L'Imprimerie et les procédés de gravure au XXe siècle*, p. 56, 1906.

H. DE TOULOUSE-LAUTREC

Ce qui me frappe, après beaucoup d'autres, dans l'œuvre de M. H. de Toulouse-Lautrec, c'est à la fois la tristesse qu'elle respire et la portée philosophique qu'elle a.

J'admire cette œuvre. Comme autrefois Daumier, comme aujourd'hui Degas et Forain, de quelque côté que M. de Toulouse-Lautrec ait porté son talent : que la peinture l'ait tenté, qu'il ait fait de l'illustration, qu'il ait abordé l'estampe, qu'il ait lithographié des titres de musique, qu'il ait enfin composé des affiches, il a laissé partout d'ineffaçables traces.

C'est un langage nouveau que parle ce philosophe, mais il a bien étudié ce qu'il écrit et il l'écrit en termes frappants. Il les a vues les filles plâtrées, affaissées, ruinées qu'il nous montre et qui sont comme les plaies vivantes d'une société mauvaise auprès de laquelle il nous faut vivre ; loin de cacher ces plaies, il les étale au soleil et les expose dans leur crudité. Pour les noceurs avilis, brûlés par l'absinthe ou qui en reçoivent comme le vert reflet, il fait de même. Il ne voit pas « gai », il voit « juste ».

On pourrait se demander si ce monde-là, filles et noceurs, mérite la dépense d'une somme d'art qui n'est pas commune. M. de Lautrec l'a pensé et ce que nous savons de lui montre qu'il était en pleine possession de la vérité.

Ses procédés sont d'une maîtrise incontestable, il apporte dans l'art de nouveaux moyens d'interprétation ; le trait lui sert seul à fixer sa pensée. Sa connaissance de la forme, sa science du dessin, sa sûreté de main, lui permettent de donner à ce trait initial la plus grande précision, à cette ligne simple, la vie et la couleur. Quel que soit le sentiment qu'exprime cette ligne, l'esprit ou la ruse, l'élégance ou la pose, l'hébêtement ou la frayeur, elle est toujours franche et sûre.

Dans son dessin, il n'y a rien d'inutile ou d'irraisonné, tout ce qui est indispensable s'y trouve ; les personnes y sont toujours dans leur cadre : le découragement qui les accable, la misère qui les torture, les désirs qui les secouent, s'y lisent gravés de manière indélébile.

Malgré la simplicité des moyens qu'il emploie, les compositions de M. de Toulouse-Lautrec sont décoratives au delà de ce qu'on peut imaginer. Comme coloration, il n'a recours qu'à la teinte plate ; ses effets violents sont assurés par des oppositions de noir et de blanc qui sont des merveilles d'adresse et de savoir.

La première affiche que l'artiste ait dessinée est celle du *Moulin Rouge*. Sa note était si nouvelle, si parfaitement inattendue, qu'elle fut tout de suite remarquée.

On se la rappelle : une danseuse hasarde un pas isolé. Avec une sûreté de coup d'œil qui dénote la fréquentation des sphères élevées, " La Goulue ", puisqu'il faut l'appeler par le nom qu'elle a choisi, lance aux frises absentes au milieu d'un savant retroussis, une jambe mignonne. Au premier plan, un être bizarre admire : c'est Valentin le désossé.

Un cordon de globes lumineux éclaire la scène principale et laisse dans l'obs-

Bar-maid à Londres
(1898)

curité un groupe de spectateurs s'élevant en silhouettes dans la partie supérieure du dessin.

Après cette affiche sont venus les *Portraits de Bruant*, car il y en a trois qui sont d'allure superbe, énergiques et crânes, gouailleurs et sceptiques. On y revoit de trois-quarts, de profil et de dos, le chanteur railleur ou âpre qui a su se créer tant de succès.

Partout d'ailleurs se retrouvent, plus sûres d'elles-mêmes, les extraordinaires qualités de M. de Toulouse-Lautrec. Elles sont étonnantes dans " Reine de Joie ". L'homme au type abject, repoussant est le financier véreux qui paye sans compter et veut qu'on le sache ; la noce basse dans laquelle se vautre ce vil personnage a imprimé sur son visage, à la fois la marque profonde de l'abrutissement et du contentement de soi. La fille est l'immonde créature vieillie dans et par le vice ; éhontée, elle se prêtera à toutes les fantaisies de son écœurant mâle et saura bien faire doubler ses gages.

Cette peinture, car c'en est une, est tout à fait hors de pair.

Peut-être le *Pendu* est-il plus remarquable encore. La scène est terrifiante. Par une corde, un cadavre est retenu au plafond et se balance dans l'espace. Un homme éclaire ce cadavre d'une bougie ; la lumière distribuée de manière impeccable, frappe le suicidé de profil et donne au visage du malheureux

Mademoiselle G... dans *Messaline* (1900).
Dessin.

une expression grimaçante, d'une belle horreur. Cette affiche, presque inconnue à Paris, a été faite pour *La Dépêche de Toulouse ;* elle est extrêmement rare.

A côté de celle-ci, en voici une autre plus reposante, c'est celle du *Divan Japonais ;* elle est, je crois, le chef-d'œuvre de l'artiste. Une jeune spectatrice, à l'œil provocant, charmante de forme, gracieuse et svelte, est venue chercher aventure au " Divan Japonais ". Derrière elle, captivé, un homme poursuit son regard et sollicite son attention. S'il en était besoin, cette affiche de petit format et qui aura sa place dans les cartons d'amateurs, serait la preuve que M. de Toulouse-Lautrec est loin d'être insensible au joli.

Voici " Jane Avril ", étrange dans sa robe jaune et rouge. Je ne sais pourquoi je trouve cette œuvre poignante. L'expression du visage est d'une inouïe tristesse. On sent la lassitude, on y voit que la jeune femme danse pour notre plaisir et non pour le sien, on y lit comme le désir mal contenu de s'évader de cette existence où le public blasé prend une trop grosse part.

Le Journal *Le Matin* a confié à M. de Toulouse-Lautrec l'affiche qu'il a publiée pour son feuilleton : Au pied de l'échafaud. C'est la dernière minute, l'homme va expier ses crimes, l'épouvante le glace, déjà son sang ne circule plus, il est livide. La tête qui va tomber est d'une étude admirable et d'une effroyable vérité.

Ici, c'est le chanteur *Caudieux.* Limité comme dans beaucoup de ses productions, par une ligne d'un vert pâle et qui enserre le dessin, cette composition se borne à un seul personnage : elle est d'une grande douceur de ton et d'un aspect qui repose la vue. La tête est belle et bien vivante.

Nous sommes à Berlin, en pleine Babylone d'Allemagne. Dans ce « doux pays », ainsi que le disait Forain, l'armée règne et gouverne, c'est à elle que s'adressent tous les hommages. Il le sait bien, cet officier hardiment campé sur son cheval blanc, et la jeune femme qui attache sur lui son regard ne lui apprend rien dont il ne soit pleinement convaincu. Les soldats, casques en tête, barbe blonde, présentent les armes, comme il convient à de fidèles et respectueux sujets. Sur cette affiche, il n'y a rien qu'un trait léger, les personnages y sont à peine apparents. Seul, un poteau de frontière, rappelant les couleurs allemandes jette une note un peu vive dans cette composition d'une singulière harmonie.

M. de Toulouse-Lautrec a, depuis, publié trois autres petites affiches : *Confetti Manufactured by J.-E. Bella,* pour Londres ; *May Milton; May Belfort,* pour l'Amérique.

Ernest MAINDRON.

Les Affiches Illustrées, 1886-1895, p. 108 à 113.

CHAPITRE IV

La Conquête de l'Immortalité

La place que tenait Lautrec dans le monde des Arts peut se jauger au nombre incalculable d'articles que sa mort fit éclore.

Au moment de son internement en 1899, à la maison de santé de Madrid, la presse avait mené grand fracas ; la légende de la folie due à l'alcool, folie démoniaque qui avait frappé André Gill, Maupassant, s'était à peine atténuée devant la vérité et les rectifications. En tout cas, les moralistes n'en avaient pas moins fait leur sermon. A la mort, les mêmes "méchants" repartirent de plus belle sur le même thème.

Il n'est pas inutile de lire quelques-uns des articles typiques qui malmènent Lautrec, sa personnalité et son art : ainsi, peut-on

en mieux connaître la physionomie ; il ne suffit point d'entendre
seul le son de cloche des amitiés et des admirations ; avec le recul
du temps, on se rend mieux compte de l'hostilité qui l'entourait :
hostilité due à l'incompréhension de son indépendance de vie, de
caractère et de talent qui déroutaient la galerie ; peut-être cela
pourra-t-il, vis-à-vis d'autres artistes, inciter à plus d'indulgence
et de bonté et à méditer la conclusion du discours qu'au Salon de
1745, notre grand Chardin tint à Diderot et aux critiques :

« Messieurs, Messieurs ! de la douceur ! Si vous voulez m'écouter,
« vous apprendrez peut-être à être indulgent !... Adieu, Messieurs,
« de la douceur ! de la douceur !... »

LA VRAIE FORCE

Les amis de Toulouse-Lautrec diront qu'ils ne sont pas surpris, cela devait
finir ainsi, Toulouse-Lautrec avait la vocation de la maison de santé. On l'a enfermé
hier, et c'est maintenant la folie qui, à masque découvert, signera officiellement ces
tableaux, ces dessins, ces affiches où elle était anonyme, si longtemps. Soudain,
au milieu même d'un effort vers la grâce et le sourire, quelle hantise de crispation
et de grimace, quel rêve épique de déformation, quelle merveilleuse maîtrise de
bizarrerie et d'horrible ! L'homme, contrefait, claudicant, falot, était d'ailleurs
l'homme de l'œuvre, ce qui est rare ; plus d'un de ses surprenants personnages
revit de ses propres traits et de son allure, comme dans une obsession ; l'influence
de son physique, certes, compta, et cent fois, de la manière la plus curieuse, la car-
casse de l'artiste semble avoir agi directement, amèrement, humainement, sur sa
personnalité comme s'il n'avait pas eu une âme pour s'affranchir.

Mais c'est dans l'appréciation des réalités, que se révélait surtout cet état de
candidat à la folie. Les conversations de Toulouse-Lautrec semblaient procéder
d'une entreprise générale de démolitions. Pour ce talent, personne n'avait de talent,
pour ce cœur, nul n'avait de cœur. Le monde n'était fait que de crétins, de misé-
rables, de salops ; tous les hommes à Sainte-Anne, à Mazas, à l'Aquarium ; pour
les femmes, c'était plus simple encore, les prés où paissent les bonnes vaches.
Je ne nie point que ces appréciations parfois trouvent à tomber juste. Mais quel
singulier bloc ! quelle caractéristique vision noire, quel besoin de tout soupçonner,
calomnier, dégrader, ou plutôt quel délire de persécution ! Aussi bien, c'est le
grand chic d'aujourd'hui. Mais chaque fois que j'assiste à de ces exécutions parlées
de la société en masse, et entends choir toutes ces pelletées de sarcasmes, d'insultes,
de haine, malgré moi je songe que ce n'est pas là l'état normal d'une intelligence,
d'une conscience ; que c'est au contraire par la patience, l'équité, la bonté que

s'affirme la santé, et une grande pitié me vient pour tous ces terribes démolisseurs...
Oui, ils se jugent forts, leur idée fixe ne fait crédit à personne, à rien, et ils
sont légion. Mais je me défie toujours de ces vaillances de rosserie, de tant de superbe
à dénigrer, de ces supériorités méprisantes et transcendantes. Tout d'un coup, ça
fait couic. Et heureux et préservés sont les simples ; et enviables sont les bons, qui
même dans le vase brisé, savent rendre justice à la verveine. Ceux-là sont les forts.

Alexandre Hepp.

Extrait du *Journal*, 26 mars 1899.

LE SECRET DU BONHEUR

On a plaint en chœur, avec un ensemble touchant, sans note discordante, le
peintre Toulouse-Lautrec, qu'on a conduit ces jours-ci dans une maison de santé.

Cette chute brusque dans le noir et cet évanouissement dans l'informe impres-
sionnent toujours. Parmi les milieux artistiques, littéraires, mondains, cette extinc-
tion d'une flamme d'artiste préoccupe comme un avertissement, effraie comme
une menace. Peu sensibles d'ordinaire aux infirmités, aux accidents qui atteignent
les camarades, nous sommes émus devant le terrible point d'interrogation de la folie.
Comment! la raison humaine peut ainsi, de son faîte superbe, dégringoler? D'où
vient donc ce vent mystérieux qui, tout à coup, souffle sur les intelligences? Et
la pitié pour le pauvre compagnon, hier un être pensant et volitif, aujourd'hui une
loque de chair, une marionnette vivante, objet à la fois de compassion, de risée et
de dégoût, naît de cette ressouvenance brutale de la fragilité des cervelles et de la
fréquence des fêlures.

Artiste original et puissant, Toulouse-Lautrec avait — hélas! il faut en parlant
de lui, déjà employer l'imparfait des nécrologies — rapidement acquis une noto-
riété suffisante. Producteur lent, chercheur, rêveur, il méditait longuement toute
composition. Il n'exécutait qu'après de prudentes hésitations. Il ne recherchait ni
la popularité facile, ni la publicité vaste. Ses moindres productions, longtemps
combinées, condensées, incubées, ont un relief et une intensité qui leur assurent
une durée honorable. Il a, en dehors de la peinture et de l'illustration, qu'il faisait
si neuve, si capricieuse, si poétique, atteint du premier coup la maîtrise dans ce
genre, en apparence facile et dont les vrais artistes reconnaissent le péril : l'affiche.
Il a laissé d'Aristide Bruant, un dessin destiné à être badigeonné sur les murailles
et trimballé sur des voitures-réclames qui est un portrait de haute distinction.
L'homme au cache-nez rouge, comme on désignera peut-être plus tard ce morceau
de vigoureuse peinture, pour éviter de le confondre avec d'autres effigies vulgaires
de chansonniers et d'industriels peinturlurées sur les façades, arborées, comme
des étendards, au bout de hampes ou endossées, ainsi que des tabarts, par des came-
lots sandwichs, hérauts de publicité, est d'une facture large et saisissante, évoquant
Goya et rappelant Courbet.

Il est regrettable que cet artiste, si heureusement doué, ait si peu produit. Il y avait en lui de la nonchalance congénitale et de l'oisiveté héréditaire. Il descendait, plus ou moins régulièrement, des comtes de Toulouse et du maréchal de Lautrec. Avoir eu, dans le passé, des racines s'enfonçant en des profondeurs comme la première Croisade et comme la bataille de Marignan, c'est imposant, mais pour l'imagination seulement. Les fruits des arbres généalogiques sont généralement chétifs et rongés par un ver intérieur : ce n'est que près du tronc qu'elles sont vigoureuses, les branches aristocratiques. Dernier venu d'une race épuisée, victime de l'exubérante expansion des aïeux, l'artiste montmartrois apparaissait comme la caricature de ceux de sa race. Chétif, rabougri, contrefait, plus semblable à un de ces nains grotesques qui grimaçaient derrière le fauteuil ducal, dans les châteaux seigneuriaux, qu'à un descendant de Raymond conduisant la chrétienté à la délivrance du Saint-Sépulcre, le malheureux dégénéré avait conscience du ridicule de sa double infirmité d'avorton et de noble sans le sou. Un grand nom écrase. Il faut avoir les épaules solides pour supporter même le souvenir d'un fier cimier. La fortune eut grandi le nabot qui portait le nom d'un paladin uni à celui d'un de ceux qui frappèrent d'estoc et de taille, à côté de Bayard, en ce choc formidable de 1515 qu'on a nommé le combat des Géants. Mais Toulouse était pauvre et ses batailles étaient surtout de celles qui se livrent autour du louis de poche.

Faiblesse ou fierté, il avait continué à faire sonner le nom retentissant de ses ancêtres. Il n'avait pas eu la pudeur de l'enfermer dans une gaine de roture, et cela sans calcul, car il ne songea pas à troquer son acte de naissance contre les dollars d'une fille de marchand de salaisons de Chicago. Les héritiers de grands noms, lorsque les écus d'or sont fondus et que les châteaux se sont émiettés dans la sacoche de la bande noire, agissent sagement en prenant un nom discret, d'allure bourgeoise. A quels quolibets un employé de commerce ou de banque portant un de ces noms qui ont pour Bottin l'Histoire de France, ne serait-il pas exposé de la part de ses collègues et de ses patrons, susceptibles de s'appeler Dupont ou Durand ? Beaucoup de descendants obscurs de resplendissants personnages se dissimulent ainsi, avec des états civils neufs et courants, dans les rangs des travailleurs, comme, sous la simple désignation d'Eugène Grailly, se dissimulait naguère, dans les chœurs de l'Opéra, le dernier descendant des comtes de Foix. Les artistes peuvent plus facilement supporter, sans trop de gêne, un héritage nominal fastueux. Alfred de Vigny a revendiqué magnifiquement les droits de la noblesse de l'esprit, rendant l'hommage qui leur était dû à ses aïeux, grands batailleurs, grands chasseurs, grands oisifs, mais en ajoutant que, s'il écrivait leur histoire, ils descendraient de lui.

Comme Lefebvre, le glorieux garde-française devenu Maréchal de France et duc de Dantzig, tout artiste peut déclarer, avec un orgueil convaincu, qu'il est un ancêtre. Malheureusement, Toulouse-Lautrec n'agissait point comme un ancêtre, et sa palette vierge, et son pinceau intact, ressemblant à un écu rarement

Tête de femme (1898).
Sanguine.

bosselé, à une épée trop souvent au fourreau, prouvaient trop que de la vieillesse du sang, il tenait surtout le goût du plaisir et l'éloignement du travail, cette vertu des roturiers.

Par une bizarrerie de caractère qui semblait comme un châtiment moral, comme une répercussion de la colère divine sur la septième génération, ce pauvre garçon, si mal tourné, si gauche, si disgracieux, était un ardent féministe. Il poursuivait l'amour à tort et à travers. Il semblait expier, par ses poursuites inassouvies, les débauches trop heureuses des comtes de Toulouse et racheter, par ses défaites continuelles, leurs fréquentes victoires galantes. Il était torturé par ce désir d'être aimé, d'inspirer la passion. Il fut un don Juan bossu, poursuivant l'idéal parmi les plus vulgaires réalités. Il pouvait sans doute montrer, lui aussi, sa liste amoureuse de *mille e tre*, mais ces trois mille noms féminins figuraient également sur le registre que paraphe M. Will, à la Préfecture de Police. La débauche banale, les caravanes de commis-voyageur que Toulouse-Lautrec organisait volontiers et où il entraînait ses camarades, ont certainement contribué, avec l'irritation que lui causait le sentiment de sa disgrâce physique et de sa déchéance morale, à le pousser vers le cabanon.

A présent, dans ce paradis singulier de la dégénérescence humaine, dans ce Walhalla bizarre de la maison de fous, qui n'est lieu d'effroi que pour les malheureux encore affligés de leur raison, il goûte la plénitude de la félicité possible. Il jouit sans entraves de ce qu'il croit être sa force, sa beauté, son talent. Il peint des fresques sans fin, il brosse avec une vertigineuse maestria des toiles indéfinies ; en même temps, il étreint des corps admirables, des formes sveltes et harmonieuses l'entourent, et des voluptés sans cesse renaissantes inondent son être toujours dispos de sensations toujours neuves. Grâce à l'heureuse aberration, il vogue loin des hideurs et des tristesses du monde, vers des îles enchantées dont il est le roi. Il ne vend plus l'art, il n'achète plus l'amour : il est béat.

Nous avons tort de le plaindre, il faut l'envier. Ce sont les fous, et non les gueux, comme a sottement chansonné Béranger, qui sont les gens heureux ; la condition de l'homme est si baroque, si atrocement détestable, si cruellement ballottée entre le désir impuissant et l'assouvissement incomplet, que le seul endroit de la terre où l'on puisse espérer rencontrer le bonheur, c'est encore un cabanon dans une maison de fous. Ah ! ce veinard de Toulouse-Lautrec ! Il est juste de dire qu'il avait assez souffert pour goûter la guérison, et qu'il méritait bien, après les épreuves de la demi-folie où il se débattait comme la plupart des hommes, de jouir enfin du néant divin de la pleine folie.

E. Lepelletier.

Extrait de *L'Echo de Paris*, du mardi 28 mars 1899.

Le jockey (1899).

*
* *

Nous avons conté au premier volume, comment Lautrec mis au régime de l'eau pure, en la maison de santé de Madrid, retrouva en peu de temps son équilibre, et par un travail quotidien démontra qu'il avait droit à la liberté.

L'article suivant de l'ami dévoué, Arsène Alexandre, avait pu seul endiguer le flot des informations malfaisantes et hâter pour l'artiste l'heure de la délivrance.

UNE GUÉRISON

Comme parfois à Paris, on se donne peu la peine de savoir la vérité quand on a deux pas à faire pour la connaître ! Comme on cherche peu à deviner les visages sous les masques ! Cette ville est sublime, elle abonde en grands talents, en esprits sérieux et profonds, et parfois elle prend des airs de pétaudière qui déconcertent.

Tout le monde a enterré, ces jours-ci, le peintre Henri de Toulouse-Lautrec, une figure parisienne s'il en fut, et pas un Parisien ne s'est donné la peine de savoir s'il n'était pas encore vivant, avant de prononcer son oraison funèbre.

On a répandu des flots d'encre sur son nom et son œuvre ; on a parlé de lui au passé. Des articles ont été philosophiques, d'autres ont affecté un ton de compassion camarade ; ceux-ci ont été indulgents, ceux-là amers. Pas un n'a été simplement exact. Dans le public, dans les petits cercles, une légende s'est faite, personne ne l'a contrôlée.

C'est bien cela, Paris. Vous avez tenu quelque place, vous avez donné votre note, bonne ou mauvaise, mais un peu remarquée. Vous disparaissez huit jours : on explique votre absence d'une façon quelconque, on vous biffe et c'est fini, bon voyage ! Vous revenez, c'est vous qui avez tort.

Ce qu'on a écrit sur Lautrec est stupéfiant. C'est à croire que pas un de ceux qui lui consacraient des colonnes entières l'ait jamais connu. D'après ces articles, le pauvre garçon serait perdu, condamné à mort par les médecins, voué à la paralysie générale, il ne s'est jamais mieux porté. Il serait fou, il aurait perdu la mémoire, l'usage de ses yeux qui voyaient d'une façon si drôlatique et si aiguë, de ses mains qui maniaient le crayon d'une façon si mordante et si déliée : il dessine encore à merveille et il est fort en train. Il avait été, disent les uns, un détraqué pitoyable, un misérable déséquilibré, et c'est un artiste remarquable. Un bohême courant après la pièce de cent sous, et il a une fortune suffisante pour travailler à sa guise. Il aurait peu produit, ayant de l'éloignement pour toute besogne un peu sérieuse : il a dessiné depuis quinze ans avec une véritable passion, une véritable fureur et produit une œuvre considérable. A part cela, tout ce qu'on a écrit de lui est à peu près exact.

— 122 —

Au Cirque

Lautrec, il est vrai, avait un masque, et bien peu de personnes se sont donnés la peine de le soulever. Il a donné une note volontaire, systématique, et on a cru qu'il se racontait au naturel. Il a décrit les êtres d'une façon ironique, narquoise, cruelle même, et l'on a jugé que c'était sa belle âme. Parce qu'il avait été malade dans son enfance et que ce mal avait laissé des traces, on l'a traité en grotesque. Quand il est tombé malade, on l'a dit mort.

Eh bien, c'est le vrai Lautrec que je veux montrer aujourd'hui, et puis je dirai, pour faire plaisir à ceux qui l'ont pleuré avec un plaisir secret, et pour rassurer un peu ceux qui le connaissent et l'apprécient mieux, comment il se porte véritablement et l'espoir très fondé qu'on a de le tirer d'un simple mauvais pas.

Si l'on ne considère que son œuvre, Toulouse-Lautrec a fait non seulement de bonnes choses, mais encore de très belles. Il a été à la portée des passants de constater qu'il avait renouvelé l'art de l'affiche. Ses grands placards, traités avec une simplicité de lignes et de tons longuement cherchée, deviendront plus tard des pièces rares, et comme documents d'une époque, et comme œuvres d'art : Bruant, avec son cache-nez rouge, son balandras, son feutre et son gourdin ; Caudieux, chantant et dansant ses chansons de commis-voyageur ; Jane Avril, cette étrange petite fleur de canaillerie, écoutant gravement les chanteuses du Divan Japonais, cu esquissant un pas déhanché et malsainement gracieux ; "La Goulue" — ancêtre de cette "Môme Crevette" que Feydeau a introduite dans les meilleurs salons — faisant le vis-à-vis à un étrange "Polichinelle" dit Valentin le Désossé... Tout cela, ce sont des chefs-d'œuvre dans le genre.

Nos pères nous parlent avec attendrissement de Chicard, de Pomaré, de Maria, et ils voudraient nous faire croire que c'étaient des personnages du monde le plus convenable. Est-ce pour cela qu'ils feraient fi des modèles de Lautrec ? On couvrirait d'or aujourd'hui et l'on mettrait dans un musée le portrait de Mogador ou de Clara par Gavarni.

En voyageant à l'étranger, j'ai vu fréquemment des expositions d'affiches. Elles avaient toutes des places d'honneur pour les productions de Lautrec : à Londres, à Hambourg, à Munich, à Amsterdam. Le bon et charmant Chéret, qui fut le producteur de ce renouveau des fresques du trottoir, applaudit aux débuts de Lautrec, car il est aussi bon et aussi exempt de jalousie mesquine qu'il est entraînant et spirituel peintre. Il m'a dit :

" Lautrec est un maître. "

Mais à côté de cette œuvre que tout le monde a vue, il y en a une très importante que connaissent les collectionneurs et les vrais curieux d'art. Cette œuvre se monte à plus de cinq cents pièces, comme estampes : lithographies, en noir ou en couleurs, couvertures de livre ou de chanson, dessins publiés dans les journaux et les recueils ; à des centaines de pastels et de peintures, dont beaucoup de premier ordre, vraiment saisissants de dessin, de couleur et de caractère. Ce n'est vraiment pas mal pour un paresseux et un dévoyé.

Cette œuvre, il est vrai, a un caractère très spécial. Elle ne montre pas les beaux côtés de la nature humaine ; elle abonde en gueuseries, en bestialités ; elle montre dans leurs allures prises sur le vif, dans leurs tristesses mornes, dans leur laideur véritable et sans idéal frelaté, celles qu'on appelle, avec une si amère ironie, des filles de joie. C'est le plus grand crime de Lautrec d'avoir montré laid ce qui est laid. Mais en cela, il a été précédé par bien des peintres d'autrefois chez qui, aujourd'hui, nous trouvons cela sublime.

Dans sa soif de vérité, dans son amusement de peintre qui aime la bête bien nature, il lui a bien fallu chercher ses modèles où ils étaient, c'est-à-dire dans les cabarets et dans les bouges. C'est ici que le cas de Lautrec devient complexe et douloureux. Ce petit homme curieux et intrépide est descendu dans l'enfer, mais il a eu le poil roussi. L'alcool, l'abominable alcool a pour un temps ravagé le peintre, comme il ravage ses modèles. Mais vous me permettrez, si vous traitez mon Lautrec par le dédain, de ne pas m'intéresser autrement à votre Musset. Musset a trouvé dans l'absinthe l'excitation et la mort de son inspiration ; il n'avait pas l'excuse d'être peintre.

Sans doute Lautrec aurait été un tout aussi grand artiste, et même beaucoup plus grand si, en peignant le monde des bars, il ne s'était pas cru obligé d'absorber des cocktails par centaines. Mais il y a évidemment des côtés faibles dans ce pauvre garçon ; il y en a même beaucoup : loin de m'en indigner, je m'en afflige, et, quoique les défauts soient parfois la condition des qualités elles-mêmes, j'aime mieux avoir vu en lui ce qu'il y avait de bien, et même de très bien.

. . . .

Lorsqu'en ces derniers temps, Lautrec eut ressenti de l'alcool, non plus les simples maux, mais les dangers véritables, il fallut bien prendre un parti. Il fut nécessaire de le transporter brusquement de son milieu habituel dans une maison de santé où toute boisson pernicieuse lui serait interdite. Ainsi fait-on pour les morphinomanes, pour les gens en proie à quelque violente secousse nerveuse.

Mais ce mot de maison de santé vous a tout de suite, dans l'imagination publique, des airs si effrayants ! On voit le cabanon, la camisole de force, la douche, les cris furieux, la langue pendante, les yeux hagards.

Or, voici ce que j'ai vu.

Dans un endroit près de Paris, supposez que c'est à Vincennes, à Saint-Cloud, ou ailleurs, je suis entré dans une maison qui est à proximité de la Seine et dans le voisinage des bois. Une maison tout bonnement adorable, construite sous Louis XVI pour quelque tout-puissant et opulent commis qui n'y a rien ménagé. Dans les salons, il y a des boiseries comme on n'en fait plus, des moulures exquises ; dans le parc, des " ruines pittoresques " comme pour Jean-Jacques Rousseau, des laiteries et des labyrinthes comme pour Marie-Antoinette, des vestiges de temple, comme

Histoires Naturelles

édité par Floury

pour M de Volney ; et par-dessus tout, un groupe de Lemoine et deux faunes de
Pajou, d'une grâce, d'une richesse et d'une verve qui les rendraient dignes du Louvre...

C'est dans ce cadre par trop peu sinistre que j'ai vu un fou plein de sagesse,
un alcoolique qui ne boit plus, un homme perdu qui n'a jamais eu meilleure mine.
Avec notre bon petit vieux camarade, nous avons parcouru les grandes allées, cueilli
des violettes, raconté toutes sortes de choses très amusantes et très sensées, dont les
fleurs, les projets de tableaux, les treilles, les serres, les groupes de Pajou étaient les
principaux et très délassants sujets.

... On pourrait presque, dans l'état où il est, le renvoyer, à travers le monde,
à ses travaux, à son atelier. Il y a une vitalité si intense chez ce soi-disant condamné,
un tel fonds de force, chez ce prétendu avorton, que ceux mêmes qui l'ont vu
courant à sa perte sont stupéfaits de le retrouver ainsi remis à neuf.

« Comme tu serais chouette, si tu voulais ne plus boire ! », dit la légende célèbre
d'un dessin qui a fait naguère les délices de Paris. On serait tenté d'appliquer le
mot à Lautrec, en le voyant si remis à flot, si vermeil de teint, si net d'esprit, si en
désir de travailler encore...

Seulement, là est l'angoisse. Pris au piège et désintoxiqué de force, il est rede-
venu sain et lucide. Mais quand il sera sorti de là, demain, ou dans quinze jours ou
dans trois mois ? Quand il flairera de nouveau ces odeurs de gin, de bière, d'absinthe
ou de rhum qui sortent, comme de malsaines vapeurs d'entre les pavés de ce Paris,
à certaines heures et dans certaines rues ?... Quand la volée d'indifférents rieurs, de
bons garçons parasites, de bizarres et douteux flâneurs se sera de nouveau abattue,
avec d'autant plus de curiosité qu'il reviendra de plus loin, sur cette proie et ce
jouet trop facile, quand ses amis vrais seront redevenus presque impuissants à le
défendre contre lui-même, qu'arrivera-t-il ?

Ah ! il y a quelque chose tout de même de bien poignant à penser ce que fait
parfois la Grande Ville de ses talents les plus curieux, de ses esprits les plus choisis.
En voyant Lautrec humer le bon air, jouer plaisamment au Latude, transformer des
tuiles du jardin en écritoires japonaises, fabriquer pour rire des pinceaux imprévus
comme les détenus célèbres se fabriquèrent des échelles de corde, j'avais confiance
et espoir. En le replaçant par la pensée entre le champ de courses et le bar, entre
Montmartre et les Champs-Elysées, je songe à tout ce qui peut faire trébucher ses
jambes faibles et heurter son crâne dans la chute, de façon à faire répandre sans
profit sur le pavé, la fine essence qu'il contient. A trois kilomètres de nous il est
guéri... mais en deçà...

C'est égal, j'ai été rassuré, et je rassure. C'eût été trop triste ! Maintenant,
si quelques-uns me reprochent d'avoir parlé très sérieusement d'un homme dont
beaucoup s'amusèrent sans le comprendre, je répondrai que c'est un plaisir de justice qui n'a d'égal que celui de se moquer de certains qui sont pris, avec moins de
raison, trop au sérieux.

ARSÈNE ALEXANDRE.

Extrait du *Figaro* du 30 mars 1899.

— 125 —

Voici maintenant quelques articles typiques comme malveillance parus au moment de la mort.

NÉCROLOGIE : H. DE TOULOUSE-LAUTREC

Un dessinateur, M. de Toulouse-Lautrec, dernier rejeton d'une des familles les plus nobles et les plus vieilles de France, vient, paraît-il, de mourir à trente-sept ans, dans une maison de santé où il avait dû être interné à plusieurs reprises.

C'était au physique un des êtres les plus disgraciés de la nature, une sorte de Quasimodo qu'on ne pouvait regarder sans rire. Est-ce à cause de cela qu'il prit l'humanité en grippe et s'appliqua, pendant les quelques années de sa vie artistique, à déformer, caricaturer, avilir tout ce qu'il prit comme modèle ? Ne pouvant espérer faire naître aucun sentiment, il se vengea de l'amour, s'acharnant à rendre ridicules, ignobles, crapuleuses ou trivialement obscènes les filles de Montmartre que d'autres auraient vues avec plus d'humanité et même avec certaine pitié empreinte de poésie.

Quoique très propriétaire et très bien renté, Toulouse-Lautrec se donnait des airs de bohême montmartrois.

Grâce à sa situation de fortune et aux relations qu'il possédait par sa famille, il put éditer la plupart de ses lithographies, et des critiques d'art « s'intéressèrent » à lui.

De grands journaux le comparèrent très sérieusement à Goya. C'est ce qui le perdit. Les artistes statufiés de leur vivant, vivent peu. Toulouse-Lautrec devint fou. On l'enferma. Remis en liberté, il ne sortit plus qu'accompagné. La dernière fois que je le vis, il y a un mois, c'était au Pavillon d'Armenonville, à l'heure du déjeuner, regardant d'un air stupide et vague le défilé des élégantes à la mode.

Toulouse-Lautrec m'avait été présenté il y a quelques années, et c'est, je crois, au *Courrier Français* que parurent ses premiers dessins, dont les originaux ne purent être vendus, à l'époque, plus de six francs à l'Hôtel Drouot. La réclame ne l'avait pas encore déclaré célèbre.

Au moral, c'était un haineux, indifférent à toute manifestation noble.

Très ferré sur le Code civil et commercial, il n'aurait pas, lui, artiste riche, fait grâce d'un centime aux malheureux marchands d'estampes, dépositaires de ses œuvres. Comptable doublé d'huissier, il excellait à mettre en mouvement tout l'appareil judiciaire et à faire pleuvoir le papier timbré dès qu'il se croyait lésé dans ses intérêts, même pour des sommes infimes.

— Ne voudriez-vous pas, une fois, faire un être joli ? lui demandait-on.

— Je le voudrais que je ne pourrais pas, répondit-il, c'est malgré moi.

Le Bœuf

Le Bœuf (1899).
Lithographie pour les " Histoires Naturelles " de Jules Renard.

De même, qu'il y a des amateurs enthousiastes des courses de taureaux, des exécutions capitales et autres spectacles désolants, il y a des amateurs de Toulouse-Lautrec.

Il est heureux pour l'humanité qu'il existe peu d'artistes de son genre.

Le talent de Lautrec, car il serait absurde de lui dénier du talent, était un talent mauvais, d'une influence pernicieuse et attristante.

Jules ROQUES.

Extrait du *Courrier Français*, 15 septembre 1901.

ACTUALITÉS : H. DE TOULOUSE-LAUTREC

Comme le caricaturiste André Gill, le caricaturiste H. de Toulouse-Lautrec vient de mourir, dans une maison de santé, après des crises furieuses, après une lutte atroce et énergique pour la guérison, pour la vie.

Déjà, voici trois ans, Toulouse-Lautrec avait été enfermé ; mais il avait pu sortir de l'horrible maison de fous et reprendre le train coutumier de sa vie ; on l'avait revu, à cette époque, dans Paris, promenant sa face ravagée et prononçant des phrases incohérentes ; il était marqué, dès ce moment, pour la mort... Peu après, il dut retourner dans l'affreuse maison où il vient de s'éteindre.

Dernier rejeton d'une des familles les plus nobles et les plus vieilles de France, de ces comtes de Toulouse qui possédaient le droit antique de conclure, avec les filles de leurs rois, des mariages ; descendant d'un des chefs les plus illustres de la première Croisade, Toulouse-Lautrec était petit, gros ; il avait l'air d'un gnome monstrueux, avec sa courte taille, avec sa tête lourde, et ses yeux sortant de leur orbite... Bancroche, avec cela, Toulouse-Lautrec offrait le lamentable spectacle d'un des êtres les plus disgraciés de la nature ; c'était Quasimodo.

A Montmartre, il n'était pas un garçon de café, pas un maître-d'hôtel, pas une femme, qui ne connût ce nain difforme dont la générosité était proverbiale. Dans les tavernes, dans les restaurants de nuit, cet homme, qui ressemblait à un fou du Roi, passait sa vie à étudier le Paris du vice, le Paris de la fête, le Paris de la noce, le Paris de l'orgie. Et ces études nous ont valu "Le Pendu ", " Reine de Joie ", " Babylone d'Allemagne ", "La Goulue et sa Sœur ", et cent œuvres en lesquelles sont dépeints le vice grotesque, la fête ignoble, et la noce crapuleuse...

Un des amateurs les plus enthousiastes de l'œuvre de Lautrec, M. Meier-Graefe, a écrit : « Pour mettre sous les yeux l'épouvante du vice, Goya l'a montré grotesque, Rops l'a fait voir dans son obscénité, Lautrec le montre sans aucun artifice ; par des nuances dans les sourires de ses demi-mondaines, les gestes de ses dandys, jusque dans la coupe des vêtements de ses héros ; derrière la joie factice de ses personnages, on entrevoit le rire idiot des prédestinés du suicide et de

ELLES. La femme au tub
Sanguine (1896)

la folie. On entend les ais du plancher craquer sous le chahut du monde qu'il nous montre, et l'on pressent l'écroulement de la salle... "

Lautrec ne pouvait être mieux jugé ; son talent est fait d'amère perversité et de joie terrible. Le crayon de Lautrec flagelle, le crayon de Lautrec marque au fer rouge, pour le bagne, pour la mort... Mais à vouloir vivre, lui, maladif, lui, fragile, dans ces milieux effrayants, Toulouse-Lautrec a été pris de la folie de ses personnages, de la folie de ses héros ; à voir éternellement des fous tournoyer autour de lui, il est devenu fou, lui aussi... Son œuvre l'a accablé, son œuvre l'a tué...

Lautrec laisse quarante toiles, au plus, quarante toiles représentant des scènes de Montmartre, il laisse des affiches très curieuses, et notamment un Bruant extraordinaire ; il laisse encore des centaines de lithographies et des études pour des tableaux jamais exécutés.

Lautrec, parmi les peintres de notre époque, laissera certainement la trace de son talent curieux, de son talent mauvais, le talent d'un être difforme, qui, autour de lui, voit tout en laid et qui exagère les laideurs de la vie, en en signalant toutes les tares, toutes les perversités, toutes les réalités...

E. Lepelletier.

Extrait de *L'Echo de Paris*, 10 septembre 1901.

Nous venons de perdre, il y a quelques jours, un artiste qui s'était acquis une certaine célébrité dans le genre laid. Je veux parler du dessinateur Toulouse-Lautrec, être bizarre et contrefait qui voyait un peu tout le monde à travers ses tares physiologiques.

Profil féminin (1890).
Sanguine.

Toulouse-Lautrec, qui prétendait descendre des comtes de Toulouse, s'était consacré à la caricature grotesque et un peu obscène.

Il prenait ses modèles dans les bouis-bouis, les tripots, les bals de barrière, partout où le vice déforme les visages, abrutit la physionomie et fait monter à la face les laideurs de l'âme. Ses types préférés étaient le souteneur, la gigolette, le pâle voyou ou l'alcoolique. A force de fréquenter ce joli monde et de se vautrer dans ces abjections, Toulouse-Lautrec avait fini par en subir lui-même la contagion.

Il est mort misérablement, ruiné de corps et d'esprit, dans une maison de fous, en proie à des accès de folie furieuse.

Triste fin d'une triste vie !

JUMELLES.

Extrait du *Lyon Républicain*, 15 septembre 1901.

A tout prendre ces articles sont un témoignage du vide que causait la disparition de l'artiste. Cependant, quelle injuste férocité contre Lautrec et sa personnalité se dégage de cette lecture, quel déchaînement contre son art issu d'un " cerveau malade ", terrassé par une folie furieuse à laquelle l'a mené le goût "de la crapuleuse orgie ".

« La gloire se paie cher, m'écrivait son père, le Comte Alphonse, à côté d'éloges exagérés sur son œuvre qui pouvait ne pas plaire à tous, mais qui appartenait à la critique puisqu'elle fut exposée aux Indépendants, sa vie privée ne pouvait donner prise à la malignité, c'est à sa santé même, voilà où s'en prirent des méchants et des jaloux. Ne fallait-il point la plume si amicale de l'homme de cœur qu'est M. Arsène Alexandre pour essayer de saper la légende de la folie de mon malheureux enfant. Et si l'inoffensif dessinateur a 'dû distribuer quelques coups de boutoir, il n'en résulte pas qu'il fût méchant, comme l'a gratifié un journaliste. Ce même journaliste a daigné reconnaître que celui qu'on veut bien apprécier comme un grand artiste était certes un grand travailleur. La compensation n'est pas suffisante pour que j'oublie...

« Il est mort fou de dessin comme son modèle japonais le vieil Hokusaï. La douleur finale, les autres ne lui furent pas épargnées, était de n'avoir plus la force de tenir un crayon. Cette formule poétique aura du mal à faire oublier : « Que « l'on était sûr de le rencontrer partout où il y avait de jolies filles et à boire. »

Sans pitié, même encore bien des années après sa mort, laissant de côté l'œuvre qui appartient à tous, certains refouillèrent non seulement la vie qui était bien simple, entre-bâillèrent les portes et les tiroirs, inventorièrent les ascendants et, rendant les parents responsables d'un illustre dégénéré de par le consanguinage, écri-

Le Chien

Le Chien (1899).
Lithographie pour les " Histoires Naturelles ", de Jules Renard.

virent sans pitié articles (1), romans (2) et anecdotes (3) aussi fantaisistes que cruels.

Les parents de Lautrec ont eu à gravir un triste calvaire ; ce fut une ulcération de tous les jours, une douloureuse détresse qu'à peine les éloges grandissants du monde artistique purent compenser.

Dans sa vie, Lautrec connut toutes les critiques ; choquant les préjugés artistiques de son milieu, il a eu tout d'abord à lutter contre l'incompréhension de sa famille qui, ainsi que nous l'avons déjà noté, ne s'était point fait faute de la manifester.

A sa mort, son père reconnaissait loyalement qu'il n'avait rien compris à l'œuvre de son fils. Et, par un sentiment d'honneur et de probité, voulait m'abandonner tous ses droits paternels artistiques.

« A Monsieur Joyant,

« Je ne fais pas le généreux en vous passant tous mes droits paternels, s'il y en a comme héritier de ce qu'a pu produire notre disparu : votre amitié fraternelle s'était substituée si doucement à ma molle influence que je serai logique en vous continuant ce rôle charitable si vous le voulez bien, pour la seule satisfaction de votre cœur tout bon pour votre camarade de collège ; donc, je ne songe pas à me convertir et porter aux nues, lui mort, ce que vivant, je ne pouvais comprendre, sinon comme études de carton d'atelier hardies, osées. » (22 octobre 1901.)

ALPHONSE DE T.-L.

(1) *Express du Midi*, 6 juin 1914, Jean de l'Hers.

(2) Les Faucons, par Charles Géniaux, *Revue des Deux-Mondes*, 1922.

(3) Journal inédit de Jules Renard. Vol. 1900-1902, p. 830, Bernouard, éditeur, 1909.

« ...Bien que je les aie jugées (ses œuvres) un peu trop négligées pour la plupart, en vous abandonnant de tout cœur, sans regret, ma part de droits paternels, n'y voyez pas du dédain, mais un pur sentiment de probité ; je ne pouvais pas m'extasier par la seule dispa-

Couverture pour " La tribu d'Isidore ", de V. Joze (1897).

rition du dessinateur, n'eût-il pas été mon fils, sur ce que je jugeais fait à coup de hache et qui n'est que la hardiesse de son tempérament.

« ...Vous croyez en cette œuvre plus que moi et vous avez jugé juste. » (Albi, 4 février-11 mars 1902.)

ALPHONSE DE T.-L.

A l'incompréhension des siens devait s'ajouter celle de la grande foule. Seuls les Octave Mirbeau, Gustave Geffroy, Arsène Alexandre, Maurice Hamel, Roger Marx, Frantz-Jourdain, Hue, Achille Astre, Yvan Rambosson, Thadée Natanson et quelques amis et admirateurs lui apportèrent le réconfort du début qui aide à supporter l'existence. Autour de son œuvre et de sa personnalité une sorte de légende finit par se créer, faite par certains qui ne furent que des Don Juan de lupanar et des piliers de café !

Mésintelligence éternelle entre l'apparence et la réalité !

Cette légende n'a pas peu contribué à ancrer l'ostracisme des officiels de la peinture et à le faire écarter pendant plus de vingt ans des Musées français.

Dès la mort de l'ami, il m'incomba le soin de veiller sur son patrimoine artistique ; le Comte Alphonse me déléguait tous ses droits paternels ; la Comtesse, mère dévouée qui avait fait de tout son pouvoir ce qu'elle avait cru être de son devoir, pour rendre à son fils la vie moins amère, a été l'auxiliaire la plus précieuse pour la plus grande gloire du peintre.

Il n'a pas dépendu des parents ni de moi, que l'État français n'eût plus tôt ses œuvres ; mais, une obstination sournoise à ne pas recevoir un Lautrec au Musée du Luxembourg a duré des années.

Si des conservateurs de Musées ont parfois sollicité des œuvres, c'était sans engagement de les exposer ; à quoi bon, dès lors, faire un don pour qu'il reste enfoui dans des caves, ainsi que cela eut lieu pour les lithographies offertes au Musée du Luxembourg, à peine inventoriées en 1914, inaccessibles au public par suite du manque de place, et qui, en 1927, après vingt-deux ans, sont enfin exhumées par le nouveau Conservateur, M. Masson, pour une Exposition temporaire.

Au lendemain de la mort de Lautrec, en septembre 1901, tout l'atelier fut classé, le moindre des croquis recueilli ; j'étais autorisé à offrir à la Bibliothèque Nationale et au Musée du Luxembourg

une collection de l'œuvre lithographique. En outre, à ce dernier Musée, était offert tout l'atelier au choix.

En mai 1902, l'Exposition Posthume se tenait dans les Galeries Durand-Ruel, et je rappelais au Conservateur du Luxembourg nos projets de donation.

Le métier de Conservateur de Musée, surtout d'Art moderne, est difficile ; il doit compter avec l'Administration, les Commissions des Musées, les Pouvoirs constitués de l'Art officiel ou indépendant, les Maîtres de l'École des Beaux-Arts et la Politique.

Aussi avancé ou éclectique soit-il, malgré d'ardentes professions de foi, le Conservateur suit le consensus universel. Toutes ses manifestations d'élan en avant sont sagement refrénées à temps par le désir de ne pas déplaire en haut lieu ; ce n'est, au fond, qu'un fonctionnaire timide, soucieux de garder sa place, et qui ne prend des allures de batailleur d'avant-garde que lorsque la Victoire est depuis longtemps gagnée : en cela, le Conservateur du Musée du Luxembourg de cette époque ne démentait point ces règles, de par un héroïsme inusité.

A quoi bon se gendarmer contre ces éternelles lâchetés des officiels et des fonctionnaires ne patronnant que le médiocre. Dans l'espace du temps, l'aristocratie de la pensée, du talent et du goût, quoiqu'ayant eu peine à percer, arrive toujours à s'imposer un jour ou l'autre.

Les lettres suivantes montrent toutes les hésitations, les timidités pour accepter des œuvres offertes en toute simplicité : à vingt-cinq ans de distance, on peut maintenant en savourer toute l'ironie.

11 mai 1902.

Cher Monsieur Bénédite,

L'exposition des œuvres de Toulouse-Lautrec s'ouvre aujourd'hui chez Durand-Ruel. Les tableaux que vous avez vus sont exposés. Je me permets de vous rappeler que je suis chargé par le père et la mère de Toulouse-Lautrec de vous offrir le tableau ou les tableaux qui vous conviendraient pour le Luxembourg.

Voyez l'exposition et arrêtez votre choix définitif ; devant la belle manifestation d'art qui se dégage de cette exposition, il me semble que l'entrée de Toulouse-Lautrec au Musée du Luxembourg doit être chose facile, surtout aussi, sachant combien vous admirez son talent.

Bien cordialement vôtre

JOYANT.

1902. Le 25 mai, M. Arsène Alexandre m'écrit :

CHER AMI,

Voici la lettre que je reçois de Bénédite, cela, somme toute me paraît judicieux.

Vous voyez, il voudrait encore plus beau. Je pense, si « les figurantes de Messaline »... Ce ne serait pas mal à ajouter ? (1) Hein ? Vous savez, celui qui est très discret de couleur.

Enfin, l'essentiel est qu'il y eut « un malentendu ».

Mille amitiés.

ARS. ALEXANDRE.

LETTRE DE M. BÉNÉDITE A M. ARSÈNE ALEXANDRE.

MON CHER AMI,

Je vous remercie de votre bonne lettre et je n'ai à répondre qu'une chose, c'est que je suis de votre avis. J'ai attendu pour vous répondre d'avoir vu l'exposition pour fixer mon choix. L'exposition a confirmé pleinement l'opinion que je m'étais faite de l'artiste. J'ajouterai seulement qu'elle a pourtant fait naître un regret, c'est que le choix du Luxembourg n'ait pas pu, hélas, s'étendre à certaines pièces appartenant à des amateurs et qui sont tout à fait exceptionnelles. Enfin ! espérons qu'il y aura peut-être un jour un Hayem pour les Toulouse-Lautrec.

En ce qui concerne l'acceptation, il y a eu un petit malentendu entre M. Joyant et moi. Je n'ai pas hésité sur le principe, j'ai seulement hésité sur les moyens, lui faisant valoir quelle prudence j'étais tenu de montrer dans des entrées de cette nature, au sujet desquelles la moindre demande maladroite, le moindre faux pas, pouvait tout compromettre.

J'ai promis de réfléchir sur les moyens et de prendre une résolution le jour où les propositions me seraient faites. Or, voici le moment.

Je vais donc voir M. Joyant et en recauser avec lui. La " Femme au Boa " ne me causera aucune difficulté : mais j'ai une très grande envie aussi du N° 2, " La Toilette " et malheureusement il y a là un terrible pantalon béant qui me taquine, moins pour moi que... pour les autres (1). Mais nous verrons.

Bien affectueusement vôtre.

LÉONCE BÉNÉDITE.

(1) Ces tableaux sont au Musée d'Albi.

Le Cochon

Le Cochon (1899).
Lithographie pour les " Histoires Naturelles ", de Jules Renard.

Je recevais donc après la pression amicale d'Arsène Alexandre
la lettre suivante :

22 mai 1902.

Cher Monsieur Joyant,

J'ai vu l'exposition de Lautrec qui est très belle. Je viendrai vous en causer
demain ou après-demain.

J'ai dit à MM. Durand-Ruel de vous prévenir que je réservais la " Femme
au Boa " (1). Il y a aussi le N° 2, " La Toilette ", qui me tente ; mais j'ai besoin d'en
causer avec vous avant d'annoncer mon acceptation définitive.

Je n'ai pas même écrit encore à la famille pour la remercier du don des lithographies. Mais nous réglerons tout cela en même temps.

Bien cordialement vôtre.

Léonce Bénédite.

P. S. — J'ai écrit à Alexandre que je n'avais point d'hésitation, que j'ai seulement hésité sur les *moyens*, car chez nous tout est affaire de diplomatie.

A cette exposition de mai 1902, le Conservateur du Musée
du Luxembourg mettait en outre courageusement de côté une
dizaine d'œuvres — et on attendit.

En décembre 1902, mise en bonne présentation, encadrée de
neuf, avec deux pitons pour accrocher, aux frais de la famille, bien
entendu, " la Femme au boa ", que le Conservateur pensait ne lui
devoir causer aucune difficulté, fut remise au Musée.

Ce ne fut encore que plusieurs mois plus tard qu'elle fut, en
catimini, glissée dans la Salle Caillebotte au milieu de ce legs
d'impressionnistes, qui en 1893 avait tant fait hurler, et encore, à
son inauguration en 1897, les Membres de l'Institut et certains
Sénateurs, défenseurs de l'ordre en matière Beaux-Arts.

Mais, ce petit coup d'état clandestin n'avait pas été obtenu
sans peine ; il avait fallu une intervention officieuse du Bon Juge
Séré de Rivières, cousin de l'artiste, et de M. l'avocat de Monzie,
auprès du Ministère de l'Instruction Publique et des Beaux-Arts
de l'époque, pour étayer les ardentes convictions du Conservateur.

------

(1) Ce tableau est maintenant au Musée de Toulouse.

Reine de Joie
Affiche (1892)

Reine de Joie
par
Victor Joze
chez tous les libraires
Imp Edw ANCOURT & Cie PARIS

M. de Seidlitz, Conservateur du Musée de Dresde, n'avait
point fait tant de façons pour accepter et emporter sur l'heure,
avec joie, les œuvres offertes à son Musée.

Puis les mois, les années passèrent, les œuvres de l'atelier res-
tant toujours à la disposition du Luxembourg, chez Durand-Ruel,
qui écrit, le 3 novembre 1906 : « Je suppose que l'acquisition, non
à titre onéreux, par l'État dont nous n'avons plus entendu parler
n'aura pas lieu. » En effet, à cette époque, Lautrec était définitivement banni à la suite de l'aventure suivante :

En janvier 1905, le Musée du Luxembourg se risquait à orga-
niser une exposition de l'œuvre lithographique de Lautrec, don
de la famille, exposition qui avait un grand succès, mais déchaînait
les colères des Pontifes de l'École des Beaux-Arts (1).

L'ostracisme officiel devait nettement prendre position en fin
1905 contre Lautrec, avec l'avatar du portrait de M. Delaporte,
offert au Musée par la Société des Amis du Luxembourg et refusé
par deux fois par la Commission des Musées.

Portrait de M. Delaporte et le Musée du Luxembourg

L'histoire de ce tableau offert et refusé a déjà été contée, il n'est
pas inutile d'y revenir.

La Société des Amis du Luxembourg avait, en 1905, chargé
deux ou trois de ses membres, dont M. Théodore Duret, de chercher un Lautrec, qu'elle pourrait offrir au Musée. L'État ne possédait que la " Femme au Boa ", don de la famille de l'artiste et
glissée sans bruit, au milieu de la collection Caillebotte. On désirait faire entrer officiellement un Lautrec : les tableaux choisis en
1902 attendaient toujours chez Durand-Ruel. M. Duret revint
avec le portrait de M. Delaporte, « déclarant qu'il l'avait choisi
très beau, mais, tel évidemment que le Conseil des Musées ne

---

(1) Exposition de 68 lithographies originales de H. de Toulouse-Lautrec. Musée
National du Luxembourg du 12 décembre 1904 au 15 janvier 1905.

l'accepterait pas ; alors, dit-il, ce sera très drôle et on s'amusera beaucoup, beaucoup plus que s'il acceptait ».

L'administration des Beaux-Arts, raconte M. Duret (1), n'a point le droit d'acheter directement des œuvres d'un artiste mort. Toute œuvre destinée à un Musée, doit être examinée et acceptée par un Comité qui contrôle la caisse des Musées et seul peut autoriser les paiements à faire. En l'espèce, il n'y avait point d'argent à sortir, puisque c'était un don.

Quoi qu'il en soit, le portrait de M. Delaporte, présenté comme don par la Société des Amis du Luxembourg, fut accepté par. le Comité consultatif des Musées Nationaux composé des Conservateurs, mais ensuite fut refusé par le Conseil supérieur des Musées. (Procès-verbal du 14 juin 1905.)

Devant ce refus, les Amis du Luxembourg allèrent exposer leurs doléances au nouveau Sous-Secrétaire d'État aux Beaux-Arts, M. Dujardin-Beaumetz, plus que médiocre peintre militaire, dont les qualités d'aimable politicien sont restées plus célèbres que celles d'un homme de goût et d'un amateur averti des choses d'art.

Ils lui exprimèrent surtout l'étonnement de l'intervention d'une Commission dont le seul rôle était d'assurer le contrôle financier et de veiller à ne faire sortir aucune somme des caisses de l'État ; alors qu'en la présente occurrence, il ne s'agissait, non d'une dépense, mais d'une donation.

M. Dujardin-Beaumetz n'avait certainement point une quelconque compréhension du talent de Lautrec, ni une âme de Romain, approchant de celle des militaires héroïques de la guerre de 1870 qu'il peignait, pour passer outre et faire pencher la balance artistique.

Cependant, en bon politique, désireux de ménager tout le monde, il s'efforça de trouver un biais pour n'avoir pas à prendre une décision et donner une apparence de satisfaction aux Amis du Luxembourg tout puissants dans la presse et l'art d'avant-garde.

____

(1) *Lautrec*, par DURET, p. 44, 1920. Bernheim jeunes.

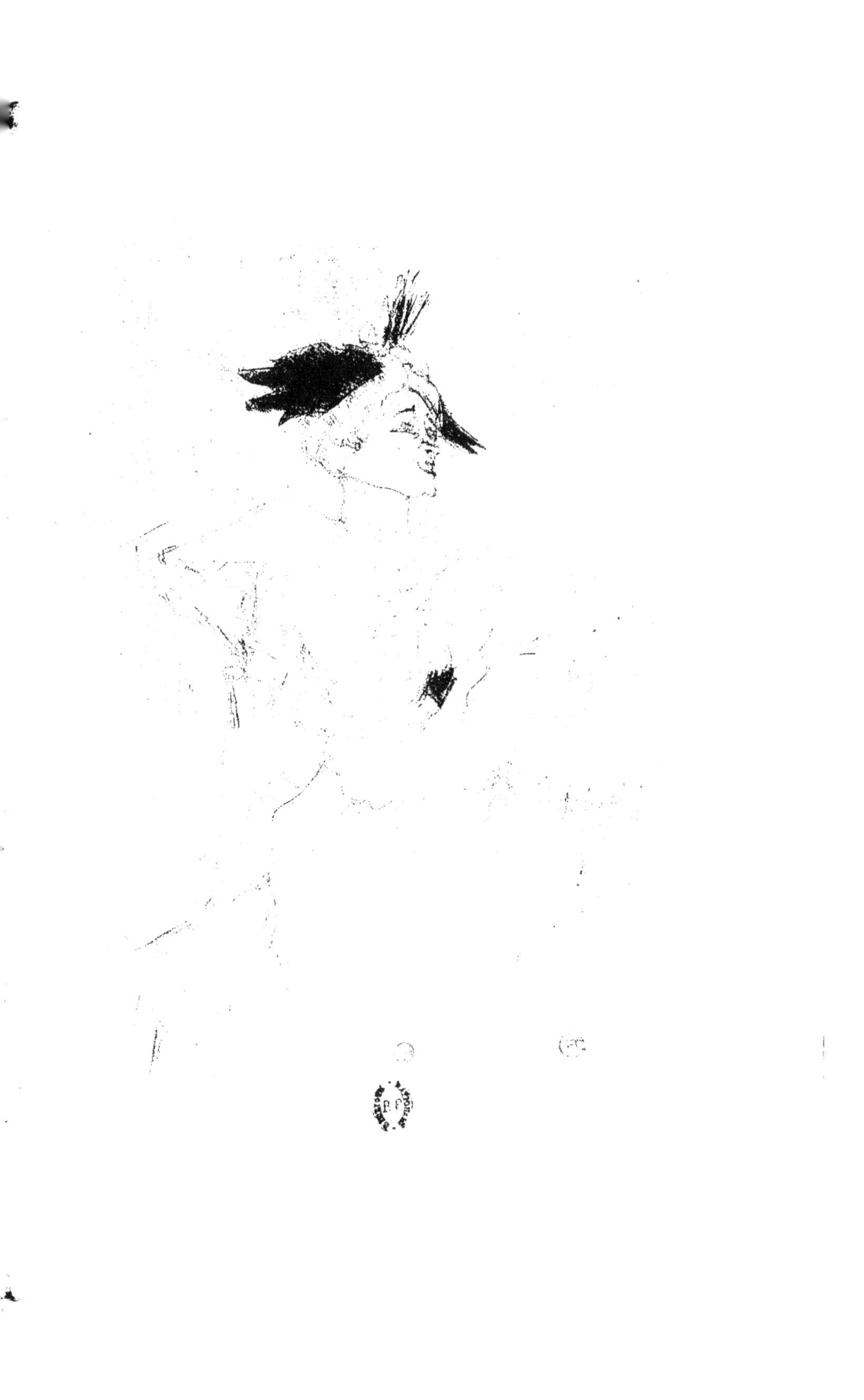

Ayant appris que le Conseil des Musées s'était prononcé en l'absence de son Président, M. L. Bonnat, notre Sous-Secrétaire d'État aux Beaux-Arts promit que le portrait de M. Delaporte serait derechef présenté à une nouvelle réunion présidée régulièrement par M. Bonnat. 

A la rentrée en octobre, la question fut remise sur le tapis ; le bruit de ce différend artistique en était arrivé d'ailleurs aux oreilles du grand public.

Voici ce qu'en écrivait *L'Echo de Paris* du 17 octobre 1905 :

NOUVELLES ARTISTIQUES

M. Bonnat se trompe.

Au printemps dernier, la Société des Amis du Luxembourg, que préside M. Edouard Delpeuch, ancien Sous-Secrétaire d'Etat, acheta une superbe toile du grand artiste que fut Toulouse-Lautrec et l'offrit au Musée du Luxembourg.

M. Léonce Bénédite, Conservateur de cet établissement, l'accepta avec l'empressement que l'on devine. Mais le Conseil supérieur des Musées, juge suprême en cette matière, la refusa.

M. Léon Bonnat, Président du Conseil supérieur, interrogé sur ces faits par un de nos confrères du *Temps*, répond avec autorité :

« Il n'y a pas un mot de vrai dans tout cela. Ni le Conseil des Musées, ni moi, n'avons eu à nous prononcer sur l'acceptation ou le refus d'une toile dé Toulouse-Lautrec. »

Or, les faits sont rigoureusement exacts. Le Conseil supérieur a refusé l'une des meilleures œuvres de Toulouse-Lautrec. M. Bonnat ne présidait pas cette séance ou ne s'en souvient plus. Mais de toute manière, il se trompe.

La toile refusée, un " Aspect du Moulin Rouge ", que tous les amateurs connaissent, a même été, depuis lors, réclamée par un Musée allemand, à titre onéreux, évidemment, mais les Amis du Luxembourg tiennent essentiellement à ce que cette belle œuvre reste en France.

Qui leur donnera tort ?

Echo de Paris, 27 octobre 1905.

Une nouvelle présentation du portrait de Lautrec eut donc lieu. M. Bonnat, qui présidait, déclara le refuser au nom du Conseil supérieur des Musées. M. Dujardin-Beaumetz, après tout, favorable au choix des Amis du Luxembourg qui ne coûtait rien à l'État, s'inclina devant la décision du Conseil pour éviter un appel, possible, de ce dernier au Conseil d'État. « M. Léonce Bénédite, Conservateur du Luxembourg, avait, de tous ses efforts, soutenu la proposition des Amis du Luxembourg », dit le procès-verbal du 4 décembre 1905.

Le tableau de Lautrec " M. Delaporte au Jardin de Paris " est maintenant au Musée de Copenhague, Carlsberg Glyptotek.

Si l'on philosophe sur ces faits, on doit constater qu'une Société indépendante, créée pour l'enrichissement de notre patrimoine national, composée d'artistes, hommes de lettres, conservateurs, amateurs, tous avertis des choses d'art, n'a pu faire entrer, à titre gracieux, dans un Musée de l'État, un portrait qui est une des meilleures œuvres de Lautrec : on a opposé un refus, suivant un mot de M. Frantz-Jourdain, avec une sorte de mépris comique.

C'est incontestablement à son vieux maître Bonnat et à son ostracisme déraisonné vis-à-vis de son élève que Lautrec est redevable de cet échec et de cette obstination de l'État pendant des années, tant d'ailleurs que Bonnat fut en vie, à ne pas le connaître ou à le dédaigner. En 1882, Bonnat trouvait le dessin de son élève « tout bonnement atroce » : une sorte d'orgueilleuse phobie ne lui a pas permis de se déjuger quelque douze ans après.

« Bonnat avait une sorte de haine personnelle pour Lautrec : quand on en parlait devant lui, ainsi que de Gauguin, cet homme excellent — et de si grand goût — entrait en colère. Il a dû faire du refus une question de cabinet et on l'aura suivi pour ne pas le mécontenter » (1).

Lautrec avait plus d'indulgence et un certain respect pour

_____

(1) Lettre de M. Raymond Kœchlin à M. Joyant, 21 juin 1925.

Mademoiselle Cocyte, dans " La Belle Hélène " (1900).
Dessin au crayon noir.

son patron de quelques mois, car nous avons vu qu'il lui reconnaissait des qualités de bon ouvrier sincère.

Maintenant, Lautrec grandit et prend sa place parmi les
maîtres du xixe siècle. Quant à Bonnat!!!...

Après les Rétrospectives importantes du Salon des Indépendants, de la Libre Esthétique à Bruxelles et de la Galerie Durand-
Ruel en 1902, du Salon d'Automne et du Musée National du
Luxembourg en 1905, les expositions deviennent fréquentes. Citons
en 1908, celle de 23 œuvres chez MM. Bernheim jeunes; en 1909, la
Rétrospective de Lautrec (32 numéros), au Salon des Humoristes;
en 1910, au Musée des Arts Décoratifs au Palais du Louvre, 97 de
ses œuvres consacrées au Théâtre, au Café-Concert, au Music-Hall
et au Cirque; en 1912, 5 peintures à l'Exposition de Portraits du
xxe siècle au Salon d'Automne.

Enfin, en 1914, dans la Galerie Paul Rosenberg avait lieu une
importante réunion de 46 œuvres; et dans les Galeries Manzi-
Joyant était réunie la Rétrospective complète de Lautrec comprenant
plus de 200 numéros.

Cette Exposition, close juste au moment de la guerre, venait
à son heure : elle était faite dans le but d'établir qu'en dehors
de tout commentaire littéraire, Lautrec était surtout un grand
peintre de portrait, et qu'il se renouait à la plus pure des traditions
des maîtres. Le succès de cette Exposition montrait que la foi
que certains avaient pu, depuis longtemps, avoir en le génie et le
talent de l'artiste commençait à gagner le public.

Ventes publiques. Prix de vente

En même temps que la gloire grandissante, l'engouement et
les calculs des marchands et des collectionneurs se sont portés sur
ses œuvres avec la certitude d'affaires fructueuses.

Les lithographies sont maintenant classées et sont hautement
cotées; nous en avons expliqué les raisons.

Les peintures et les dessins ont suivi cette ascension.

— 111 —

Portrait de Monsieur X...
Pointe-sèche originale (1898)

On trouvera aux appendices le relevé de toutes les ventes
publiques dans lesquelles figurent des Lautrec, mais il est intéressant
d'en noter la marche des prix.

A la vente des Dessins originaux du *Courrier Français* en juin
1891, un dessin de Lautrec fait 4 francs, deux autres, 3 francs

Au cirque (1899).

chacun. Il faut arriver en avril 1901, avec la vente Depeaux, pour
voir les prix de 3.000 francs, 4.000 francs pour des tableaux : cette
vente avait fort réconforté Lautrec déjà près de sa fin.

En 1905, avec la vente de Bruant ; en 1906, avec les ventes
Eug. Blot et E. Depeaux, les prix s'élèvent : " A Montrouge ",
4.500 francs ; " la Mélinite ", 6.600 francs ; " Intérieur de cabaret ",
7.000 francs.

Ce n'est qu'en 1913, avec les dix numéros de la vente H... de
Munich ; en 1914, avec la collection Roger Marx ; en 1919, la col-

lection Manzi ; en 1920, la collection Sévadjian ; en 1921, les collections Pierre Baudin, Alfred Strölin ; en 1924, la collection Léclanché que l'on atteint les prix allant de 15.000 à 70.000 francs.

En Amérique, où le talent du peintre commence à être apprécié, la vente publique de la collection Kélékian, en 1922, affiche les prix de 3.000 dollars. Enfin, en 1926, à la vente Decourcelle, les prix ont atteint 50, 70 et 230.000 francs.

On verra certainement les œuvres de Toulouse-Lautrec s'acheminer vers de plus hauts prix encore, suivant en cela la marche ascendante des œuvres de tous les vrais maîtres qui sont, dans l'histoire de l'Art, un des chaînons nécessaires et reconnus, et dont le mérite n'est point fait seulement de l'engouement d'un jour ou d'une époque, mais de la base plus solide d'une création géniale, servie par un métier prodigieux (1).

LE PILORI

LES FAUX

Les Faux sont une rançon de la gloire ; il semblerait qu'une loi pousse les faussaires à contrefaire l'œuvre qui, à peine reconnue, est en voie d'ascension, et à s'attaquer aux artistes qui commencent à prendre leur place incontestée. Ainsi, par ce chemin de traverse, la supériorité naissante d'un artiste peut-elle s'expliquer ? La supériorité provient de la solide substance qui séduit et aide le falsificateur ; c'est cette base réelle en soi, que possède toute œuvre destinée à se survivre, qui permet la construction du faux et l'établissement de la tromperie. Et de même que l'on ne peut bâtir sur sable mouvant, on doit constater que des œuvres qui ont procuré à leurs auteurs pendant leur vie les premières places comme honneurs, profits, célébrité n'ont jamais tenté les faussaires. Sitôt la personnalité disparue, rien ne reste ; l'œuvre ainsi que le nom

(1) Voir aux appendices : Ventes publiques, 1891-1926.

Copies des médaillons de la rue d'Amboise.

FAUX.
(D'après « La Clownesse »).

retentissant, lentement se noient dans l'oubli, il ne reste même pas
de faux.

Des peintres célèbres dont l'encombrante personnalité a souvent entravé les efforts ou aiguillé sur de fausses routes des générations entières, que resterait-il s'ils n'étaient point officiellement
recueillis dans les Musées à la suite des achats des Salons, sorte de
formule de l'Assistance publique ? Il ne resterait plus rien, pas
même des faux, car jamais un Bonnat, un Flameng, un Cormon,
dont les effigies officielles sont nécessaires pour un Musée Tussaud
ou un musée d'Histoire, n'ont tenté un contrefacteur; il ne resterait
que des noms conservés dans des catalogues ou des dictionnaires.

Si l'œuvre d'art véritable a beaucoup de peine à prendre sa
place dans le temps et a pu un certain moment séduire les faussaires
pour exploiter la cupidité des uns et l'ignorance des autres, dès
qu'elle s'affirme, il arrive que les faux ont beaucoup plus de peine
à s'établir.

Dès que l'œuvre est nettement consacrée, le faux ne peut plus
résister au jugement du temps ; il semblerait que, comme vin frelaté
qui a beau vieillir en bouteille, il ne peut être question de lutter avec
un bon cru ; et qu'il se détruit de lui-même.

Certes, si à une certaine époque, une confusion a pu très passagèrement se créer entre un vrai et un faux Courbet, ou un vrai
ou faux Corot, Degas, Manet ; maintenant que le temps a passé,
de par les qualités et la plus grande compréhension des œuvres,
les faux se sont éliminés d'eux-mêmes. Car seule l'œuvre durable
suscite des admirations et conserve des amants qui, vivant intensivement avec elle, seront toujours en nombre suffisant pour la
défendre.

De même que ses devanciers qui comptent, Lautrec a connu
de bonne heure cet honneur redoutable d'être copié et contrefait.
Dès qu'il est consacré maître dans l'affiche, des rapins habitués
des Cabarets Montmartrois se mirent à faire des faux. Les nombreuses illustrations du " *Paris Illustré* ", sur " Paris l'Été ", " Les

Bals masqués ", puis celles du *" Figaro Illustré "*, les publications
de *" l'Art Français "* et des *" Affiches Illustrées "* avec leurs grandes
pages coloriées ont été la base de presque tous ces faux exécutés
vers 1894-1896. Même de grandes pages en couleurs de Myrbach
parues dans le *Figaro Illustré* de 1893 sur les Bals de Montmartre
ont été recopiées et signées Lautrec.

Les lithographies ont servi quelquefois de point de départ
pour faire une aquarelle, ou un dessin faux, mais on ne s'est pas
attaqué à faire une fausse lithographie, le métier est trop difficile ;
car jamais Lautrec ne s'est recopié : ses lithographies sont jetées
du premier coup sur la pierre ; pour l'imiter, il faudrait être Lautrec
et en avoir l'invention.

Les lithographies n'ont pu que servir à des faussaires malhabiles, soit pour copier et faire une aquarelle, soit pour prendre
dans plusieurs des personnages, amalgamés ensuite en un seul
sujet. En se reportant au répertoire illustré de Delteil, il est facile
de dépister les sujets qui ont servi de base au faux : la comparaison
des yeux, des emmanchements des têtes et du dessin des mains,
fait qu'on ne peut pas hésiter sur la supercherie.

Quand, après la mort de Lautrec, on a senti la hausse de ses
œuvres, des peintres plus habiles ont confectionné des faux avec,
comme point de départ, les grandes photographies éditées par la
Galerie Druet ou les hors-texte coloriés des publications de la maison
Goupil. Des intermédiaires anciens modèles et rapins qui avaient
connu plus ou moins Lautrec dans Montmartre, se chargèrent de
les écouler.

Maintenant que l'œuvre se classe, et peut-être les catalogues
que nous avons dressés y aideront-ils un peu, les faux sont faciles
à dépister : presque tout a été photographié et les collections photographiques pourront être consultées aux Bibliothèques Natio-
nales et d'Art de l'Université de Paris (Fondation Doucet).

Comme règle, on doit se souvenir que jamais Lautrec ne s'est
répété, ni recopié. Si ses thèmes sont pareils, jamais l'exécution n'est

FAUX.
(D'après « Gens chics »).

FAUX.
(D'après " Au Moulin-Rouge ").

pareille. Il y a toujours un mouvement, un geste, une attitude diffé-
rente, dans les aspects divers de ses héroïnes, que ce soient La
Mélinite, Jane Avril, La Goulue, Yvette Guilbert, May Belfort,
Marcelle Lender.

Pour créer un faux difficile à découvrir, il faudrait créer, in-
venter comme Lautrec. Toute son œuvre est faite de synthèse, de
raccourci, appris et instinc-
tifs ; une main, un doigt, un
œil, un point jeté, qui est
toute une bouche, dans une
figure, ne sont ni copiables
ni transposables. Il faudrait
avoir, quant au dessin, la
griffe naturelle qui ne s'apprend pas et qui fait dire :
ça c'est un Lautrec.

Même chose pour la
peinture : sa palette est très
simple, ses simplifications
de valeurs ne sont pas
copiables, parce que cette
simplicité apparente de la
matière provient d'un travail très compliqué non
apparent. Et ainsi les faussaires, pour arriver à essayer
de copier un ton rare fait de
rien, sont amenés à se servir
de couleurs que Lautrec n'a

Elsa la Viennoise (1897).
Mine de plomb.

jamais employées, le choix de l'amalgame de ses couleurs les plus
simples contenant une part d'instinctif impossible à refaire.

Il faut toute la forfaiture de marchands de marrons, jointe à la
cupidité de certains soi-disant amateurs, au fond simples spécu-

lateurs, pour que des faux Lautrec puissent de temps en temps circuler.

Il n'y a point de naïfs ni d'un côté ni de l'autre. La psychologie de ces gens est facile à discerner : sur une chose douteuse, on ferme les yeux, on ne s'enquiert, ni de l'origine ni des vendeurs, ni de l'œuvre. Si c'était un vrai pourtant! On ne sait jamais! et on achète quelques milliers de francs un tableau qui en vaut quelques dizaines, à quelqu'un qui a toujours bien connu Lautrec dans Montmartre.

Si l'on doit constater que le faux finit par s'éliminer de lui-même, est-ce à dire qu'il faille s'en remettre au Temps, grand niveleur, et regarder avec scepticisme les évolutions des faux et le résultat des essais de répression ?

Certes, on serait tenté de le faire devant les innombrables difficultés éprouvées dès qu'il s'agit de mettre l'appareil de Justice en route et de contrecarrer des convenances artistiques et commerciales.

On se heurte tout d'abord à un arsenal d'antiques lois de saisie pour déclancher l'action de la police, puis celle de l'action publique, qui ne poursuit point d'office. Après bien des démarches, temps perdu, argent dépensé, on obtient des condamnations nulles ou bénignes, et le faussaire ou le vendeur félon s'en tire à bon marché et peut continuer impunément. Souvent, le seul résultat obtenu, c'est que le bruit fait à propos de faux, sur le nom d'un artiste, jette une suspicion sur toute l'œuvre.

En l'état actuel des lois et de la mentalité existante pour appliquer celles qui existent, bien qu'imparfaites, on peut dire qu'il faut une certaine dose de " Don Quichottisme " pour se jeter en une pareille bataille. C'est un genre de sport que n'eût point renié Lautrec : du reste, lui-même s'y était adonné ; vers 1895, il mobilisa la police et fit saisir un certain nombre de

contrefaçons; il envoya en correctionnelle les auteurs, dont autant que je puis m'en rappeler, le fameux E...,' bien connu à l'époque à Montmartre comme rapin faussaire et qui, d'ailleurs, a terminé sa carrière à la Nouvelle-Calédonie.

Le motographe (1899).
Dessin crayon et encre de Chine.

Quelque scepticisme, donc, qu'on puisse afficher à l'égard des faux, corollaires de la vraie immortalité, et de leur conséquence au regard d'une œuvre, il nous a été dévolu de défendre celle de Lautrec, d'essayer de dépister, de pourchasser les faux et de les rendre inoffensifs.

On trouvera plus loin la liste des faux que nous avons pu saisir ainsi que de ceux qui nous ont été présentés et qui ont pu être photographiés : leur comparaison photographique avec les vraies œuvres pourra donner un enseignement.

Ainsi sera dressée une sorte de Pilori, que nous aimerions plus complet par la création au Musée d'Albi d'un Musée des faux Lautrec, mais qui, pour le moment, entravera de façon définitive leur circulation.

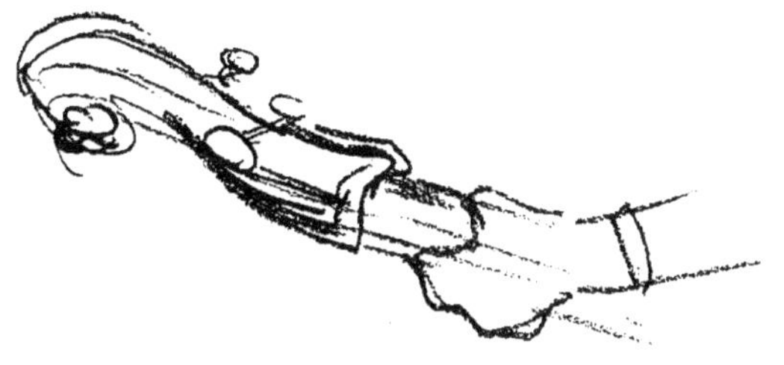

CHAPITRE V

La Réparation officielle

Dès la mort de Lautrec, inlassablement sa famille pensa d'enrichir les Musées de France et de l'Étranger.

En 1902, dons de collections d'Estampes et d'Affiches à la Bibliothèque Nationale et au Musée du Luxembourg.

En 1904, don au Musée de Toulouse de quatre œuvres.

Après l'aventure du portrait de M. Delaporte, en 1905, qui avait banni Lautrec du Luxembourg, quelques années après une " Toilette " entre tenir compagnie à la " Femme au boa Noir " dont nous avons conté le subreptice accrochage au milieu de la collection Caillebotte.

En 1913, " La clownesse Cha-U-Kao au Moulin Rouge "
échoit au Louvre avec l'ensemble de la collection Camondo.

En 1914, M. Paul Leclercq donne son portrait.

Le Musée du Petit-Palais de la Ville de Paris, à qui Mme de T.-L.
avait offert " Une Jeune acrobate au milieu de l'Arène " (1), s'en-
richissait du portrait de M. André Rivoire, don de M. Théodore
Duret ; en 1925, d'une œuvre de jeunesse : Mail Coach, Nice
1881, don de M. Duveen (2).

Dès la première heure, les Musées étrangers ont adopté Lautrec : ceux de Dresde, de Munich, de Prague, de Copenhague, de
Stockholm s'enorgueillissent de posséder peintures, dessins et
lithographies.

Sa renommée s'étend maintenant jusqu'au Japon et les Musées
de Cleveland et de Chicago aux États-Unis possèdent de ses œuvres
et non des moindres.

Enfin, depuis 1921, tout l'Atelier dédaigné pendant plus de
vingt ans, a trouvé asile dans le Palais de la Berbie, Musée de la
Ville d'Albi, lieu de naissance de Lautrec.

Seul ce palais grandiose pouvait offrir à un nombre considérable
de peintures, de dessins, d'estampes et d'affiches, une pareille hos-
pitalité et un pareil cadre historique, familial et sentimental.

Groupées en trois grandes galeries dont les fenêtres donnent
sur un panorama incomparable, les œuvres devront être éternellement exposées et ne jamais être déplacées, même temporairement,
pour subir de hasardeux voyages et servir d'ornement à des manifestations d'art éphémères (3).

Ainsi, loin du fracas de la grande Ville de Paris, hautainement
gardé, dans un donjon féodal et dans le calme serein, Lautrec
grandit et invite à la réflexion et aux retours de conscience.

(1) Delteil, N° 338 bis.
(2) Reproduit vol. I, p. 7.
(3) Musée d'Albi, Catalogue illustré avec préface de M. Arsène Alexandre, 1923.

Au Moulin Rouge — Entrée de Cha-U-Kao (1896).
Dessin à l'encre de Chine.

Le 30 juillet 1922, l'inauguration des Galeries Henri de
Toulouse-Lautrec au Palais de la Berbie avait lieu en présence de
M. Léon Bérard, Ministre de l'Instruction Publique et des Beaux-
Arts.

Cette cérémonie prenait à l'endroit du Peintre, figure d'une
véritable réparation officielle.

DISCOURS DE M. LÉON BÉRARD

Ministre de l'Instruction publique et des Beaux-Arts

« Mesdames et Messieurs,

« Les ironistes de la vie publique contestent parfois l'utilité
des déplacements ministériels. Je veux bien convenir qu'ils ne
sont pas tous d'une nécessité philosophique. Celui que j'accomplis
aujourd'hui a véritablement le caractère d'une amende honorable.

« Il y a quelque humiliation, pour un Ministre des Beaux-
Arts, à confesser qu'il n'a pas encore vu Albi. Veuillez l'excuser
si, dans le premier émerveillement qui l'a saisi dès son entrée dans
votre ville, il ne parvient pas à traduire, comme il le souhaiterait,
son admiration, et si l'impression qu'il en cherche n'est pas aussi
prompte que le sentiment.

« Nous apercevons ici, par l'œuvre de tous ceux qui vous
ont précédé, et par ce que Monsieur le Maire et Messieurs les
Administrateurs du Musée ont réalisé depuis, cette jonction, cette
union harmonieuse du passé et du présent, de la tradition et du
progrès qui demeurent une grande leçon pour tous les hommes
et pour tous les peuples. Nous avons commencé d'en sentir la salu-
taire influence dans les paroles délicates et fortes que nous venons
d'entendre. Et c'est le même accord de tendances et de forces, très
opposées en apparence, que va nous révéler l'œuvre artistique,
que nous recevons aujourd'hui dans cette noble demeure, avec la
mémoire d'un fils de la terre languedocienne qu'il convenait d'ho-
norer parmi tant d'illustres souvenirs.

« Il y a neuf ans, à l'inauguration des nouvelles salles de dessins d'Ingres, au Musée de Montauban, le Sous-Secrétaire d'État des Beaux-Arts s'était permis, tout en célébrant le grand peintre classique, d'évoquer avec admiration les '' Odalisques '' de Toulouse-Lautrec.

« Ce rapprochement, qui ne fut suggéré que par la géographie peut-être, n'avait scandalisé personne, dans le riche et lumineux sanctuaire de la tradition académique. Les rivalités et les disputes d'écoles si nécessaires à la vie de l'art, empêchent souvent, tant que les artistes vivent, qu'ils soient jugés avec équité. Il semble bien par ailleurs qu'en fait de peinture, on ne puisse discerner toute la valeur d'une œuvre qu'à condition de la voir vieillir.

« Quand le jour de la postérité est venu, des noms sont associés qui s'opposaient comme des enseignes ennemies et sans nous livrer au jeu trop aisément frauduleux des parallèles, nous honorons d'un zèle également sincère des renommées que l'on croyait incompatibles.

« Le petit-fils du maître perruquier de Montauban avait trouvé, dans le culte minutieux des anciens, le soutien de son génie ; il n'eût pas volontiers affronté la nature sans être assisté des Grecs et de Raphaël. Le gentilhomme d'Albi, représentant d'une lignée illustre et qui était né peintre comme l'autre, ne voulut demander qu'à lui-même et au spectacle de la vie contemporaine l'inspiration et la substance de son art.

« Ces contrastes, aujourd'hui, nous aident à les mieux comprendre l'un et l'autre ; ils nous donnent sujet d'admirer les vertus diverses d'un même terroir ; surtout ils nous font plus nettement sentir ce qui fut commun à deux hommes aussi différents que possible : une sincérité intraitable, la passion et le respect du noble métier dont ils avaient pénétré, par une faveur et par un labeur semblables, les secrets essentiels.

« Le Sous-Secrétaire d'État de 1913 se félicite librement devant vous qu'il lui soit donné, par l'obligeante et cordiale invi-

L'Epervier (1899).
Lithographie pour les "Histoires Naturelles", de Jules Renard.

tation de la Municipalité d'Albi, de saluer Henri de Toulouse-Lautrec, dans sa bonne ville, après avoir glorifié, à Montauban, son ancien, très illustre, et son voisin, très impérieux. ·

« Lorsqu'un homme qui fut grand par les dons de l'esprit, a souffert de sa légende et des disgrâces du sort, l'hommage qui lui est rendu a le caractère d'une réparation. Tel est bien le sens le plus général de cette journée artistique. Remercions ceux qui ont contribué de leur générosité délicate et de leur goût ingénieux à la préparer : la famille de Toulouse-Lautrec qui se connaissait trop en vraie noblesse pour ignorer que nul ne déroge à enrichir son pays d'une œuvre d'art originale, puissante et probe ; le parfait ami du peintre, M. Joyant, qui s'est dépouillé pour la gloire de son ami des souvenirs les plus précieux et du trésor le plus aimé ; la Ville d'Albi, les Administrateurs et le Conservateur du Musée, qui ont disposé ces dessins et ces peintures de façon à créer entre Toulouse, Montauban et Castres une station du pèlerinage que des fidèles de plus en plus nombreux accompliront aux lieux où se révèle le génie plastique du Midi.

« Dans le *Sicilien*, de Molière, un jeune seigneur dit à son serviteur et confident : « Tu sais que de tout temps je me suis plu à la peinture et que parfois je manie le pinceau contre la coutume de France qui ne veut pas qu'un gentilhomme sache rien faire... »

« En admettant même que le poète n'ait pas un peu trop poussé la satire, on se plaît à penser que Toulouse-Lautrec aurait été peintre sous tous les régimes et dans toutes les conditions. Il avait reçu l'acuité de vue et la fidélité du souvenir, la promptitude d'imagination, le don d'abréviation et de vie, toutes les vertus premières dont Eugène Delacroix voulait parler sans doute lorsqu'il disait, en forme volontairement hyperbolique, que celui-là ne savait pas vraiment peindre qui n'était pas assez habile pour faire le croquis d'un homme qui se jette par la fenêtre, pendant le temps qu'il met à tomber du quatrième étage.

« Ce sont les traits mêmes de sa vocation qui se retrouvent

Le Divan Japonais
Affiche (1892)

Divan Japonais
75 rue des Martyrs
Fournier
ecteur

dans son œuvre nette, drue et succincte, transposition selon le plus haut style des données que propose à son observation la réalité diverse et familière. On peut dire, sans se mêler de critique d'art et sans que ce rapprochement implique une classification ni une sentence, que Toulouse-Lautrec est, avec Constantin Guys, Degas et Forain, un des grands peintres de la vie et des mœurs modernes.

« De quelles mœurs ? insinuera peut-être quelqu'un. Nous ne traiterons pas ici les questions d'ailleurs éternelles que cette objection soulève. Quelle est l'importance du sujet en art ? Je ne me charge pas d'en décider, mais je sais bien qu'un poisson, des fruits et des légumes, si c'est Chardin qui les a peints, représentent une autre matière artistique que des cortèges de héros et des chœurs de patriarches coloriés par des exécutants sans émotion, sans verve et sans métier.

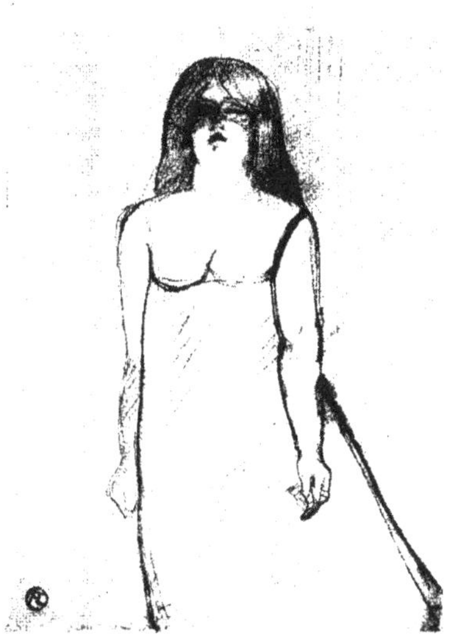

Mlle Coeyte, dans " La Belle Hélène " (1900).
Dessin aux crayons noir et rouge.

« N'eût-il pas mieux valu, pour sa gloire, que notre peintre se plût à contempler des ciels d'azur et des femmes de plein air, au lieu d'étudier, trop souvent dans une atmosphère souillée des vapeurs du tabac et de celles de l'alcool, les mornes exemplaires d'une humanité déchue ? — Je réponds que Lautrec, qui est mort à trente-huit ans, a laissé une œuvre assez diverse pour témoigner qu'aucune fatalité n'avait borné son talent ni assujetti son crayon à un cycle étroit de mœurs et de personnages. Je réponds surtout que si un artiste a entrepris d'observer ses contemporains, il ne lui importe pas moins de les connaître par leurs plaisirs que par leurs vertus : il est fondé à vouloir les étudier là où ils ne songent pas trop constamment à composer leur maintien.

« Celui-ci excellait à discerner et à traduire le caractère dominant d'une physionomie, la vie propre d'un milieu ou d'un groupe. Et il s'est appliqué à raconter avec une sorte de hauteur amère la misère ridicule des hommes vus dans leurs amusements. Aurait-on voulu qu'il renonçât, sous prétexte d'élever le ton ou d'élargir son domaine, à ce qui était le signe de sa vocation et la marque de sa sincérité ?

« S'il avait vécu jusqu'à nos jours et continué de fréquenter les lieux où l'on danse, lui eussiez-vous reproché de dire ce que l'on y voit ? Il n'y apercevrait, certes, aucune silhouette qui lui rappelât ses modèles d'élection : *la Goulue, Mélinite et Valentin le Désossé!* L'élite dansante a été renouvelée socialement ; elle s'est accrue de toute une société raffinée, parmi laquelle il n'est pas toujours facile de distinguer les profanes de ceux qui sont voués au service de la Muse. Ces changements ne seraient sans doute pas pour déconcerter Lautrec. S'il lui arrivait de noter là en quelques traits aigus et férocement synthétiques ce qu'il peut y avoir de primitif et d'éternel en de certaines chorégraphies tropicales, vous ne crieriez pas à la calomnie. Vous diriez qu'il a fait son métier de grand artiste.

« Les observateurs profonds, dénués de toute intention moralisante, produisent souvent des œuvres qui sont morales à force d'être vraies. Telle est l'œuvre que nous honorons aujourd'hui. Cela ne doit pas s'entendre seulement en ce sens que, seules des imaginations malades y pourraient trouver, comme partout, un stimulant à des curiosités coupables. Cela signifie que loin qu'il ait mérité le reproche classique de rendre le vice aimable, Toulouse-Lautrec a peint les êtres et les milieux de plaisir de façon à nous rendre sensibles la vanité et la tristesse de bien des divertissements.

Bal des étudiants (1900).
Dessin au crayon.

« Il n'y aurait pas à tels de ses tableaux les plus fameux de meilleurs commentaires que quelques rudes aphorismes de la théologie du moyen âge. La mélancolie, l'accablement résigné ou le bas satanisme qu'expriment certaines de ses figures font songer à Baudelaire. La vision du peintre rejoint celles du poète, lorsque celui-ci,

Au cirque (Chocolat) (1899).

mettant en alexandrins splendides une pensée dont Bossuet s'était magnifiquement servi en prose, se raille de l'inutile effort où s'épuisent les hommes pour renouveler :

> *Du haut jusques en bas de l'échelle fatale*
> *Le spectacle ennuyeux de l'immortel péché !...*

« C'est parfois au dernier degré de l'échelle infernale que Lautrec alla chercher ses modèles. Il aura été, avec Constantin

Guys, un des rares qui aient réussi à faire œuvre d'art par l'étude
directe des milieux où se retrouve la « fœmina simplex » du sati-
rique latin. Tels étaient ses dons et la qualité de son esprit que les
particularités du sujet, chez lui, n'ont pas plus nui à la beauté de
l'expression qu'à la tenue de son œuvre. Celle-ci est d'un aristo-
crate dans tous les sens du mot, y compris le meilleur.

« Un grand peintre comme David a su être réaliste à souhait, lorsqu'il a consenti, pour peindre ses contemporains, à se détourner du beau factice où il avait mis son idéal. Non loin de ses éphèbes glacés, de ses vestales uniformes, de ses Romains stéréotypés, on aperçoit quelques femmes sans prestige historique et dont il n'avait pas à consacrer la mine et le geste pour la postérité. Elles sont parfois d'une vulgarité ostentatrice et d'une laideur sans recours.

Messaline (1900).
Mine de plomb.

« Lautrec a mieux traité à l'ordinaire celles qui ont posé devant lui. Il les a fait
participer, si l'on peut dire, à la parfaite distinction de son art.
C'était pour quelques-unes comme une réhabilitation par le style,
la plus difficile peut-être et celle que l'on oserait le moins espérer.

« Le style, magie des artistes, mystère de la création intellec-
tuelle, c'est à quoi l'on reviendra toujours quand on aura à parler
de ce peintre. Par ce mot indéfinissable sans doute, nous entendons
traduire notre admiration pour des œuvres d'un accent si vigoureux
et si sincère, où la vie s'exprime à traits incisifs et larges, avec la
personnalité même du grand artiste. Il était juste que cet hommage
lui fût rendu : l'empressement et la ferveur que ses compatriotes y
apportent, impliquent une signification très claire.

« Pour avoir employé ses dons magnifiques, sa fine et haute
intelligence à décrire des scènes, des héros ou des comparses de la
comédie humaine, Henri de Toulouse-Lautrec n'a démérité ni de
son nom, ni de son origine, ni de sa terre. Sa ville natale, si riche
de beauté et de souvenirs, le fête aujourd'hui comme un de ceux
qui l'ont enrichie d'une gloire nouvelle. Il a accru son trésor spirituel pour la plus grande joie de tous ceux qui entendent échapper
parfois aux querelles et aux difficultés du jour changeant et se
réunir dans le culte ou dans l'étude de ce qui demeure, de ce qui
importe au vieux renom de la cité et de la province, comme au
rayonnement de l'esprit français. »

CONCLUSION

Dans mon désir d'essayer d'établir la vraie physionomie de Lautrec, j'ai peut-être abusé de détails trop nombreux ou d'une importance minime : il ne faut en rendre responsable que mon amitié.

Je n'ai eu que l'ambition de dresser une sorte de procès-verbal d'une Vie et de recueillir le plus d'éléments possibles pour en permettre l'étude à d'autres.

On a beaucoup écrit sur Lautrec : on en écrira davantage, son œuvre et sa personnalité fascinent et attirent ; on cherchera sans doute encore à mieux déterminer les sources principales de sa supériorité, maintenant incontestée.

Fut-il, comme certains le proclament, en facile développement littéraire, un moraliste malgré lui, du fait d'avoir scruté la vie partout où elle se trouvait et dans les pires endroits ?

Eût-il dû, comme le disait plaisamment Maurice Barrès, « être subventionné par les familles pour inspirer aux jeunes gens l'horreur des conjonctions illicites ! » En tous cas, ç'eût été un mauvais choix ; car si l'œuvre évoque la cruauté, la bassesse, l'horreur d'un scalp des chairs et des caractères, il s'en dégage une élégance voluptueuse et une noblesse d'une attirance irrésistible.

Fut-il, au contraire, un être cynique, satanique, démoniaque, en proie à d'obscures lois mystiques et emporté dans une sorte « de rut intellectuel au milieu de morbides orchidées ¿ »

A ces décerneurs d'épithètes, pour qui les parallèles et les symboles n'ont aucun secret, on est tenté de leur opposer cette réplique hautainement impertinente de Lautrec :

« D'abord, vous ne savez pas, et vous ne saurez jamais, vous ne savez et vous ne saurez que ce qu'on a bien voulu vous montrer. »

Le Temps, dans sa course, écarte les formules rigides et rend à chacun la simplicité de sa vraie physionomie.

La " Belle Hélène " (1900).
Dessin aux crayons

Pour Lautrec, elle nous semble dominée par la passion intransigeante de la Vérité : ce n'est qu'un tendre et un indépendant, marqué en naissant du sceau du génie, un pur continuateur de la tradition et de la clarté françaises. Sa vie d'apparence extérieure déréglée peut se réclamer d'une logique supérieure, dans une continuité de penser, d'agir et de créer. Elle ne doit pas inciter à décréter la suprématie d'un genre de vie sur un autre, ni à prôner certains équilibres préconisés par de soi-disant moralistes religieux ou mondains.

Grand serviteur de l'Art, en quelque basse fosse qu'il

Le poney Philidor (1898).
Lithographie.

se trouvât, bourreau de son corps, Lautrec n'eut cure ni de prêcher ni de réformer : il ne suivit que sa loi.

Et dans la crainte à mon tour de l'emprisonner en un carcan de pédantisme et de jugement trop strict de sa vie et son œuvre, peut-être ne puis-je mieux faire que de terminer sur cette définition un peu ironique qui, venant de ma part, eut tant l'heur de lui plaire un jour :

« Alors, Monsieur ! votre formule serait donc... des Chevaux, des Femmes et des Fleurs !!! »

Septembre 1926.

ESSAI

DE

CATALOGUE CHRONOLOGIQUE

DES

DESSINS, PASTELS, AQUARELLES

ET

CÉRAMIQUES

NOTE

— L'indication Delteil N° .... est la référence au Peintre graveur illustré : H. de Toulouse-Lautrec, par Loys Delteil, 1920. Tomes X et XI.

— Les références photographiques existantes sont données pour toutes les œuvres, qu'elles soient ou non reproduites dans le présent volume : la collection complète de photographies sera déposée à la Bibliothèque Nationale, et à la Bibliothèque d'Art de l'Université de Paris.

— Dessin en haut. 0.30×0.20, veut dire que le sujet est en hauteur.

— Exposition M. J. 1914 est la référence au catalogue de l'Exposition Rétrospective : H. de Toulouse-Lautrec, Galerie Manzi, Joyant et Cⁱᵉ, 1914.

— Le Musée d'Albi possède la personnalité civile ainsi que tous les droits d'auteur, de reproduction de suite et de poursuite, attachés à l'œuvre de H. de Toulouse-Lautrec. Actes de donation du 31 juillet 1922, 27 juin 1923. Décret du 31 juillet 1923.

CATALOGUE

1873-1875

Lot de croquis.

Sur feuilles 0,23 × 0,17. 5 aquarelles de chevaux de courses. 10 dessins mine de plomb : chevaux, gens à cheval, chiens, oiseaux, un Shah de Perse à cheval, daté du 15 août 1873 et signé Lautrec en bas à gauche.

Musée d'Albi.

1873-1881

Album.

Relié en toile grise, en larg. 0,19 × 0,13. 35 croquis au crayon : cavaliers, chevaux, chiens, voitures, oiseaux. 17 aquarelles et en un seul ton bleu : cavaliers, chevaux, paysages, marins de la flotte russe ou américaine. 4 croquis dessins au crayon bleu : tête de cheval et têtes de femmes de 1895.

Musée d'Albi.

1874-1880

Petit album.

Relié en toile grise. Env. 100 feuilles. Croquis au crayon daté de 1875 ; aquarelles datées de 1877. Chevaux, faucons, bécasses, cavaliers, animaux, scènes de chasse, chien. En larg. 0,21 × 0,14.

Musée d'Albi.

1875-1878

Album.

Oiseaux, animaux. 10 feuilles recto-verso, dessins au crayon. 8 feuilles : dessins, aquarelle, plume. Timbrées du monogramme rouge.

Musée d'Albi, boîtier G., pochette H. H.

1875-1880

Cahier.

Relié en toile grise. Devoirs d'écolier, versions latines, etc. 56 feuillets recto verso, page de titre, grande lettre ornée H. T.-L., avec un singe et un héron. Croquis nombreux à l'encre accompagnant les devoirs. En haut. 0,22 × 0,17.

Musée d'Albi.

Petit cahier.

Relié en papier grenat à fleurs. Agenda avec croquis à l'encre et au crayon. 30 feuillets environ. Sur des bateaux, chiens, chevaux, silhouettes d'hommes et de femmes, etc. En haut. 0,15 × 0,09.

Musée d'Albi.

1875-1881

Croquis à l'encre.

Caricatures, charges. 19 dessins env. 0,20 × 0,16.

Musée d'Albi, boîtier G.

1876

Croquis d'enfants. — Dessins à l'encre. — Musée d'Albi, N° 93.

1876-1880

Croquis à l'encre. — Sur des devoirs d'écolier, versions, thème. 41 feuilles 0,35 × 0,25. Timbrées du monogramme rouge. — Musée d'Albi, boîtier G., pochette E. E.

Croquis au crayon. — 77 feuilles 0,25 × 0,20. Timbrées du monogramme rouge. — Musée d'Albi, boîtier G., pochette F. F.

1876-1881

Dessins à la plume et à l'encre. — 27 feuilles 0,21 × 0,17. Timbrées du monogramme rouge. — Musée d'Albi, boîtier G., pochette G. G.

1877-1879

Petit Album. — Relié en couverture noire avec " Album " en lettres or. 40 feuillets : époque des Pyrénées, Barèges. Aquarelles datées de 1877 : oiseaux morts, perdrix rouges, râles, etc., lièvres, chevreuils. Au crayon noir : chasses au chamois, à l'ours. Sangliers. En larg. 0,15 × 0,10. — Musée d'Albi.

1877-1880

Grand Album. — Relié en lilas avec lettres d'or. Aquarelles représentant des oiseaux morts : canards, vanneaux, bécasses, du gibier, lièvres, des cavaliers. Signées et datées de 1877 à 1880. En larg. 0,30 × 0,21. — Coll. de Mme de T.-L.

1878

Deux devoirs d'écoliers illustrés. — Dessins à l'encre. — Musée d'Albi, N° 89.

1879

Portrait d'homme. — Tête de profil à gauche. Dessin en haut. 0,17 × 0,13. Signé : T.-L. Au dos, *La Revue*, croquis en haut. 0,13 × 0,22. Un fantassin en ligne, de dos, dans le fond, à gauche, un officier à cheval passe devant un général en grande tenue. — Coll. de MM. Pellet et Exsteens.

Chasseur à cheval. — Dessin à la plume en haut. 0,16 × 0,14. Chasseur à cheval monté : dans le fond, à droite, esquisse au crayon d'un second cavalier. Signé : T.-L. Au dos, croquis au crayon représentant un omnibus avec impériale tiré par deux chevaux. — Coll. de MM. Pellet et Exsteens.

1879-1880

Cahier de classe. — Relié en toile grise. Devoirs latins d'écolier. Env. 50 pages recto-verso, avec croquis à l'encre sur toutes les feuilles. En larg. 0,25 × 0,17. — Musée d'Albi

| Petit Album. | Relié en toile grise; sur la couverture, au recto, une tête de chien gordon à l'huile, signée. Au verso : tête de matelot américain. Env. 60 feuilles : époque de Nice, Menton. Croquis et aquarelles sur les bateaux de guerre, Le Trentham, La Dévastation : portraits de matelots, goélettes, balancelles, chiens, chevaux, canots. En larg. 0,23 × 0,15. | Musée d'Albi. |
| Cahier. | Relié en toile cirée noire. 72 feuilles recto-verso. Devoirs d'écolier, versions, thèmes latins, etc., nombreux croquis à la plume. En larg. 0,22 × 0,18. Timbrés du monogramme rouge. | Musée d'Albi, boîtier G. |

1879-1881

Croquis à l'encre et au crayon.	Sur chevaux, voitures. Soit 63 feuilles. Timbrées du monogramme rouge. 0,35 × 0,25 dont quatre aquarelles.	Musée d'Albi, boîtier G , pochette A. A.
Croquis à l'encre et au crayon.	Faucon, chevaux, voitures, animaux. 61 feuilles 0,35 × 0,25. Timbrées du monogramme rouge.	Musée d'Albi, boîtier G., pochette B. B.
Petit Album.	Relié en toile grise. 60 feuilles. Croquis au crayon. Aquarelle. Vues de Barèges, montagnes, vaisseaux de guerre à Nice, études de chiens de diverses races, chevaux, etc.	Musée d'Albi.
Petit Album.	Relié en toile grise avec une tête de zouave avec chéchia rouge peinte sur la couverture. 60 feuilles env. : crayon, aquarelles, croquis de l'époque de Nice, Barèges, bateaux à voiles, chien Celestinoff, faucon, chevaux, voiture, etc. En larg. 0,21 × 0,14.	Musée d'Albi.
Album.	Relié en toile grise. Env. 70 feuilles. Croquis aux crayons noirs : chiens, Nice, chevaux, voiture, bouledogue poursuivant un chat, etc. En larg. 0,26 × 0,17.	Musée d'Albi.
Album.	Relié en toile grise. 60 feuilles. Croquis aux crayons, et aquarelles datées et signées : chevaux, chien sloughi, attelages de voitures, cavaliers de chasse à courre, etc. Nice, régates, des vaisseaux de guerre. En larg. 0,26 × 0,18.	Musée d'Albi.

1879-1882

| Petit Album. | Relié en toile grise. 29 feuillets env. contenant une aquarelle, cheval de course galopant. Croquis divers sur des chiens, bassets, griffons, etc. En larg. 0,17 × 0,11. | Musée d'Albi. |
| Album. | Relié en toile grise, de 58 pages. Croquis recto-verso, chevaux, têtes, etc. En larg. 0,28 × 0,18. | Musée d'Albi. |

1879-1892

| Croquis au crayon. | Sur feuilles d'album mélangées. 43 feuilles 0,17 × 0,15. Timbrées du monogramme rouge. | Musée d'Albi, boîtier G., pochette C. C. |

Cheval de trait.	De profil, à gauche, marchant. Crayon en haut. 0,12 × 0,16. Signé : T.-L.	Coll. de MM. Pellet et Exsteens.
Le Caniche.	Assis de trois-quarts à droite ; près de lui, à sa droite, croquis très sommaire d'un coq ? Croquis crayon en haut. 0,18 × 0,15. Signé : T.-L.	Coll. de MM. Pellet et Exsteens.
Études de têtes.	Trois études de tête d'homme, dont deux de profil, à gauche, et la troisième de trois-quarts, à droite et inclinée. En haut. 0,12 × 0,14. Signé : T.-L.	Coll. de MM. Pellet et Exsteens.
Portrait.	Esquisse au crayon d'une tête d'homme, tourné de profil à gauche, le cigare aux lèvres. En haut. 0,14 × 0,12. Signé : T.-L. Au dos : croquis représentant une armure.	Coll. de MM. Pellet et Exsteens.
Singe.	Singe couché sur le dos, les pattes en l'air. Crayon en haut. 0,14 × 0,22. Signé : T.-L.	Coll. de MM. Pellet et Exsteens.
Monsieur en chapeau melon.	Assis de face et lisant. Fusain en haut. 0,63 × 0,47.	Musée d'Albi.
Monsieur assis les jambes croisées.	Fusain 0,63 × 0,47.	Musée d'Albi.
Mme la comtesse A. de Toulouse-Lautrec.	De face, en buste. Fusain en haut. 0,63 × 0,47.	Musée d'Albi.
Tête d'un vieil homme.	De profil vers la droite avec un chapeau de paille. Deux fusains en haut. 0,63 × 0,47.	Musée d'Albi.
Vendanges à Céleyran.	Dessin à la plume.	Musée d'Albi, N° 80.
Vendanges à Céleyran.	Et à Malromé. Dessins à l'encre. Rentrée au chai. Croquis de chevaux.	Musée d'Albi, Nᵒˢ 90, 91, 94, 95.
Tête de moine.	Buste, mains jointes, tourné de trois quarts vers la droite. Dans une niche en haut et à droite, un hibou. Sépia en haut, 0,25 × 0,15. Signé : Lautrec en haut à gauche au crayon. Photo Pellet. Photo Druet : 4.800.	
Moine assis dans une église.	De profil vers la gauche tenant un parapluie dans la main. Dans le fond un homme agenouillé à droite, une femme debout, type méridional, à gauche. Aquarelle en haut. 0,25 × 0,18. Signé : Lautrec en bas à droite au crayon. Photo Pellet. Photo Druet : 4.801.	
Tête de vieil homme.	De profil vers la gauche. Nez busqué, barbe broussailleuse, chapeau mou, en blouse. Aquarelle en haut. 0,35 × 0,25. Signé : H. T.-L. A l'aquarelle en bas à droite et en dessous au crayon : Lautrec. Signature de la fin de sa vie. Photo Druet : 4.803.	
Une Vendangeuse.	Fusain sur toile : 0,80 × 0,65. Non signé. Exposition Rétrospective M. J. 1914, N° 197.	Coll. de M. H. I.

1880-1881

Album de dessin.

Relié en toile grise. 46 pages recto-verso. Musée d'Albi, boîtier G.
Avec dessins au crayon et à l'encre :
de chevaux, voitures, chiens, bateaux,
Nice. En larg. 0,25 × 0,17. Timbrées du
monogramme rouge.

1880-1882

Petit Album.

Relié en couverture noire avec " Album " Musée d'Albi.
en lettres d'or. 40 feuillets. Époque de
Céleyran. Croquis au crayon : bœufs,
paysages, portraits de l'oncle Charles,
etc. Chiens. En larg. 0,13 × 0,09.

18 Fusains.

Sur papier et passe-partout de 0,60 × 0,50 Coll. de MM. H. I à IX.

1880-1890

Petit Album.

Relié en toile de 50 feuilles. Croquis au Musée d'Albi.
crayon noir, chevaux, etc. 4 croquis
crayon bleu époque 1890. En larg.
0,22 × 0,14.

1880-1892

Petit Album.

Relié en rouge avec " Album " en or. Musée d'Albi.
30 feuillets : croquis au crayon noir, encre,
chevaux, bateaux et 3 croquis au crayon
bleu, de 1886 et 1892. En larg. 0,19 ×
0,12.

1881

Album.

Relié en toile grise. 70 feuilles env. Cro- Musée d'Albi.
quis à l'encre et au crayon. Aqua-
relles. Signés. Chevaux ; une partie de
croquet ; un dessin de Buveuse pour
le Mirliton, 1886. Croquis au crayon
bleu : Élysée-Montmartre, 1885-1886.
En larg. 0,28 × 0,18.

Album.

Relié en toile grise de 53 feuilles. Croquis Musée d'Albi.
de chevaux, chiens, portraits, paysages
de Lautrec et de Princeteau. Charge de
Lautrec par Princeteau. En larg.
0,28 × 0,18.

Chevalier.

Fusain sur toile de 0,60 × 0,50. Non signé. Coll. de M. H. III.

Le Cocher de fiacre.

Debout les mains dans ses poches, tourné
vers la gauche, son chapeau haut de
forme posé en arrière. Dans le fond, le
cheval, le nez dans sa musette. Dessin
à la plume. En haut. 0,20 × 0,15. Signé :
" H.T.-L. del ". en bas à droite, daté 1881
en bas à gauche. A paru dans *Lautrec*,
par Duret, pl. II, Bernheim et Cie, 1920.

Têtes de chevaux.

Recto et verso. Dessins à la plume. En Musée d'Albi, portefolio C.
larg. 0,23 × 0,18. Monogramme rouge
en bas et à gauche.

Tête de curé.

De face. Dessin à la plume. En haut. Musée d'Albi, portefolio F.
0,20 × 0,13. Monogramme rouge en bas
et à gauche.

Trois dessins.	A l'encre dans le même cadre. Un laboureur menant deux bœufs, et mettant une tête de mort à jour dans un sillon. Une vue de mer avec une ancre et un crâne échoué sur le rivage ; en bas il est écrit : Oceano Nox. Un cavalier arabe, au grand galop vers la gauche avec son cimeterre pendant. En larg. 0,18 × 0,11. Le premier dessin est signé au crayon Lautrec, en bas et à droite.	Coll. de Mme de T.-L.
Aquarelles.	14 aquarelles : portraits, voitures, 0,25 × 0,20. Timbrées du monogramme rouge. Certaines signées et datées de Nice, 1881.	Musée d'Albi, boîtier G., pochette D. D.
Portrait du Docteur.	Qui a réduit sa fracture de jambe. " Pour Marraine. Hommage respectueux de l'auteur. Henry de Toulouse ". Mine de plomb. Haut. 0,09 × 0,065.	
Cocotte.	Histoire d'une jument et d'un bon curé de campagne, qui se trouve emballé au milieu d'un régiment de cuirassiers. auquel sa monture avait appartenu. Texte de M. Étienne Devismes (26 pages). Illustrations de Toulouse-Lautrec. 18 croquis à l'encre et à la plume. Env. 0,20 × 0,15. 11 feuilles croquis recherches à l'encre et crayon. Env. 0,20 > 0,16. Timbrées du monogramme rouge en bas et à gauche.	Musée d'Albi.
Bœufs.	Fusain. Étude. En larg. 0,67 × 0,47. Monogramme rouge en bas et à gauche.	Musée d'Albi, grand portef. H.
Trois cuirassiers de dos à cheval.	Croquis au fusain. En larg. 0,63 × 0,47.	Musée d'Albi.
Étude d'après plâtre florentin.	Buste. Fusain. En haut. 0,43 × 0,30. Monogramme rouge en bas et à gauche.	Musée d'Albi, petit portef. A.
Amazone.	Croquis à la plume. En haut. 0,16 × 0,10. Daté : 1881 et signé. Vente du 9 mars 1911. Desvouges-Delteil. N° 117. 24 francs.	Coll. de M. Barthélemy.
Artilleur à l'abreuvoir.	Dessin à la plume et au crayon. Larg. 0,18 × haut. 0,11. Signé. daté 1881.	Coll. de M. Louis Godefroy, 1924, N° 264.
Mousquetaire.	Vu à mi-corps, de face. Croquis à la plume en haut. 0,15 × 0,11. Signé : T.-L. (1881).	Coll. de MM. Pellet et Exsteens.
Cavalier.	Croquis au crayon en haut. 0,13 × 0,10. Monogramme rouge.	Coll. de MM. Pellet et Exsteens.
Tête de vieillard.	Dessin à la plume en haut. 0,09 × 0,08. Signé : T.-L. 1881.	Coll. de MM. Pellet et Exsteens.
Gentleman.	Gentleman debout, en haut de forme, le bras levé, le corps rejeté en arrière dans un geste de surprise. Croquis à la plume en haut. 0,11 × 0,08. Signé : T.-L. 1881.	Coll. de MM. Pellet et Exsteens.
Gentleman.	Gentleman en haut de forme, debout, de profil à gauche. Croquis à la plume en haut. 0,14 × 0,07. Signé : T.-L. et daté 1881.	Coll. de MM. Pellet et Exsteens.
Chevaux et chiens.	Page de croquis au crayon, de chevaux et de chiens entremêlés sans ordre, en haut. 0,20 × 0,30. Monogramme rouge	Coll. de MM. Pellet et Exsteens.

Cahier de Zigzags.

Dédié à ma cousine Madeleine Tapié, dans le but louable de la distraire un peu des leçons de Mme Vergnettes. Nice, 1881. Impressions de voyages et d'hôtels, illustrées d'environ 12 croquis à l'encre. Timbrés du monogramme rouge. Voir *Lautrec*, par Joyant, p. 47.

Coll. de M. Joyant.

1881-1882

Album.

Relié en toile grise de 60 feuilles. Croquis aux crayons. Sur des chevaux : gens de courses. Portraits de Charles de T.-L., son oncle, etc. Une acrobate, crayon de couleurs, 1886. Esquisse de clown. Cirque Médrano. En larg. 0,28 × 0,18. Monogramme rouge.

Musée d'Albi.

1881-1883

Dessins des ateliers Bonnat et Cormon.

Fusains. En haut. 0,63 × 0,47 sur papier Ingres. 164 Académies d'après modèle nu. 9 études d'après le plâtre. 5 Académies de nu. Calques aux crayons noirs et fusains, 4 avec rehauts de couleurs. Non montés.

Musée d'Albi.

Académie.

Le modèle Nizzavona de l'atelier Cormon, assis, nu, de face, fusain en haut. 0,63 × 0,47. Signé " Lautrec, dessin-esquisse " à gauche et au milieu. Photo Cottereau-Drouot.

Coll. de MM. Grenier et Harrisson, Chicago.

1881 et 1892-93

Album.

En toile relié, de 60 feuilles. Croquis recto-verso : à l'encre, au crayon noir et bleu. Aquarelle : grands-ducs, chiens, etc., chevaux, attelage. Profil de La Goulue de 1892. Recherche pour l'estampe, 1893. Delteil, Nº 1. Aux Variétés : Mlle Lender et Brasseur. En larg. 0,28 × 0,18. Monogramme rouge en bas et à gauche.

Musée d'Albi.

1882

Étude de nu.

Fusain 0,60 × 0,50. Non signé.

Coll. de M. H., IV.

M. le comte Charles de Toulouse-Lautrec.

En pied, assis. Fusain en haut. 0,63 × 0,37. Signé Monfa, 1882.

Musée d'Albi, Nº 71.

Deux pages d'album.

Croquis de chevaux vus de l'arrière. Au dos une tête de femme. Mine de plomb 0,23 × 0,15. Monogramme rouge en bas et à gauche.

Musée d'Albi, portefolio V.

Deux pages d'album.

Deux études de vache couchée. Mine de plomb. En larg. 0,23 × 0,15. Monogramme rouge en bas et à gauche.

Musée d'Albi, portefolio V.

M. Charles de Toulouse-Lautrec.

Portrait en buste de face. Fusain. En haut. 0,61 × 0,46, encadré. Non signé.

Coll. de M. le docteur T. de C.

M. le comte Charles de Toulouse-Lautrec.

Assis de face lisant le *Figaro*. Salon du Bosc. Toile en haut. 0,42 × 0,36. Signé en haut. H. T.-L. et à droite.

Coll. de M. le docteur T. de C.

Mlle Béatrix Tapié de Céleyran.	Petite fille assise sur une chaise et tournée vers la droite. Fusain. En haut. 0,55 × 0,45. Signé : Lautrec à Kiki en bas et à gauche.	Coll. de M le docteur T. de C.
M. G. Tapié de Céleyran.	Portrait vers l'âge de 12 ans. Assis les jambes croisées sur une chaise. Fusain. En haut. 0,61 × 0,46. Signé : H. Lautrec, 82, en bas et à droite.	Coll. de M. le docteur T. de C.
M. Amédée Tapié de Céleyran.	Portrait. Fusain. En haut. 0,60 × 0,43. Signé : Monfa 82, en bas et à droite.	Coll. de Mme de T.-L.
M. Odon Tapié de Céleyran.	Portrait (10 ans). Debout en béret de matelot et paletot, les mains dans ses poches, tourné vers la gauche. Fusain. En haut. 0,65 × 0,45. Signé : Monfa, 82, en bas et à droite.	Coll. de Mme de T.-L.
Mme la comtesse Adèle de Toulouse-Lautrec.	Assise de profil à gauche et tricotant. Portrait. Fusain. En haut. 0,60 × 0,43. Non signé.	Coll. de Mme de T.-L.
Mme Gabrielle Imbert du Bosc, épouse de M. Toulouse-Lautrec.	Tête de profil à gauche. Fusain. En haut. 0,60 × 0,43. Signé : Monfa, 82, en bas et à droite.	Coll. de Mme de T.-L.
Mme Louise Imbert du Bosc, épouse de M. Tapié de Céleyran.	Tête de profil à droite. Fusain. En haut. 0,65 × 0,23. Signé : Lautrec, 82, en bas et à droite.	Coll. de Mme de T.-L.
Masque de Mme Tapié de Céleyran, née Imbert du Bosc (âgée).	Fusain. En haut. 0,63 × 0,47.	Musée d'Albi.
La Vieille des Écrevisses.	Buste de face vers la droite, avec sa mante noire. Fusain. En haut 0,67 × 0,47. Signé : Lautrec, 1882, en bas et à gauche.	Musée d'Albi, grand portef. H.
Un Travailleur au Bosc.	Tête d'homme. (Voir tableau Homme avec une cigarette.) Fusain. En haut. 0,67 × 0,47. Monogramme rouge en bas et à gauche.	Musée d'Albi, grand portef. H
Auguste Besset.	Mécanicien à Sainte-Rose, près Céleyran. Deux poses, il est assis en casquette et en sabots dans un fauteuil. 2 fusains. En haut. 0,63 × 0,47.	Musée d'Albi.
Le jeune Routy à Céleyran.	En buste, en pied ; assis coupant une branche ; de face, de profil. Signé : Lautrec. 7 fusains. En haut. sur papier Ingres et 1 calque 0,63 × 0,47. A rapprocher des tableaux N° 60 Musée d'Albi, etc.	Musée d'Albi, en portef.
Cavalier sellant son cheval.	Fusain sur calque 0,63 × 0,47.	Musée d'Albi, en portef.
Vieille femme filant.	Fusain sur calque. En haut. 0,63 × 0,67.	Musée d'Albi, en portef.
La Pie (Cocotte).	Femme étendue sur le dos, les jambes écartées, un oiseau s'éloigne à gauche; au fond, coucher de soleil. Dessin à la plume en larg. 0,15 × 0,10. Monogramme rouge.	Coll. de MM. Pellet et Exsteens.
Jockey.	Croquis très sommaire, au crayon, d'un jockey et de chevaux enfermés dans un trait ovale. En haut. 0,18 × 0,13. Monogramme rouge, en bas et à gauche.	Coll. de MM. Pellet et Exsteens.
Deux chevaux.	Dessin à la mine de plomb en larg. 0,21 × 0,16. Monogramme, en bas et à droite.	Coll. de M. Gabriel Astruc.

1883

Tête de femme.	Au verso, cavalier et cheval au galop. Mines de plomb sur papier gris. En haut. 0,28 × 0,17. Monogramme rouge en bas et à gauche.	Musée d'Albi, portefolio C.
Amazone en buste et une tête d'homme avec un chapeau de paille.	Mine de plomb. En haut. 0,25 × 0,16. Monogramme rouge en bas et à gauche.	Musée d'Albi, portefolio C.
Monsieur assis de face sur une chaise.	Il est coiffé d'un chapeau melon. Fusain. En haut. 0,61 × 0,48. Signé : Lautrec, novembre 1883, en bas et à gauche.	Coll. de M. G. de T.-L.
Portrait de Cyprien Mengau de Céleyran, conseiller à la Cour des Aides de Montpellier.	Copie d'un portrait de famille du XVIIIe s. Fusain. En haut. 0,60 × 0,46. Signé : d'après l'original Monfa, 1883.	Coll. de M. G. T. de C.
Grande page de croquis.	Officiers anglais, soldats à cheval, etc. Au crayon Conté. En larg. 0,62 × 0,47. Monogramme rouge en bas et à gauche.	Musée d'Albi, grand portef. I.
Deux études de modèle, moines assis.	Fusain. En haut. 0,63 × 0,50. Monogrammes rouges en bas et à gauche.	Musée d'Albi, grand portef. H.
Vieil Homme.	De face avec sa canne et chapeau à la main. Le Bosc. Fusain. En haut. 0,63 × 0,50. Signé : Lautrec, en haut et à gauche.	Musée d'Albi, grand portef. H.
Cinq Académies.	D'après le plâtre et la nature. Fusains. En haut. montés 0,63 × 0,50. Monogramme rouge en bas et à gauche.	Musée d'Albi, grand portef. H.
Tête d'enfant. Severino Rossi.	Fusain. En haut. 0,67 × 0,47. Monogramme rouge en bas et à gauche.	Musée d'Albi, grand portef. H.
Composition.	Un chevalier avec trois nymphes sortant des eaux. Fusain. En haut. 0,63 × 0,47 papier bleu. Monogramme rouge en bas et à gauche.	Musée d'Albi, grand portef. H.
Vieux modèle d'atelier.	Avec grande barbe, chapeau de feutre, type du modèle italien, ou d'un vieux mendiant. 5 fusains : différentes poses, assis, buvant, bustes, etc. En haut. 0,63 × 0,47.	Musée d'Albi.
Monsieur assis les jambes croisées à terre.	Et dans le coin de la feuille : Tête d'homme avec un chapeau de feutre. Fusain. En larg. 0,63 × 0,47.	Musée d'Albi.
Profil de dame.	En buste vers la gauche. Fusain. En haut. 0,63 × 0,47.	Musée d'Albi.
Tête d'homme.	Avec un chapeau de feutre et une grande barbe. Au Bosc. Recherche pour le tableau. Toile Musée d'Albi N° 390. Fusain. En haut. 0,63 × 0,47.	Musée d'Albi.
Tête de vieillard.	Avec un chapeau. Calque recherche pour la toile. N° 390, Musée d'Albi. Fusain. En haut. 0,63 × 0,47.	Musée d'Albi, portef.
Mme la Comtesse A. de Toulouse-Lautrec.	En buste, de face. Fusain. En haut. 0,63 × 0,47.	Musée d'Albi.
Monsieur avec un lorgnon et toute sa barbe.	Portrait. Fusain. En haut. 0,63 × 0,47. Signé : Lautrec, 1883, en bas et à droite.	Musée d'Albi.

Sujet de composition.	Atelier Cormon. Fusain sur papier bleu. En haut. 0,63 × 0,47.	Musée d'Albi.
Tête d'enfant de face.	Fusain. En haut. 0,67 × 0,47. Monogramme rouge en bas et à gauche.	Musée d'Albi, grand portef. H.
Deux têtes de chevaux.	Crayon. En larg. 0,33 × 0,22. Monogramme rouge en bas et à gauche.	Musée d'Albi, petit portef. A.
Croquis de mains.	Dessins à l'encre. En larg. 0,36 × 0,23. Monogramme rouge en bas et à gauche.	Musée d'Albi, petit portef. A.

1884

M. Grenier, artiste peintre.	Tête de profil vers la gauche. Mine de plomb sur papier gris verdâtre. En haut. 0,27 × 0,17. Monogramme rouge en bas et à gauche.	Musée d'Albi, portefolio C.
Petit Album.	Relié en toile grise. Env. 25 feuillets. Croquis au crayon. En larg. 0,15 × 0,10.	Musée d'Albi.
A Montmartre.	Un monsieur assis en chapeau haut de forme avec deux femmes. Calque-trait au fusain. En haut. 0,33 × 0,30. Monogramme en bas et à gauche.	Musée d'Albi, grand portef. H.
Cob irlandais et cavalier à cheval.	Fusain. En larg. 0,63 × 0,47.	Musée d'Albi, en portefolio.

1885

A Saint-Lazare.	Assise devant une table en bois, sur laquelle il y a un encrier, une jeune femme, assise de profil vers la gauche, en costume de détenue de la prison, coiffe, fichu, est en train d'écrire : figure attentive et appliquée. Dessin célèbre. En litho (voir Delteil, N° 10, pour illustrer la couverture de la Chanson, en 1885.) Reproduit en typo dans le *Mirliton*, N° 39, août 1887. Trait signé : Tréclau, en bas et à gauche, à comparer avec le dessin carton en haut. 0,65 × 0,50. Signé : Lautrec, en bas et à gauche. Vente Bruant, N° 1, 1905. 3.900 francs. Racheté.	
Élysée-Montmartre.	Scène de restaurant. Fusain. 0,63 × 0,47.	Musée d'Albi.
Bataille de fleurs.	Mail-coach, etc. Dessin à l'encre sur papier Gillot. En larg. 0,50 × 0,33. Signé Lautrec, en bas et à droite.	Musée d'Albi, grand portef. J.
Deux pages d'album.	Un profil de femme pour «à Saint-Lazare». Mine de plomb sur papier bleu. En haut. 0,22 × 0,15. Monogramme rouge en bas et à gauche.	Musée d'Albi, portef. II.
Deux pages d'album.	Profil de femme. Tête vers la droite. Crayon noir et blanc sur papier gris. En haut. 0,21 × 0,15. Monogramme rouge en bas à gauche. Femme assise, cousant (avec bras et mains, à part). Crayon noir, rehaut de blanc sur papier jaune. En haut. 0,21 × 0,15. Monogramme rouge en bas à droite.	Musée d'Albi, portef. II.
Mme la comtesse A. de Toulouse-Lautrec.	Dessin au fusain. En haut. 0,61 × 0,56. Signé du monogramme en bas à droite. A rapprocher du N° 53 du Musée.	Musée d'Albi, N° 131.
Deux feuilles de papier Gillot pour la reproduction.	Croquis nombreux de têtes recto-verso au crayon noir et à la plume. En larg. 0,30 × 0,11. Monogramme rouge, en bas et à gauche.	Musée d'Albi, portefolio E.

Petit Album.	Relié en toile grise. Avec monogramme rouge. 30 feuillets. Croquis de pélicans, grands-ducs, etc. En larg. 0,14 × 0,09. Monogramme rouge.	Musée d'Albi
Femme debout et en chemise qu'elle relève.	De face. Fusain. En haut. 0,55 × 0,37. Monogramme rouge, en bas et à gauche.	Musée d'Albi, grand, portef. H.
Monsieur debout et allumant son cigare.	Fusain. Esquisse en haut. 0,63 × 0,47. Monogramme rouge en bas et à gauche.	Musée d'Albi, grand portef. I
Monsieur debout et allumant un cigare.	Calque. Rehauts de couleurs. En haut. 0,65 × 0,50. Monogramme rouge, en bas et à gauche.	Musée d'Albi, grand portef. J
Portrait de M. François Gauzi.	Les yeux fermés, la tête renversée, attitude de sommeil. Crayon en larg. 0,11 × 0.08. Signé : T.-L.	Coll. de MM. Pellet et Exsteens.
Le Clown.	M. Joret. Tête d'homme à la moustache démesurément longue, aux cheveux divisés en trois toupets. Croquis à la plume en haut. 0,12 × 0,09. Signé : T.-L..	Coll. de MM. Pellet et Exsteens.
Grandes manœuvres.	Un soldat, debout, de profil à gauche, son fusil posé à gauche. Dessin à la plume en haut. 0,15 × 0,08. Monogramme rouge.	Coll. de MM. Pellet et Exsteens.
Une femme nue acrobate.	De profil, elle soulève un poids. Dessin licencieux, à l'encre, en larg. 0,18 × 0.13. Non signé. Photo Drouot.	Coll. de M. Grenier.
Un homme nu et une femme couchée.	Dessin licencieux à l'encre en haut. 0,18 × 0,13. Non signé. Photo Drouot.	Coll. de M. Grenier.
Vieille femme.	Assise de profil, elle a un bonnet et des lunettes et regarde un bougeoir. Dessin licencieux à la plume en larg. 0,18 × 0,13. Non signé. Photo Drouot.	Coll. de M. Grenier.
Femme accroupie montrant son derrière, jupe relevée.	Crayon en larg. 0,18 × 0,12. Non signé. Photo Drouot.	Coll. de M. Grenier.
Charges de M. X...	En chien ; et un singe de face. Dessin licencieux au crayon en larg. 0,18 × 0,13. Photo Drouot.	Coll. de M. Grenier.
Trois têtes.	Deux profils d'homme et une tête de face. Crayon en larg. 0,18 × 0,13. Non signé. Photo Drouot.	Coll. de M. Grenier.
Deux têtes.	Profils d'homme au lorgnon et d'un monsieur avec chapeau haut de forme. Dessin au crayon en larg. 0,18 × 0,12. Non signé. Photo Drouot.	Coll. de M. Grenier.

1885-1886

Six dessins.	Dessins pour le *Courrier français*, et vendus par ce journal. 1re vente des dessins originaux du *Courrier français*. 1er juin 1891. Les vendanges, N° 122. Sortie du pressoir. N° 123. Gui-cocktail. N° 124. — 2e vente, du 20 juin 18.1. Gin cocktail. N° 302. Jeune fille lisant. N° 303. Jeune fille fille tenant une bouteille de vin. N° 304. Ces trois derniers dessins ont été adjugés 6 frs ensemble. Gin Cocktail a seul paru dans le *Courrier français* du 26 septembre 1886. Voir plus loin.	

Bal masqué.	Monsieur en habit derrière des femmes en maillot. Grand calque au trait 0,65 × 0,51. Monogramme rouge, en bas à gauche.	Musée d'Albi, grand portef. J.
Dessin à la plume.	Sur bristol. A droite buste d'homme à casquette à grosse moustache. Trois-quarts de face vers la gauche. Un caniche noir, et un homme et une femme dans le fond le long d'une plage. En haut. 0,25 × 0,20. Signé : H T.-L., en bas à gauche.	
Dessin à l'encre.	Sur bristol. Une dame assise dans un coupé fermé. On la voit par la portière. Cocher de grand style. En haut. 0,30 × 0,25. Signé : H L.-T., en bas à gauche.	
Artilleur et femme.	Dessin au fusain. En haut. 0,58 × 0,46. Monogramme rouge, en bas et à droite.	Musée d'Albi, grand portef. J.
Artilleur et femme.	Calque avec rehauts en couleurs. En haut. 0,58 × 0,46. Monogramme rouge, en bas et à droite.	Musée d'Albi, grand portef. J.
Artilleur et femme.	Toile. Esquisse de couleurs. En haut. 0,70 × 0,48. Monogramme rouge, en bas et à gauche.	Musée d'Albi, grand portef. J.
La Femme seule.	Sans l'artilleur. Calque avec rehauts de peintures. En haut. 0,56 × 0,45. Monogramme rouge, en bas et à droite.	Musée d'Albi, grand portef. J.
La Femme seule.	Sans l'artilleur. Calque avec rehaut de couleurs. En haut. 0,57 × 0,46. Monogramme rouge, en bas et à gauche.	Musée d'Albi, grand portef. J.
Artilleur et femme.	Calque très poussé en couleurs. En haut. 0,56 × 0,45. Monogramme rouge, en bas et à droite.	Musée d'Albi, grand portef. J.
Gin-cocktail.	Recherche pour un dessin paru dans le *Courrier français*. Fusain et crayon blanc sur papier bleu. En larg. 0,62 × 0,48. Monogramme rouge, en bas et à gauche.	Musée d'Albi, grand portef. J.
Gin-cocktail.	Dessin paru dans le *Courrier français*. N° 39 du 26 septembre 1886. Assis devant un bar, à gauche, deux consommateurs sont juchés sur de hauts tabourets, l'un a un chapeau haut de forme et a le bec de sa canne dans la bouche, le second est en melon, pantalon à carreaux. Devant, derrière le bar, une barmaid ; fond de bar, avec dans le fond à gauche, une barmaid de profil agitant son tumble pour faire le cocktail. Signé : Lautrec, en bas à droite.	
Carmen.	Étude de dos et du chignon faite dans l'atelier de Gauzi. Dessin à la mine de plomb. Sur page d'album. En haut. 0,12 × 0,09. Non signé. Photo Joyant-Lassalle.	Coll. de M. Gauzi.
Carmen.	Tête de face exécutée dans l'atelier de Gauzi. Dessin à la mine de plomb. Non signé. Sur page d'album. En haut. 0,12 × 0,09. Photo Joyant-Lassalle.	Coll. de M. Gauzi.

Au Café.	Femme assise devant une table de café et lisant un illustré. Tournée vers la gauche ; elle a un petit chapeau en pointe avec ruban, son manteau entr'ouvert ; devant elle, un mazagran avec soucoupe. Dans le fond à gauche, table de café. Dessin crayon et encre de Chine. En haut. 0,60 × 0,37. Signé : Lautrec, en bas vers la gauche. Photo Druet 60.427.	
Un monsieur assis avec deux femmes.	Avec des chapeaux pointus. Recherche pour un sujet. Fusain. En haut. 0,45 × 0,30. Monogramme rouge, en bas et à gauche.	Musée d'Albi, petit portef. A.
Femme accroupie : blanchisseuse.	Calque au crayon. A rapprocher du tableau N° 21 Musée d'Albi. En larg. 0,62 × 0,45. Monogramme de l'artiste, en bas et à gauche.	Musée d'Albi, grand portef. H.
Château de Malromé.	Mine de plomb. En larg. 0,23 × 0,15. Monogramme rouge, en bas et à droite.	Musée d'Albi, portefolio V.
Le quadrille de la chaise Louis XIII. Élysée-Montmartre.	Croquis nombreux. Père La Pudeur. Salle de bal. Dufour, le chef d'orchestre. Dessin à l'encre. Sur papier Gillot. En haut. 0,50 × 0,33. Monogramme rouge, en bas et à droite.	Musée d'Albi, grand portef. J.
Élysée-Montmartre.	Croquis de Bruant, Grille d'Égout, Anquetin, Gauzi, le père La Pudeur. Le quadrille de la chaise Louis XIII. Cabaret du Mirliton de Bruant. Calque en larg. 0,57 × 0,36. Monogramme rouge en bas et à gauche.	Musée d'Albi, grand portef. H.
A l'Élysée-Montmartre.	Croquis de têtes de danseuses. Danseuse de chahut. Mine de plomb sur papier gris. En larg. 0,28 × 0,17. Monogramme rouge, en bas et à gauche.	Musée d'Albi, portefolio C.
A l'Élysée-Montmartre.	Croquis d'une danseuse. Grand écart. Mine de plomb. En larg. sur papier gris 0,28 × 0,17. Monogramme rouge, en bas et à gauche.	Musée d'Albi, portefolio C.
Deux pages d'album.	Croquis de danseurs et danseuses. Moulin de la Galette. Au dos " prisonnier ". Femme nue. Au dos femme décolletée. Mines de plomb. En larg. 0,23 × 0,15 de 1895. Profil de femme. Crayon bleu. Monogramme rouge, en bas et à gauche.	Musée d'Albi, portef. V
Au bar.	G. Claudon, assis, en chapeau haut de forme, devant le bar ; en face, la barmaid, assise. Dessin au crayon conté en larg. 0,20 × 0,15. Non signé. Photo Drouot.	Coll. de M. Grenier.
Mme Grenier.	Deux têtes, masques de face, nu-tête. Deux dessins au crayon en haut. 0,18 × 0,12. Non signés. Photo Drouot.	Coll. de M. Grenier.
Mme Grenier.	De face. Crayon en haut. 0,18 × 0,13. Non signé. Photo Drouot.	Coll. de M. Grenier.
Tête de femme.	Profil-silhouette. Crayon en haut. 0,10 × 0,07. Non signé. Photo Drouot.	Coll. de M. Grenier.
Un peintre assis.	De dos, peignant, et charge du peintre. Tête de profil. Dessin au crayon en larg. 0,18 × 0,13. Non signé. Photo Drouot.	Coll. de M. Grenier.

Sur le pavé.	Un jeune trottin de modiste, de face, en corsage, un carton à chapeau, nu-tête, détourne la tête, se sentant suivi par un vieux monsieur à chapeau haut de forme, monocle, les mains dans ses poches, canne en l'air. Dans le fond, une vespasienne, et un fiacre qui s'en va. *Quel âge as-tu, petite?* *Quinze ans, M'sieu.* *Hum! déjà un peu vieillotte.* Dessin en haut. Signé : Lautrec, en bas à gauche. Paru dans le *Mirliton*, N° 33, février 1887. Vente Bruant, 1905, N° 10. 320 francs.	
Le dernier Salut.	Dessin du *Mirliton*, N° 34. A rapprocher du N° 107 Musée d'Albi. Calque. En haut. 0,65 × 0,51. Monogramme rouge, en bas et à gauche.	Musée d'Albi, grand portef. H.
Le dernier Salut.	Homme en blouse. Fusain en haut. 0,63 × 0,47. Recherche pour l'illustration du *Mirliton*, N° 34, mars 1887, Le dernier Salut.	Musée d'Albi, N° 107.
Le dernier Salut.	Un ouvrier de profil se découvre, la casquette entre les deux mains devant le convoi qui passe. Dessin en haut. 0,60 × 0,44. Sépia. Signé : Tréclau, en bas à gauche. Paru dans le *Mirliton* N° 34, mars 1887. Vente Bruant, 1905, N° 9, 400 francs. Vente du 26 novembre 1919, N° 150, 755 francs. Photo Melbye.	Coll. de M. Herbert-Melbye, Copenhague.
La dernière goutte. Sur le pavé.	Dans une attitude embarrassée qui veut être respectueuse, un ouvrier, un peu bu asperge d'eau bénite un cercueil recouvert du drap mortuaire entouré de cierges fumeux. Au pied du catafalque, le pot d'eau bénite et sur le drap une tête de mort sur deux tibias entrecroisés. Dans le fond à gauche, de profil, un croque-mort, debout, les bras croisés. Dessin. En haut. 0,70 × 0,50. Signé : H. T.-L. en bas et à droite. Dessin paru dans le *Mirliton*, N° 31, janvier 1887. Vente Bruant 1905 : 180 francs.	
La dernière goutte. Sur le pavé.	Recherche pour le dessin du *Mirliton* du 31 janvier 1887. Un ouvrier un peu bu asperge le cercueil. Dessin à la plume. En haut. 0,20 × 0,13. Monogramme rouge, en bas et à gauche.	Musée d'Albi, portef. F
Deux pages d'album.	Tête de vieillard avec grande barbe. Tête et buste de femme. Au dos, croquis de têtes. Mine de plomb 0,22 × 0,15. Monogramme, en bas et à gauche.	Musée d'Albi, portefolio V.
Danseuse debout de profil dans les coulisses, avec des savates.	Fusain sur papier. En haut. 0,62 × 0,47. Monogramme rouge, en bas et à gauche.	Musée d'Albi, grand portef. J.
Danseuse debout de profil.	Recherche calque au crayon. En haut. 0,57 × 0,45. Monogramme rouge, en bas et à gauche.	Musée d'Albi, grand portef. J
Danseuse debout de profil.	Recherche de couleurs. Calque. En haut. 0,57 × 0,45. Monogramme rouge, en bas et à gauche.	Musée d'Albi, grand portef. J.

1888

La Blanchisseuse.	Fusain. Étude pour l'illustration du *Paris Illustré*, N° 27, 7 juillet 1888. L'été à Paris, article de Jules Michelet.	Musée d'Albi. N° 97.
La Blanchisseuse.	Venant de droite, le visage creusé par la fatigue, un lourd panier au bras, elle s'apprête à traverser la chaussée. Derrière elle, un fiacre fermé s'éloigne ; plus loin un agent. A gauche une voiture de blanchisseur dont on aperçoit sur le siège et vu de dos, le conducteur rangeant des paquets de linge. A gauche sous un store à rayures, un garçon de café près d'une table. Dessin à l'encre de Chine. En haut. 0,68 × 0,575. Signé à droite et en bas : Lautrec. A rapprocher du N° 97, Musée d'Albi. Illustration de tête du *Paris Illustré*, N° 27 du 7 juillet 1888. Article : L'Été à Paris, d'Émile Michelet. Vente 1re Collection Roger Marx, 12 mai 1914. N° 222. La Blanchisseuse : 7.000 francs à Oppenheim (Voir l'illustration du Catalogue Roger Marx. Il existe de cette Blanchisseuse une reproduction en typographie sur un à-plat couleur de chine comme fond, agrandissement du sujet. Ce tirage, édité comme une affiche en dehors de Lautrec, est très postérieure. à 1888, et est sur un papier d'affiche mesurant en haut. 0,85 × 0,66, le sujet sur fond de chine a 0,65 × 0,58.	
Femme debout.	Recherche pour " A Batignolles ", de Bruant. Fusain. En haut. 0,63 × 0,48. A rapprocher du N° 86, Musée d'Albi.	Musée d'Albi, grand portef. H.
Femme debout.	Pour " A Batignolles ", de Bruant. Fusain. En haut. 0,67 × 0,48. A rapprocher du N° 86, Musée d'Albi.	Musée d'Albi, grand portef. H.
Femme assise de dos.	Modèle de "A Batignolles", de Bruant. Voir le N° 86 du Musée d'Albi. Fusain. En haut. 0,68 × 0,48. Monogramme rouge, en bas et à gauche.	Musée d'Albi, grand portef. H.
Le Côtier.	Recherche pour l'illustration l'Été à Paris, du *Paris Illustré*, 1888. Fusain et crayon blanc sur papier gris en haut. 0,63 × 0,46. Monogramme rouge, en bas et à gauche.	Musée d'Albi, grand portef. J.
Bal masqué.	Recherche pour l'illustration du *Paris Illustré*, 1888. Calque avec rehauts de couleurs en larg. 0,65 × 0,51. Monogramme rouge, en bas et à gauche.	Musée d'Albi, grand portef. J.
Clown.	En buste tenant un cerceau de papier, de profil vers la droite. Dessin à la plume et à l'encre. Illustration du Catalogue de la Ve Exposition des XX. Préambule, par Octave Maus. En haut. Signé : Lautrec, en bas et à droite.	
La Trapéziste au Cirque Médrano.	Assise sur un trapèze, les bras levés. Fusain.	Musée d'Albi, N° 74.
Gentleman Rider à cheval au galop.	Allant vers la droite. Mine de plomb dans un ovale en larg. 0,30 × 0,25. Photo Pellet.	Coll. de M. Pellet.

Deux pages d'Album.	Portrait de dame en buste de face. Mine de plomb sur papier bleu en haut. 0,22 × 0,15. Monogramme rouge, en bas et à gauche. Vache couchée. Au recto masque de femme. Crayon bleu 1894. Mine de plomb en larg. 0,22 × 0,15. Monogramme rouge en bas et à gauche.	Musée d'Albi, portef. V.
Quatre pages d'album.	M. Raoul Tapié de Céleyran. Tête. L'abbé Peygre. M. Emmanuel Tapié de Céleyran et autres têtes. MM. Gauzi et Dihau. Dessins à la plume en haut. 0,16 × 0,11. Monogramme rouge en bas et à gauche.	Musée d'Albi, portef. V.
Un homme en chemise et pantalon et pantoufles.	De dos, les bras levés. Fusain sur papier bleu en haut. 0,63 × 0,45. Monogramme rouge, en bas et à gauche.	Musée d'Albi, grand portef. J.
Un homme en chemise.	Calque avec rehauts de couleurs du précédent, en haut. 0,65 × 0,60. Monogramme rouge, en bas et à gauche.	Musée d'Albi, grand portef. J.
Femme debout.	Dessin. Calque en couleurs. Recherche pour " A Batignolles ", de Bruant.	Musée d'Albi, N° 86.
Conducteur de tramway.	Il est vu de dos, debout, à son poste. On aperçoit, à droite, dans le lointain, une femme qui, de son ombrelle, fait signe d'arrêter. En haut. 0,24 × 0,15. Signé : T.-L..	Coll. de MM. Pellet et Exsteens.
La Misère à Londres.	Un vieil homme avec une petite fille sur son genou (dessin licencieux). Crayon en haut. 0,185 × 0,145. Monogramme rouge, en bas et à droite.	Coll. de MM. Maurice Guibert et Galanti.
La Misère à Londres.	Un monsieur, debout, devant une pauvresse accroupie avec son bébé dans les bras (dessin licencieux). Crayon en haut. 0,185 × 0,145. Monogramme rouge, en bas et à droite.	Coll. de MM. Maurice Guibert et Galanti.
La Misère à Londres.	Un monsieur et une petite fille (dessin licencieux.) Crayon en haut. 0,185 × 0,145. Monogramme rouge, en bas et à droite.	Coll. de MM. Maurice Guibert et Galanti.
M. Catulle Mendès.	Masque. H. de Toulouse-Lautrec, en pied. Charge en carabin d'hôpital. Dessin au crayon en larg. 0,18 × 0,13. Non signé. Photo Drouot.	Coll. de M. Grenier.
M. Baumgarten, interne, en mévisto et M. X...	Tête de profil vers la gauche. Dessin au crayon noir en larg. 0,18 × 0,13. Photo Drouot.	Coll. de M. Grenier.
M. X...	Charge ; avec corps de chien. A droite, un cheval vu de dos. Dessin au crayon comté en larg. 0,18 × 0,13. Non signé. Photo Drouot.	Coll. de M. Grenier.
Un chat de face. Garçon de café.	Au Moulin Rouge, de profil. Dessin au crayon en larg. 0,18 × 0,13. Non signé. Photo Drouot.	Coll. de M. Grenier.
Dans les prisons. Trois détenus.	Crayon en larg. 0,18 × 0,13. Non signé. Photo Drouot.	Coll. de M. Grenier.
Deux têtes.	Un profil à gauche d'homme. Une tête de juif. Dessin au crayon en larg. 0,18 × 0,13. Photo Drouot.	Coll. de M. Grenier.
Page de croquis.	Quatre têtes d'hommes, dont charge de MM. Albert Besnard et Anquetin. Dessin au crayon en larg. 0,18 × 0,13. Non signé. Photo Drouot.	Coll. de M. Grenier.
Page de croquis.	Cinq recherches de forme de tête d'homme. Dessin au crayon en larg. 0,18 × 0,13. Photo Drouot.	Coll. de M. Grenier.

1889

Portrait - charge du comte A. de Toulouse-Lautrec.	Représenté nu avec un chapeau. Dessin au crayon. Dessin en haut. 0,12 × 0,06 ½ non signé. Photo Joyant.	Coll. de M. Gauzi.
M. Gabriel Tapié de Céleyran, jeune.	Charge. Dessin à l'encre en haut. 0,18 × 0,11. Monogramme rouge, en bas et à gauche.	Musée d'Albi, portefolio VII.
Un Japonais regardant une femme.	Tous deux assis. Souvenirs d'un bal du *Courrier français*. Dessin à la plume en haut. 0,18 1/2 × 0,13 1/2. Signé : à Gauzi H.-T.-L, en haut à droite. Photo Joyant.	Coll. de M. Gauzi.
Bal du *Courrier français.*	Lautrec racontait le Bal, crayon à la main : il s'est représenté dans le costume qu'il portait en enfant de chœur. Il a représenté Bruant en saint, etc. 2 feuilles recto-verso 0,31 × 0,20. 4 photos Joyant.	Coll. de M. Gauzi.
A la Bastille.	Reproduction d'un panneau du Cabaret du Mirliton. Dessin de Lautrec dans le *Courrier français*, N° 19, du 12 mai 1889. Dessin à l'encre de Chine en haut. Signé : Lautrec, en bas et à droite. Comparer avec la fiche du tableau : Roques a demandé à Lautrec un dessin d'après la toile qui est bien antérieure.	
Femme assise.	De face en buste. Modèle pour : A la Bastille, de Bruant. Fusain en haut. 0,62 × 0,47. Monogramme rouge, en bas et à gauche.	Musée d'Albi, grand portef. J.
A Montrouge. Rosa la Rouge.	Une femme au masque tragique est embusquée à une fenêtre, de profil vers la droite, en camisole, bras ballants. (Voir la fiche du tableau.) Rousse au caraco. Dessin au trait, a paru en typo, non signé. *Courrier français*, N° 22, 2 juin 1889 sous le titre Boulevard extérieur.	
Au bal du Moulin de la Galette.	Joseph Albert assis à droite. Dessin crayon et encre de Chine sur bristol en larg. 0,64 × 0,48. Signé : Lautrec, en bas et à droite 89. Ce dessin au trait a servi pour la reproduction en typo noir du N° 20, page 11, *Courrier français* du 19 mai 1889 ; reproduction par Lautrec de son tableau. Voir la reproduction du *Courrier français*. Exposé à la Fraternité des Artistes, Hôtel Charpentier, 1923, Danse et musique. 1926. Vente Decourcelle, 16 juin N° 72 : 20.000 francs. Illustration du Catalogue. Photo Druet, 40.904.	Coll. de M. Pierre Decourcelle.
Gueule de Bois ou La Buveuse.	Une pierreuse en caraco blanc est assise devant une table en zinc portant un litre et un verre, de profil, chignon sur la nuque, mèche sur le front et les joues, les deux coudes sur la table, la joue gauche appuyée sur la main. Fond d'estaminet. Dessin sur encre de Chine en larg. 0,63 × 0,48. Signé : Lautrec, en bas et à droite. N° 9.924. Photo Durand-Ruel. N° 12.725. Dessin paru dans le *Courrier français*, N° 16, 21 avril 1889.	Coll. de Mlle Dihau.

Danseuse ajustant son maillot et retroussant sa jupe.	Fusain. Recherche pour le tableau de la vente Decourcelle, N° 76.	Musée d'Albi, N° 81.
M. Fourcade.	Recherche pour le portrait. Dessin au fusain.	Musée d'Albi, N° 140. Don de M. Hodebert
Intimité.	Nue, vue de dos, une femme se dresse au pied de son lit où un homme à barbe hirsute repose. Dessin et lavis en haut. 0,55 × 0,41 1/2. Signé à gauche et en haut du monogramme. Vente Heim, 1913, N° 14, Intimité : 300 francs. A M. R. Coolus.	Coll. de M. R. Coolus.
La Curée.	Par Émile Zola. Fasquelle, 1924. Épisode de " La Serre ". Renée, p. 234. «...Et au milieu de la peau (d'ours) noire, le corps de Renée blanchissait, dans sa pose de grande chatte accroupie, l'échine allongée, les poignets tendus comme des jarrets souples et nerveux... » Fusain sur papier bleu en larg. 0,54 × 0,37. Non signé.	Coll. de MM. Grenier, G. Pellet, Exsteens.
Souvenir de l'Exposition Universelle.	Une femme arabe. Dessin à la plume en haut. 0,17 × 0,11. Signé : H. T.-L., en bas et à droite.	Coll. de Mlle Dihau, N° 1 du cadre.
Souvenir de l'Exposition Universelle.	Derviche tourneur. Dessin à la plume en haut. 0,17 × 0,11. Signé : H. T.-L., en bas et à droite.	Coll. de Mlle Dihau, N° 2 du cadre.
Souvenir de l'Exposition Universelle.	Derviche. Dessin à la plume en haut. 0,17 × 0,11. Signé : H. T.-L., en bas et à droite.	Coll. de Mlle Dihau, N° 3 du cadre.
Souvenir de l'Exposition Universelle.	Derviche. Dessin à la plume en haut. 0,17 × 0,11. Signé : H. T.-L., en bas et à droite.	Coll. de Mlle Dihau, N° 4 du cadre.
Souvenir de l'Exposition Universelle.	La Danse du ventre, la belle Fathma. Dessin à la plume en haut 0,17 × 0,11. Signé : H. T.-L., en bas et à droite.	Coll. de Mlle Dihau, N° 5 du cadre.
Souvenir de l'Exposition Universelle.	La belle Fathma. Tête. Dessin à la plume en haut. 0,17 × 0,11. Signé : H. T.-L., en bas et à droite.	Coll. de Mlle Dihau, N° 6 du cadre.
Souvenir de l'Exposition Universelle.	Danseuse Javanaise. Dessin à la plume en haut. 0,17 × 0,11. Signé : H. T.-L., en bas et à droite.	Coll. de Mlle Dihau, N° 7 du cadre.
Souvenir de l'Exposition Universelle.	Annamite devant son métier de tissage. Dessin à la plume en haut. 0,17 × 0,11. Signé : H. T.-L., en bas et à droite.	Coll. de Mlle Dihau, N° 8 du cadre.
Le groom et le singe.	Groom debout, de dos, jouant avec un singe assis sur le bras d'un fauteuil. Dessin au crayon en haut. 0,18 × 0,13. Signé : T.-L. Au dos, croquis d'une tête d'homme-prêtre? regardant en l'air, le cou tendu.	Coll. de MM. Pellet et Exsteens.

1890

Tête de femme.	Crayons noirs sur papier gris.	Musée d'Albi, N° 82.
Recherche.	Crayon.	Musée d'Albi, N° 88.
Tête de femme.	De face, nu-tête. Mine de plomb en haut. 0,25 × 0,16. Monogramme rouge, en bas et à gauche.	Musée d'Albi, portefolio B.
Trois feuilles d'album.	Croquis de têtes. Crayon en haut. 0,16 × 0,10. Monogramme rouge, en bas et à gauche.	Musée d'Albi, petit portef. A.

Portrait. — Deux études pour un portrait d'homme; celle de gauche représente le personnage de trois quarts à droite, en cheveux; l'autre le représente de face, coiffé d'un haut de forme. Crayon en haut. 0,14 × 0,10. Signé : T.-L. — Coll. de MM. Pellet et Exsteens.

M. Raoul Ponchon. — Charge en pied. Dessin au crayon en haut. 0,15 × 0,10. Non signé. Photo Drouot. — Coll. de M. Grenier.

Profil de femme. — Tournée vers la gauche. Dessin au crayon en haut. 0,15 × 0,10. Non signé. Photo Drouot. — Coll. de M. Grenier.

1891

Tête de Tanagra avec une tête de mort. — En-tête refusé par la *Chronique Médicale,* en 1891, lors de sa fondation. Se détachant sur une araignée japonaise. Transformation du titre en La Caverne du Poujol par le docteur Tapié de Céleyran (inédit). Dessin original à l'encre de Chine et crayon noir; appartient à M. le docteur Cabanès. En larg. 0,40 × 0,30. Signé du monogramme en haut et à droite. A paru dans le N° du 15 février 1902 de *La Chronique Médicale.* — Coll. de M. le docteur Cabanès.

Tête de Tanagra. — Trois pages d'album. Recherche pour la *Chronique Médicale* du docteur Cabanès. En haut, mine de plomb 0,18 × 0,11. Monogramme rouge, en bas et à gauche. — Musée d'Albi, portefolio III.

La Chronique Médicale. — Recherche de l'en-tête refusé par le docteur Cabanès. Crayon Conté en larg. 0,32 × 0,16. Signé du monogramme de l'artiste, en bas et à gauche. — Musée d'Albi, portefolio VII.

La Chronique Médicale. — En-tête masque de femme et tête de mort. Dessin à la plume en larg. Signé du monogramme, en bas et à gauche. Cet en-tête a été refusé à son époque, comme étant d'une ironie par trop macabre. Il a paru, avec un article, presque d'excuse, intitulé : Un mot d'explication, comme en-tête de l'article Post-Mortem, de l'article : *La Chronique Médicale* du 15 février 1902, N° 4. Toulouse-Lautrec chez Péan, par Louis-Numa Baragnon. — Coll. de M. T. de C.

Le chirurgien Péan. — De face, assis avec sa calotte, visage grave et absent, écoutant les confidences d'une petite fille, dont on voit le profil. Dessin à l'encre en larg. 0,20 × 0,13. Monogramme rouge en bas et à gauche. Il faut rapprocher ce dessin de celui de Daumier, bien connu : le président de tribunal écoutant une petite fille. Ce dessin a paru dans la *Chronique Médicale* du 15 février 1902, N° 4. Toulouse-Lautrec chez Péan, par Louis-Numa Baragnon. — Coll. de M. T. de C. Portef. VI.

Le chirurgien Péan. — En habit, se lavant la figure devant une glace, après l'opération (vu de dos vers la droite). Dessin à la plume en haut. 0,21 × 13. Monogramme rouge en bas et à gauche. A paru dans la *Chronique Médicale* du 15 février 1902, N° 4. Toulouse-Lautrec chez Péan, par Louis-Numa Baragnon. — Coll. de M. T. de C. Portef. VI.

Le chirurgien Péan.	Faisant son cours. En buste, de profil (avec sa main au doigt atrophié). Dessin à la plume. En haut. Non signé. A paru pleine page dans *La Chronique Médicale* du 15 février 1902, N° 4. Illustration de la *Médecine et l'Art*. Toulouse-Lautrec chez Péan, par Louis-Numa Baragnon. Photo Joyant.	Coll. de M. T. de C.
Le chirurgien Péan.	Six pages d'album. Hôpital Saint-Louis. Sept masques et profil. Mines de plomb 0,20 × 0,12. Monogramme rouge, en bas et à gauche.	Coll. de M. T. de C., port. VI.
Le chirurgien Péan.	Debout de profil. Dessin à la plume en haut. 0,21 × 0,13. Monogramme rouge, en bas et à gauche.	Coll. de M. T. de C., port. VI.
Le chirurgien Péan.	Deux têtes : de profil et de trois quarts. Mines de plomb 0,21 × 0,15. Monogramme rouge, en bas et à gauche.	Coll. de M. T. de C., port. VI.
Le chirurgien Péan.	En buste de profil vers la gauche. Dessin à la plume en haut. 0,205 × 0,135. Monogramme rouge, en bas et à gauche.	Coll. de M. T. de C., port. VI.
Le chirurgien Péan.	Sept pages d'album avec 7 têtes et bustes de Péan en larg. 0,18 × 0,11. Monogramme rouge, en bas et à gauche.	Coll. de M. T. de C., port. VI.
Le chirurgien Péan.	Debout de profil. Dessin à la plume encre violette. En haut. sur une enveloppe de papier à lettre 0,12 × 0,95. Monogramme rouge, en bas et à gauche.	Coll. de M. T. de C., port. VI.
Le chirurgien Péan.	Trois pages d'album. Le chirurgien de profil. 2 croquis de la salle d'opération. Mine de plomb en larg. 0,21 × 0,12. Monogramme rouge, en bas et à gauche.	Coll. de M. T. de C., port. VI.
Le chirurgien Péan.	Cinq pages d'Album, Opérant vu de dos. Mines de plomb. Croquis de M. le docteur Tapié de Céleyran de profil à l'encre (avec ses pieds). En haut. 0,18 × 0,11. Monogramme rouge, en bas et à gauche.	Coll. de M. T. de C., port. VI.
Le chirurgien Péan.	Cinq pages d'album. Debout et discourant. 6 croquis. Mines de plomb 0,20 × 0,12. Monogramme rouge, en bas et à droite.	Coll. de M. T. de C., port. VI.
Le chirurgien Péan.	Deux pages d'album. Opérant, avec, devant, le docteur de Fursac. 2 croquis mine de plomb 0,20 × 0,13. Monogramme rouge, en bas et à droite.	Coll. de M. T. de C., port. VI.
Le chirurgien Péan.	En buste, discourant, de profil vers la gauche, avec la main levée. Dessin à l'encre en haut. 0,18 × 0,11. Monogramme rouge, en bas et à droite.	Coll. de M. T. de C., port. VI.
A l'Hôpital Saint-Louis.	Deux pages d'album. Croquis de Péan opérant entouré de ses aides. En larg. 0,23 × 0,145. Monogramme rouge, en bas et à gauche.	Coll. de M. T. de C., port. VI.
A l'Hôpital Saint-Louis.	Trois pages d'album. Le docteur Baumgarten donnant le chloroforme à un patient. Deux masques de Baumgarten. Mine de plomb en haut. 0,23 × 0,15. Monogramme rouge, en bas et à gauche.	Coll. de M. T. de C., port. VI.
Le chirurgien Péan opérant.	Cinq pages d'album. Dessin de ses mains. 5 croquis mine de plomb en larg. 0,17 × 0,11. Monogramme rouge, en bas et à droite.	Coll. de M. T. de C., port. VI.

Deux masques d'hommes.	Deux pages d'album. Hôpital Saint-Louis. Mine de plomb en larg. 0,20 × 0,11. Monogramme rouge, en bas et à gauche.	Coll. de M. T. de C., port. VI.
A l'Hôpital Saint-Louis.	Le docteur Baumgarten. Tête de profil vers la droite. Dessin à l'encre en haut. 0,21 × 0,14. Monogramme rouge, en bas et à gauche.	Coll. de M. T. de C., port. VI.
A l'Hôpital Saint-Louis.	Deux pages d'album. Le docteur Roques de Fursac. Le docteur Delaunay et sa pipe. Le docteur Baumgarten. Dessin à l'encre violette en haut. 0,18 × 0,11. Monogramme rouge, à gauche et à droite.	Coll. de M. T. de C., port. VI.
A l'Hôpital Saint-Louis.	Cinq pages d'album. 5 croquis d'opération. Mine de plomb en larg. 0,19 × 0,13. Monogramme rouge, en bas et à gauche.	Coll. de M. T. de C., port. VI.
A l'Hôpital Saint-Louis.	Sept pages d'album contenant 10 croquis. Têtes des docteurs Péan, Delaunay, Voisin, d'infirmières, de malades femmes. Mines de plomb en larg. 0,18 × 0,13. Monogrammes rouges, en bas et à gauche et un à droite.	Coll. de M. T. de C., port. VI.
A l'Hôpital Saint-Louis.	Quatre pages d'album avec 5 croquis de Péan et d'opérations. Mines de plomb en larg. 0,20 × 0,14. Monogramme rouge, en bas et à droite.	Coll. de M. T. de C., port. VI.
Sept croquis de tête.	Chirurgien Péan, etc. Mines de plomb en haut. 0,12 × 0,10. Monogramme rouge, en bas et à gauche.	Coll. de M. T. de C., port. VI.
Le docteur Tapié de Céleyran, Hôpital International Péan.	Crayon dessin. « Je me reconnais », signé : Lautrec.	Coll. de MM. Fabre, J. Hessel.
Le Marchand de fer B.	Crayon.	Musée d'Albi, N° 78.
Le chirurgien Péan.	Debout, de profil vers la droite, et un profil de femme tourné vers la gauche. Dessin au crayon rouge en larg. 0,16 × 0,12. Monogramme rouge, en bas et à droite.	Coll. de MM. Maurice Guibert et Galanti.
La mère Capulet.	Deux pages d'album. Théâtre libre d'Antoine. Recherche pour le tableau. Pantomime Amants Éternels d'André Corneau et Gerbault. Musique d'André Messager. Un pingouin de profil. Mine de plomb en haut. 0,18 1/2 × 0,12. Monogramme rouge, en bas et à gauche.	Musée d'Albi, portef. D.
La mère Capulet.	Deux pages d'album. Théâtre libre d'Antoine. Mère de Juliette dans Amants Éternels, pantomime d'André Corneau et Gerbault. Musique d'André Messager. 2 croquis : elle est de face et couchée. Mine de plomb en haut. 0,185 × 0,115. Monogramme rouge, en bas et à gauche.	Musée d'Albi, portef. D.
Deux pages d'album.	Théâtre libre d'Antoine. Croquis d'ensemble pour la pantomime Amants Éternels de André Corneau et Gerbault. Musique d'André Messager. Mine de plomb 0,21 × 0,13. Monogramme rouge, en bas et à gauche.	Musée d'Albi, portefolio E.

Le Divan Japonais.	Jane Avril. Affiche. Maquette du **trait** avec les lettres esquissées, Delteil, N° 341. Jane Avril, assise près de l'orchestre, écoute la chanteuse, Yvette Guilbert, derrière elle, E. Dujardin. Dessin au trait, rehaussé d'à-plats, en haut. 0,805 × 0,625. Signé : Lautrec, en bas et à droite. Vente Arsène Alexandre, 18 mai 1903, N° 144 : 250 francs. Vente G. Viau, 21 mars 1907, N° 178 : 770 francs. Photo Druet, N° 3456. Exposition Salon d'Automne, N° 17, 1904, paru dans *Coquiot*, 1921, page 193.	
Aristide Bruant.	Buste de trois quarts vers la gauche, coiffé de son grand chapeau, emmitouflé de son cache-nez. Recherche pour les affiches (Delteil 343). Dessin à la mine de plomb en haut. 0,28 × 0,19. Signé : cachet rouge, en bas et à droite. Photo Joyant.	Musée de Toulouse, N° 620. Don de Mme de Toulouse-Lautrec.
Reine de Joie.	Esquisse au fusain pour l'affiche (Delteil, 342). Toile marouflée 1,50 × 1,05.	Musée d'Albi, N° 147.
Deux pages d'album.	Recherches pour Reine de Joie, de Victor Joze. Affiche Delteil, N° 342. Crayon bleu en haut. 0,20 × 0,11. Monogramme rouge, en bas et à gauche.	Musée d'Albi, portef. IV.
Le pendu.	Dessin au fusain pour l'Affiche (Delteil, N° 340). Les Drames de Toulouse. Roman-feuilleton de la *Dépêche de Toulouse*, par A. Siégel, avril 1892. En haut. 0,66 × 0,475. 2° Vente Roger Marx, 13 juin 1914. N° 253. Le Pendu : 68 fr. Voir illustration du Catalogue. Sous le titre : Le Suicidé. Vente du 24 février 1926, N° 48 : 2.050 francs. Bellier-Hessel.	
Au Moulin Rouge.	L'Anglais au Moulin Rouge (M. Warner). Aquarelle 0,50 × 0,375. Recherche de couleurs sur un trait lithographique pour l'estampe en couleurs (Delteil, N° 12).	Bibliothèque Nationale, portefeuille D. 360 et suite. Don de Mme de Toulouse-Lautrec.
Trois pages d'album.	Tête de M. Warner. Anglais au Moulin Rouge, Delteil, N° 12. Au verso, 2 têtes de femmes. Tête de M. Paul Viaud. Cheval de course. Dessin à l'encre 0,18 × 0,11. Monogramme en rouge, en bas et à gauche.	Musée d'Albi, portef. VII.
Deux pages d'album.	Croquis de figurantes. Ballet du Lotus. Nouveau-Cirque. Mines de plomb en haut. 0,22 × 0,12. Monogramme rouge, en bas et à gauche.	Musée d'Albi, portef. III.
Deux pages d'album.	Le Comte Alphonse de Toulouse-Lautrec. Vu de dos avec son parapluie. Vu de profil en chasseur avec son fusil. Dessin à l'encre en haut. 0,19 × 0,11. Monogramme rouge, en bas et à droite.	Musée d'Albi, portef. VII.
M. Gabriel Tapié de Céleyran.	Debout en chapeau haut de forme et redingote. Dessin à la plume en haut. 0,18 × 0,11. Monogramme rouge, en bas et à droite.	Musée d'Albi, portef. VII.
Deux feuilles d'album.	2 profils de femme. Mine de plomb en haut. 0,15 × 0,10. Monogramme rouge, en bas et à gauche.	Musée d'Albi, petit portef. A.

M. H. Marty.

Portrait. Souvenir du Bal des 4-z'Arts. Le deuxième bal des 4-z'Arts a eu lieu en février 1893. Carton rehaussé en haut. (dessin) 0,73 × 0,47. Monogramme en haut et à droite. Exposition galerie Rosenberg, 1914, N° 30. Exposition M. J., 1914, N° 136. Photo P. Rosenberg.

Coll. de M. P. Rosenberg.

Kam-Hill.

Crayon. Acteur de café-concert.

Musée d'Albi, N° 73.

Pauvre pierreuse.

Dessin. Répertoire d'Eugénie Buffet. Delteil, N° 26. Étude esquisse pour la litho.

Coll. de M. Frantz Jourdain.

Henri-Gabriel Ibels.

Dessin à la plume. Paru dans la *Plume*, N° 30 du 15 janvier 1893. Henri-Gabriel Ibels, par Charles Saunier. Dessin à la plume en haut. Signé : Pour G-H. Ibels, Lautrec (les initiales sont interverties) : du tableau où Lautrec a signé : Pour H.-G. Ibels, Lautrec.

Coll. de M. Ibels.

Judic.

Dessin à la plume. Buste, nu - tête de profil vers la gauche. Dessin à la plume. Monogramme H.-L., en bas et à droite. Pour le supplément illustré de l'*Echo de Paris* du 9 décembre 1893. Le Café-concert. Texte de Georges Montorgueil. Dessins et illustrations de H.-G. Ibels et de H. de Toulouse-Lautrec. Les autres illustrations sont des reproductions de lithographies de café-concert. Voir Delteil, N° 234.

Jane Avril.

Vue de dos. Dessin à la plume et sépia. Signé du monogramme, en bas et à droite. Illustration de Celle qui danse, par A. Alexandre, dans L'*Art français*, N° 327, 29 juillet 1893.

Yvette Guilbert.

Debout, de profil, tournée vers la droite, corsage vert largement échancré, elle lève le bras gauche au-dessus de sa tête, le bras droit pendant en arrière. Elle porte ses grands gants noirs. Aquarelle en haut. 0,25 × 0,15. Signé d'un monogramme, en bas et à droite. 3e illustration pour le N° 40. *Figaro illustré*, juillet 1893. Le plaisir à Paris. Les Restaurants et les cafés-concerts des Champs-Élysées, par Gustave Geffroy. Exposition Fraternité des Artistes français, janvier 1923. La Danse et la Musique. Hôtel Charpentier. Vente Decourcelle, 16 juin 1926. N° 70. Illustration du Catalogue : 9.300 francs.

Coll. de M. P. Decourcelle.

Yvette Guilbert.

Debout, près de la rampe, la tête renversée, le regard aux frises, le cou tendu. Son corsage vert largement échancré est retenu par des épaulettes à nœuds de rubans. Gantés de noir, les bras retombent le long de la jupe à plis droits, striée de bandes vertes et lie de vin. Aquarelle en haut. 0,525 × 0,35. Signé du monogramme H. T.-L. Aquarelle illustration N° 6 pour le N° 40. *Figaro illustré*, juillet 1893. Le plaisir à Paris. Les Restaurants et les cafés-

Coll. de M. Max Linder.

concerts des Champs-Élysées, par Gustave Geffroy. 1re Vente Roger Marx, 12 mai 1914. N° 223, Yvette Guilbert : 1905 francs.

A. Bruant dans son cabaret. — De profil vers la gauche. Tenue classique. Grand chapeau noir, cache-nez rouge, grand manteau noir. Buste. Aquarelle sur papier bulle en larg. 1 m. × 0,81. Recherche pour l'affiche Bruant dans son Cabaret. Voir Delteil, N° 348. Vente Heim, 1913. N° 9. Aristide Bruant : 3.950 francs, à Pierre Baudin. Vente Pierre Baudin, 1921, N° 26. Bruant : 2.600 francs. Voir illustration Catalogue Baudin.

Quatre pages d'album. — Deux croquis de Bruant. Têtes et piliers. Mines de plomb en haut. 0,16 × 0,10. Monogramme rouge, en bas et à gauche. *Musée d'Albi, portefolio B.*

Trois pages d'album. — Dont Prince de Sagan à l'Opéra, de profil. Pour *Figaro Illustré*. Mine de plomb. Croquis 0,18 × 0,115. Cachet rouge, en bas et à gauche. *Musée d'Albi, portef. II.*

Deux pages d'album. — Tête de profil de femme décolletée. Recherche pour Confetti ; redoute du Casino de février 1893. Supplément de l'*Echo de Paris illustré*. Crayon en larg. 0,19 × 0,11. Cachet rouge, en bas et à droite. Recherche de sujet. Crayon en larg. 0,19 × 0,11. Cachet rouge, en bas et à droite. *Musée d'Albi, portef. II.*

Au Café-concert. — Un acteur debout. Crayon noir en haut. 0,18 × 0,115. Cachet rouge, en bas et à gauche. Un acteur de profil en buste. Mine de plomb en haut. 0,18 × 0,115. Cachet rouge, en bas et à gauche. *Musée d'Albi, portef. II.*

Deux pages d'album. — Croquis de cavaliers et amazone au Bois. Tête d'homme. Mine de plomb en larg. 0,18 × 0,12. Monogramme rouge, en bas et à gauche. *Musée d'Albi, portef. IV.*

Quatre pages d'album avec croquis au dos. — Tête d'homme de En quarante. Delteil, N° 42. Tête d'homme de profil, M. Poincaré. Deux têtes de femmes de profil, pour En quarante. Mines de plomb en haut. 0,18 × 0,12. Monogramme rouge, en bas et à gauche. *Musée d'Albi, portef. IV.*

Quatre pages d'album. — Masque de Judic. Delteil, N° 56. Kam-Hill. Une spectatrice. Delteil, N° 37. Recherche pour le Au café-concert. Delteil, N° 28 et suite. Croquis de têtes de Lautrec, Tapié, Numa Baragnon, Maurice Guibert. Au dos, Yvette Guilbert saluant. *Musée d'Albi, portef. IV.*

Quatre pages d'album. — Deux têtes. Miss Ethel Watts, de profil. Bal costumé chez la Marquise du Villars, inauguration de " Esthétique Pudding ". Recherche pour Sagesse. Voir Delteil, N° 22. Deux profils d'homme. Mine de plomb en haut. 0,20 × 0,12. Monogramme rouge en bas, à gauche et à droite. *Musée d'Albi, portef. IV.*

Vieilles Histoires. — Pour toi, pl. 2. Portrait de Désiré Dihau jouant du basson : au dos, buste lauré. Recherche pour l'estampe. Delteil, N° 19. Mine de plomb en haut. 0,18 × 0,12. Monogramme rouge, en bas et à gauche. *Musée d'Albi, portef. IV.*

Tête de profil de Mlle Watts.	Voir Sagesse. Delteil, N° 22. Tête de face. Mine de plomb en haut. et larg., 0.18 × 0,115. Monogramme rouge, en bas et à gauche.	Musée d'Albi, portef. D.
Trois pages d'album.	Buste de femme de théâtre. Au dos, sous-maîtresse de maison. Tête d'actrice aux Variétés. Au dos, Numa Baragnon. Masques d'Aristide Bruant et du Bruyant Alexandre. Au dos, un masque. Dessins à la plume en haut. 0,18 × 0,11 1/2. Monogramme rouge, en bas, à droite et à gauche.	Musée d'Albi, portef. VII.
Quatre pages d'album.	Tête de M. de Locquessy. Tête de M. Boilcau. Tête de M. X. Tête de femme. Dessin à la plume en haut. 0,17 × 0,115. Monogramme rouge, en bas et à gauche.	Musée d'Albi, portef. VII.
Trois pages d'album.	M. G. Tapié de Céleyran. En pied de profil. Sous-maîtresse en pied. Une altercation entre un militaire et un monsieur. Mine de plomb en haut. et larg. 0,16 × 0,10. Monogramme rouge, au bas, à gauche et à droite.	Musée d'Albi, portef. B.
Trois pages d'album.	Tête de femme chapeautée, de profil. Un monsieur assis. Un peintre devant son chevalet, vu de dos. Mine de plomb en haut. et larg. 0,16 × 0,10. Monogramme rouge, en bas et à gauche.	Musée d'Albi, portef. B.
Croquis d'une femme de face. Au dos, profil d'homme.	Dessin à la plume 0,21 × 0,13. Monogramme rouge, en bas et à gauche.	Musée d'Albi, portef. E.
Deux pages d'album.	Silhouette et croquis de têtes de femmes. Mine de plomb et encre. En haut. 0,21 × 0,13. Monogramme rouge, en bas et à gauche.	Musée d'Albi, portef. E.
Sept pages d'album.	Avec 10 croquis de têtes d'hommes et de femmes, 0,15 × 0,10. Monogramme rouge en bas et à gauche.	Musée d'Albi, portef. F.
Feuille de croquis et silhouettes.	Mine de plomb en larg. 0,31 × 0,20. Monogramme rouge, en bas et à gauche.	Musée d'Albi, portef. F.
Une feuille de croquis. Au Moulin Rouge.	Un rude. Voir Delteil, N° 45. Mine de plomb, en haut. 0,19 × 0,16 1/2. Monogramme rouge, en bas et à droite.	Musée d'Albi, portef. F.
La Loïe Fuller.	Dessin au crayon. Recherche pour la lithographie. Voir Delteil, N° 39. En haut. 17 1/2 × 0,11. Timbre rouge, en bas à droite.	Coll. de M. Joyant.
Page d'album.	Crayon.	Musée d'Albi, N° 72.
Deux pages d'album.	Crayon.	Musée d'Albi, N° 79.
Autour d'une table.	Crayon.	Musée d'Albi, N° 83.
Quatre croquis d'album.	Sur gens de théâtre.	Musée d'Albi, N° 84.
Une institutrice.	Crayon.	Musée d'Albi, N° 85.
Croquis de maîtres d'hôtel.	Dessins.	Musée d'Albi, N° 102.
M. le docteur Bourges.	Croquis crayon. Le lutteur Ville.	Musée d'Albi, N° 109.

Théâtre de l'Œuvre.

Croquis à l'encre en haut. 0,095 × 0,06. Actrice en costume Henri III et manches à gigot, collerette, aigrette sur le haut de la tête. Un masque d'homme. A rapprocher de la litho. Pourquoi pas ? Delteil N° 40. Monogramme rouge, en bas et à gauche. A paru dans *Lautrec*, par Coquiot, page 62. Blaizot 1913.

Coll. de MM. Maurice et Paul Guibert.

Jane Avril regardant une épreuve.

Recherche pour la couverture de l'*Estampe originale*. Voir Delteil, N° 17. Aquarelle en haut. 0,51 × 0,315. Non signé.

Coll. de M. P. Viau.

Le Père Cotelle.

En bras de chemise, coiffé de sa calotte noire, il tire chez Ancourt une litho sur sa presse à bras. Partie de gauche de la couverture de l'Estampe originale. Voir Delteil N° 17. Dessin au crayon noir et encre, en haut. 0,60 × 0,35. Photos Joyant et Cottereau-Drouot.

Coll. de MM. Cottereau et Harrisson, Chicago.

Tête d'homme.

De profil, à gauche. Dessin à la plume sur une enveloppe bleue en larg. 0,145 × 0,115. Monogramme rouge, en bas et à droite.

Coll. de MM. Maurice Guibert et Galanti.

Jane Avril.

Silhouette de face, en robe Empire avec manches à gigots. Voir l'illustration du *Figaro Illustré*, N° 47, février 1894. Au bal de l'Opéra. Crayon en haut. 0,21 × 0,13. Monogramme rouge, en bas et à droite.

Coll. de MM. Maurice Guibert et Galanti.

Jane Avril.

Silhouette vue de dos, en robe Empire, avec manches à gigots. Voir l'illustration du *Figaro Illustré*, N° 47, février 1894. Au bal de l'Opéra. Dessin à la plume en haut. 0,21 × 0,13. Monogramme rouge, en bas et à droite.

Coll. de MM. Maurice Guibert et Galanti.

Pelléas et Mélisande.

17 mai 1893. Tête d'homme, de face et de profil. Dessin à la plume en haut. 0,205 × 0,13. Monogramme rouge, en bas et à droite.

Coll. de MM. Maurice Guibert et Galanti.

Pelléas et Mélisande.

17 mai 1893. Tête d'homme, de profil vers la gauche, tête de femme de face en haut. Dessin à la plume en haut. 0,205 × 0,13. Monogramme rouge, en bas et à droite.

Coll. de MM. Maurice Guibert et Galanti.

Études de boxeurs.

Page de croquis représentant à gauche un boxeur à mi-corps, le bras tendu; à droite, un individu, d'un coup de poing vigoureux, renverse son adversaire, etc. En haut 0,15 × 0,24. Signé : T.-L. Au dos, quatre croquis de têtes d'hommes et de femmes.

Coll. de MM. Pellet et Exsteens.

1893 et 1899

Trois pages d'album.

Croquis d'un monsieur de profil avec chapeau melon. Tête d'homme. 1899. Crayons noirs en haut. 0,16 × 0,10. Monogramme rouge, en bas et à gauche. Profil à gauche de M. Charles Conder. 1893. Mines de plomb en larg. 0,16 × 0,10. Monogramme rouge, en bas et à gauche.

Musée d'Albi, portef. B.

Rolande, dite le petit Mac.	Dessin. Tête de face. Maisons closes. En larg. 0,20 × 0,17. Signé : Le petit Mac à Manzi, Lautrec.	Coll. de M. Marcel Guérin.
Tête de femme de profil.	Maisons closes. Assise dans le salon à droite et devant (page d'album). Crayon bleu en haut. 0,25 × 0,17. Monogramme rouge, en bas et à droite. Vente Manzi (Voir Musée d'Albi, N° 16).	Coll. de M. Marcel Guérin.
Tête de femme de face.	Maisons closes.	Coll. de M. Marcel Guérin.
Études.	Quatre figures de femmes dans un cadre. Crayon noir. En haut. 0,30 × 0,48. Ces femmes sont des modèles pris rue des Moulins : on les retrouve dans le tableau : Au Salon, N° 16, Musée d'Albi. Ces dessins ont paru dans le *Figaro Illustré*, N° 145, avril 1902. Vente Manzi 1919, N° 189 : 1.300 francs.	
17 croquis à l'encre de Chine.	Sur papier écolier de 0,30 × 0,20. Illustrations du Salon du chasseur de chevelures. Texte de Tristan Bernard, illustré par T.-L. *Revue Blanche*, N° 32, juin 1894. Monogramme rouge sur chaque feuille, en bas et à droite.	Coll. Alexandre Natanson.
Deux croquis.	Au crayon. Le petit chaperon rouge porte le lait des maîtres. L'amazone de Barrias. Recherche pour les dessins qui ont illustré le Salon du chasseur de chevelures, illustré. Texte Tristan Bernard. *Revue Blanche*, N° 32, juin 1894.	Musée d'Albi, N° 68.
M. Adrien Hébrard, Directeur du *Temps*.	Crayon Croquis recherche pour le Menu du dîner Hébrard, avril 1894. Delteil, N° 66.	Musée d'Albi, N° 87.
Un interne, M. G.-T. de C.	Dessin à la plume. Hôpital international de Péan. Don de M. Maurice Guibert.	Musée d'Albi, N° 135.
Deux pages d'album.	Tête de femme de maison, de profil à gauche. Crayon bleu en larg. 0,235 × 0,15. Cachet rouge, en bas et à gauche. Masque de femme de trois-quarts vers la droite. Crayon bleu et rehaut de rouge. En larg. 0,235 × 0,15. Cachet rouge, en bas et à gauche.	Musée d'Albi, portef. II.
Deux pages d'album.	Femme assise de profil avec un oiseau. Crayon bleu en larg. 0,235 × 0,15. Cachet rouge, en bas et à droite. Masque d'homme, de profil vers la gauche. Crayon bleu en larg. 0,235 × 0,15. Cachet rouge, en bas et à gauche.	Musée d'Albi, portef. II
Trois pages d'album.	Croquis chargé de M. Tapié de Céleyran. Tête de l'acteur Noblet. Profil de tête d'homme. Mine de plomb en haut. 0,18 × 0,12. Monogramme rouge en bas et à gauche.	Musée d'Albi, portef. II.
Cinq pages d'album.	5 croquis de tête de femmes dont profil : L'Aventurière, Carnaval. Delteil, N° 64. Mine de plomb en haut. 0,18 × 0,11. Monogramme rouge, en bas et à gauche.	Musée d'Albi, portef. III.
Deux pages d'album.	Un canard et un oiseau perché. Traités à la manière d'Hokusaï. Au dos, esquisse de femmes. Encre de Chine au pinceau. En haut. 0,20 × 0,12. Monogramme rouge, en bas et à gauche.	Musée d'Albi, portef. IV.

Paysage japonais à la manière d'Hokusai.	Encre de Chine au pinceau sur papier rosé. En larg. 0,20 × 0,13. Monogramme rouge, en bas et à gauche.	Musée d'Albi, portef. IV.
Deux pages d'album.	Tête d'homme de face. Profil de femme en chapeau. Mine de plomb en haut. 0,18 × 0,12. Monogramme rouge en bas, et à gauche.	Musée d'Albi, portef. IV.
Quatre pages d'album.	Recherche pour le tableau Au Salon. Profil de femme. Crayon bleu. Profil de femme en haut. 0,20 × 0,105. Profil de femme assise. Mine de plomb en larg. 0,20 × 0,105. Tête de femme de face. Crayon bleu en haut. 0,15 × 0,10. Monogramme rouge, en bas et à gauche.	Musée d'Albi, portef. IV.
Trois pages d'album.	Tête de femme de profil avec un chapeau. Croquis pour illustration *Figaro Illustré*, 1893. Deux femmes assises devant une table, Les Restaurants, etc. Femme devant un miroir. Masque de femme. Au dos, 2 croquis. Mine de plomb en larg. 0,18 × 0,12. Monogramme rouge, en bas et à gauche.	Musée d'Albi, portef. IV.
Quatre pages d'album.	Cinq profils de femmes. Mines de plomb en haut. 0,18 × 0,12. Monogramme rouge, en bas et à gauche.	Musée d'Albi, portef. IV.
Femme assise, de profil.	Maisons closes. Crayon bleu et rehaut de sanguine sur papier gris bleuté. En haut. 0,19 × 0,11. Monogramme rouge, en bas et à gauche.	Musée d'Albi, portef. IV.
Deux pages d'album.	Maisons closes. Femme assise de face. Femme assise de profil et lisant. Mines de plomb en larg. 0,21 × 0,13. Monogramme rouge, en bas et à gauche.	Musée d'Albi, portef. IV.
Profil de femme vers la droite.	Maisons closes. Sanguine sur papier gris bleuté, en haut. 0,21 × 0,13. Monogramme rouge, en bas et à gauche.	Musée d'Albi, portef. IV.
Buste de femme.	De trois quarts de face. Maisons closes. Mine de plomb en haut. 0,21 × 0,18 sur papier crème. Monogramme rouge, en bas et à gauche.	Musée d'Albi, portef. IV.
Profil de femme.	Vers la gauche. Maisons closes. Mine de plomb en larg. 0,18 × 0,11. Monogramme rouge, en bas et à gauche.	Musée d'Albi, portef. V.
Tête de femme.	De profil vers la gauche. Maisons closes. Mine de plomb en larg. 0,18 × 0,11. Monogramme, en bas et à gauche.	Musée d'Albi, portef. V.
Tête de femme.	De profil à gauche. Maisons closes. Mine de plomb en larg. 0,18 × 0,11. Monogramme rouge, en bas et à gauche.	Musée d'Albi, portef. VII.
Tête de femme.	De profil vers la droite. Maisons closes. Mine de plomb en larg. 0,28 × 0,16. Monogramme rouge, en bas et à gauche.	Musée d'Albi, portef C
Femme en peignoir devant une glace.	Maisons closes. Recherche pour un tableau. Dessin au crayon bleu sur papier gris en larg. 0,24 × 0,15. Monogramme rouge, en bas et à gauche.	Musée d'Albi, portef D
Tête de femme avec un casque de cheveux.	De profil, trois quarts vers la gauche. Croquis aux crayons bleu et rouge. Feuille d'album. En larg. 0,19 × 0,115. Timbre rouge, en bas et à droite.	

Tête de femme.	De face, en buste. Croquis crayon mine de plomb. Croquis d'album sur papier crème. En larg. 0,16 × 0,10. Timbre rouge en bas, à droite.	
Au Salon.	Crayons bleu et rouge. Trois croquis de pages d'album sur papier crème. Notes sur les divans, coussins, décors, colonnades, attitude des femmes du grand Salon de la rue des Moulins. Recherches pour les tableaux d'Albi, Nᵒˢ 16 et 64.	
Esquisse d'un homme debout avec un grand chapeau.	Croquis crayon. Monogramme rouge, en bas et à droite. Croquis sur lettre de Victor Joze, 1894.	
Femme nue.	Sur le dos, les bras derrière la tête, cuisses écartées, vers la droite. Dessin aux crayons rouge et bleu en larg. 0,25 × 0,16. Timbre rouge, en bas et à gauche. Au dos une esquisse.	
Femme nue.	Sur le dos, les bras derrière la tête, tournée vers la gauche. Dessin mine de plomb. En haut. 0,23 × 0,18. Timbre rouge, en bas et à droite.	
Trois pages d'album.	Croquis d'une acrobate assise sur un cheval de cirque. Homme accroupi. Mine de plomb, le 1ᵉʳ en haut., le 2ᵉ en larg. 0,21 × 0,13. Dessin au crayon bleu, recto-verso. Croquis des colonnes du Salon de la rue des Moulins. En haut. 0,11 × 0,07. Monogramme rouge, en bas et à gauche.	Musée d'Albi, portef. D.
Deux pages d'album.	Recherche de paysages pour un décor de théâtre. Crayon noir et sanguine en larg. 0,155 × 0,95 dont un sur papier gris. Monogramme rouge, en bas et à gauche.	Musée d'Albi, portef. D.
Tête d'homme et croquis d'un monsieur.	Mine de plomb en larg. 0,25 × 0,16. Monogramme rouge, en bas et à gauche.	Musée d'Albi, portef. C.
Quatre pages d'album.	M. Louis Pascal, de dos. Profil du Trottin. Achille Mélandri. Delteil, 27. Profil de monsieur en buste. Profil de femme. Dessins à la plume en haut. 0,18 × 0,11. Monogramme rouge, en bas et à gauche.	Musée d'Albi, portef. VII.
Deux pages d'album.	Mme Rejane dans Mme Sans-Gêne, profil. Delteil, Nᵒ 52. Un chanteur d'Opéra, de face. Mine de plomb en larg. 0,18 × 0,115. Monogramme rouge, en bas et à gauche.	Musée d'Albi, portef. D.
Deux pages d'album.	Têtes de femmes. Mine de plomb 0,185 × 0,115. Monogramme rouge, en bas et à gauche.	Musée d'Albi, portef. D.
Deux pages d'album.	Maisons closes. Croquis de femme avec un manteau Médicis. Mine de plomb en haut. 0,185 × 0,115. Monogramme rouge, en bas et à gauche.	Musée d'Albi, portef. D.
Comédie-Française. Actrice.	Dessin à la plume en haut. 0,17 × 0,11. Monogramme rouge, en bas et à gauche.	Musée d'Albi, portef. F.
Deux pages d'album.	M. Achille Astre. Un garçon de café, et tête de femme (Papa). Dessin à la plume en haut. 0,20 × 0,13. Monogramme rouge, en bas et à gauche.	Musée d'Albi, portef. F.

Jane Avril. Silhouette.	Mine de plomb en haut. 0,23 × 0,18. Monogramme rouge, en bas et à droite.	Musée d'Albi, portef. F.
Mlle Salvir, institutrice.	Crayon de couleur bleu et rouge en larg. 0,25 × 0,16. Monogramme rouge, en bas et à gauche.	Musée d'Albi, petit portef. A.
Le Bonneteur.	Crayon.	Musée d'Albi, N° 69.
Six croquis d'album.	Crayon.	Musée d'Albi, N° 67.
Mme Jeanne Granier dans *La Périchole*.	Croquis à l'encre en haut. 0,135 × 0,11. Monogramme rouge, en bas et à droite. A paru dans Coquiot : *Lautrec*, p. 56, Blaizot, 1913.	Coll. de MM. Maurice et Paul Guibert.
La Baronne de Rahden en écuyère.	Aux Folies-Bergère. Carton en haut. 0,63 × 0,54. Signé du monogramme. Exposition Galerie Rosenberg, 1914, N° 9.	Coll. de M. le sénateur Henri David.
Yvette Guilbert.	Trois pages d'album avec 6 croquis recto-verso. Mine de plomb en haut. 0,18 × 0,11. Monogramme rouge, en bas et à gauche.	Musée d'Albi, portef. VII.
Yvette Guilbert.	Pose de Linger longer loo. Au dos, décors de théâtre. *Rire* du 24 décembre 1894. Mine de plomb en larg. 0,18 × 0,11. Monogramme rouge, en bas et à gauche.	Musée d'Albi, portef. IV.
Yvette Guilbert.	Deux pages d'album. Recherche croquis. Mine de plomb en haut. 0,18 × 0,115. Cachet rouge, en bas et à gauche.	Musée d'Albi, portef. II.
Huit pages d'album.	Mine de plomb. Recherches pour affiches de Jane Avril, etc. En larg. 0,18 × 0,115. Cachet rouge, en bas et à gauche.	Musée d'Albi, portef. III.
Yvette Guilbert saluant.	Se tenant à un portant de sa main gantée de noir jusqu'au coude, l'autre bras tombant, Yvette vient saluer le public. Elle est de face, masque de clown. Sourcils remontés, nez épaté, bouche en coup de sabre. Robe verte et cheveux jaune roux. Dessin au crayon noir rehaussé d'aquarelle. Signé à gauche, en bas du monogramme. En haut. 0,41 × 0,24. Recherche pour l'Album : Yvette Guilbert, 1894. XVIe pl. Delteil, N° 95. Même sujet à l'essence, au Musée d'Albi, N° 112. Voir photo Joyant 35.343. Vente Heim, 1913, N° 20. Yvette Guilbert : 1.050 francs. Galeries Lévêque, Barbazances.	Coll. de M. Marcel Guérin.
Décor Indien.	Maquette-pastel. Théâtre de l'Œuvre, 2e saison. 1894, 1895, 4e soirée. Le chariot de Terre cuite. Cinq actes de M. Victor Barrucand, d'après la Mric Chakatika. Décor du 1er acte par M. H. de Toulouse-Lautrec. Décor Indien. Voir le programme Delteil, N° 77. Un éléphant à gauche. Cactus, fleur de lotus ; fond de rocher et mer bleue. Décor, pastel en larg. reproduit en fac-simile couleurs dans L'Œuvre. *Revue Internationale des Arts du Théâtre.* Éditions Albert Morancé. Directeur Lugné-Poë, fascicule automne 1925. Article de René Jean. Décors de Toulouse-Lautrec et Paul Renouard. Pl. I.	Coll. de M. Lugné-Poë.

Croquis de têtes de chouette.	Au verso, un rhinocéros. Dessin à la plume en larg. 0,21 × 0,13. Monogramme rouge, en bas et à droite.	Coll. de MM. Maurice Guibert et Galanti.
Deux têtes de femme.	De profil. En haut de la page, silhouette d'un buste de femme. Dessin à la plume en haut. 0,21 × 0,13. Monogramme rouge, en bas et à droite.	Coll. de MM. Maurice Guibert et Galanti.
Tête de femme.	En buste, nu-tête, décolletée. Dessin à la plume sur papier à lettre de la *Revue Blanche*, en haut. 0,21 × 0,13. Monogramme rouge, en bas et à droite.	Coll. de MM. Maurice Guibert et Galanti.
Un musicien, chauve et à grande barbe, jouant du hautbois.	De profil vers la droite. Dessin à la plume en haut. 0,21 × 0,13. Monogramme rouge, en bas et à droite.	Coll. de MM. Maurice Guibert et Galanti.
Mme Camille.	Femme de A. Bruant. Tête de face. Dessin à la plume fait à Saint-Jean-les-Deux-Jumeaux. En haut. 0,205 × 0,13. Monogramme rouge, en bas et à droite.	Coll. de MM. Maurice Guibert et Galanti.
L'acteur Caudieux.	En buste, avec une casquette de jockey, de profil vers la gauche. Dessin à la plume fait à Saint-Jean-les-deux-Jumeaux. En haut. 0,205 × 0,13. Monogramme rouge, en bas et à droite.	Coll. de MM. Maurice Guibert et Galanti.
M. Maurice Guibert.	Assis, de face, les jambes croisées. Dessin au crayon en haut. 0,09 × 0,065. Monogramme rouge, en bas et à droite.	Coll. de M. P. Guibert.
M. G. Tapié de Céleyran.	De profil. Dessin au crayon en haut. 0,08 × 0,065. Monogramme rouge, en bas et à droite.	Coll. de M. P. Guibert.
Le Duc de Nemours.	De face et nu. Charge. Crayon en haut. 0,13 × 0,08. Monogramme rouge, en bas et à droite.	Coll. de MM. Maurice Guibert et Galanti.
Le Duc de Nemours.	A cheval au Bois de Boulogne. Dessin au crayon en larg. 0,19 × 0,12. Monogramme rouge, en bas et à gauche. Photo Joyant	Coll. de M. Robin-Langlois.
Babylone d'Allemagne.	Recherche pour l'affiche. Dessin au crayon en haut. 0,19 × 0,125. Monogramme rouge, en bas et à gauche.	Coll. de M. Robin-Langlois.
Bruant sur ses terres à Courtalon.	Avec son suroît, de face. Croquis à l'encre, en haut. 0,17 × 0,12. Monogramme rouge, en bas et à gauche. A paru dans *Lautrec* par Coquiot, p. 112, Blaizot, 1913.	Coll. de MM. Maurice et Paul Guibert.
Femme nue, debout, portant une cuvette.	Maison close. Croquis crayon, en haut. 0,155 × 0,75. Monogramme rouge, en bas et à droite. A paru dans Coquiot. p. 7. Blaizot, 1913.	Coll. de MM. Maurice et Paul Guibert.
M. Cantenat.	Bordeaux. Debout de profil. Crayon noir en haut. 0,15 × 0,095. Monogramme rouge, en bas et à droite. A paru dans *Lautrec* par Coquiot, p. 21. Blaizot, 1913.	Coll. de MM. Maurice et Paul Guibert.

1895

Profil d'homme.	Tourné vers la gauche. Crayon rouge et violet. En larg. 0,22 × 0,15. Monogramme rouge, en bas et à gauche. Au dos, croquis de femme assise.	Musée d'Albi, portef. F.

Yvette Guilbert.	*Céramique.* Debout, en scène, de face, vers la gauche, gants noirs, robe jaunasse serrée à la taille avec énormes bouffants aux épaules, fond avec traits hachés, en vert, à droite. Céramique faite par Emile Muller, faïencier, à Ivry. En haut. 0,52 × 0,28. Signé du monogramme en haut et à droite. En bas, à gauche, de l'écriture d'Yvette. Petit monstre !! Mais vous avez fait une horreur !! Yvette Guilbert. Photos Marcel Guiot et Cottereau-Drouot. A paru dans *Coquiot*, 1913, p. 131 ; texte Duret, 1920, page 113.	
Papa Chrysanthème.	*Vitrail*, d'après H. de Toulouse-Lautrec. Fantaisie nautique et japonaise du Nouveau-Cirque. Donval, directeur, en nov. 1892, Société Nationale des Beaux-Arts. Exposition du 25 avril 1895. Catalogue. Objets d'art, page 278, N° 392. Tiffany (Louis C.), né à New-York. Chez M. S. Bing, 22, rue de Provence, O.-A., N°ˢ 364 à 383 inclus. Vases, fleurs, céramiques, par Tiffany. N°ˢ 384 à 394, vitraux d'après Albert Besnard, Paul Ranson, K.-X. Roussel, Bonnard, P.-A. Isaac, H.-G. Ibels, Vuillard, Maurice Denis, H. de Toulouse-Lautrec (N° 392). F. Vallotton, L. Sérusier. Voir J.-E. Blanche, *La Revue Blanche*, 15 mai 1895, N° 47, page 467. G. Geffroy. *Vie artistique*, vol. IV, p. 305. " M. Tiffany sera le grand triomphateur de cette Exposition. Le plus étonnant de ces morceaux est peut-être celui de M. de Lautrec qui a su, d'une scène de cirque et d'un chapeau de cocotte, composer le plus beau motif de décoration et le plus moderne ".	
Trois croquis d'album.	Crayon. M. de Régnier. *Revue Blanche*.	Musée d'Albi, N° 105
Oscar Wilde.	Debout, de profil vers la gauche. Dessin à la plume. Paru dans la *Revue Blanche*, N° 47, du 15 mai 1895. Illustration d'un article : L'Assaut malicieux, par Paul Adam. Dessin à l'encre en haut. Signé du monogramme, en bas et à gauche.	
Culs-de-lampe.	Culs-de-lampe. *Revue Blanche*, 15 février 1895, N° 41, p. 185. Notes dramatiques mensuelles, par R. Coolus. A propos de la pièce, le Chariot de terre cuite, par Victor Barrucand. Théâtre de l'Œuvre. En fin de chaque article mensuel. Une tête d'éléphant de face, par H. T.-L. Un renard assis. Cul-de-lampe pour Les Tablettes d'Eloi, par Jules Renard. Vignette de H. de T.-L. Cul-de-lampe de l'article mensuel. *Revue Blanche*, 15 mars 1895, N° 43, p. 270.	
Mlle Marcelle Lender.	Dessin. Signé d'un monogramme, en bas et à droite. Vente Sévadjian, mars 1920, N° 28. Sous le titre Une Grisette ! : 2.850 francs. Voir illust. du catalogue.	
Mlle Marcelle Lender.	Dessin crayon noir. Tête de face à la mine de plomb.	Coll. de M. Théo Van Rysselberghe.
Mlle Marcelle Lender.	Tête. Sanguine sur papier gris.	Musée d'Albi, N° 110.

May Belfort. — Masque. Gouache, pastel et aquarelle sur papier bleu. Légèrement tournée vers la droite avec de longs cheveux. En haut. 495 × 405. Sans passe-partout. Signé : Lautrec, en bas et à droite. — Musée de Dresde. M. de Seidlitz, conservateur. Don de Mme de Toulouse-Lautrec.

Mlle Polaire. — Trait crayon et lavis sur papier jaune. Debout, de face vers la gauche, sur bristol en haut. 0,75 × 0,42. Dessin trait crayon noir et à-plats d'encre de Chine pour le N° 16 du *Rire* du 23 février 1895. Signé du monogramme, au crayon à gauche et en bas. Photo Joyant. A rapprocher du N° 34 du Musée d'Albi. — Coll. de M. Le Garrec.

Que de Paimpol à Sébastopol erre
Le vieux monsieur, l'air pot, Pot l'air
Pourrait-il dégoter Etoile... plus Polaire.

Aux Folies-Bergère. — Brother's Marco. Étude de disloqué. Deux clowns disparates exhibés par Marchand, directeur des Folies-Bergère : le géant a passé sa tête entre ses jambes, le nain lui fait des blagues. Dessin au pinceau encre de Chine. Signé à gauche et en haut du monogramme. En haut. 0,55 × 0,50. Pour le N° du *Rire*, N° 59, du 22 décembre 1895. Exposé chez Joyant, rue Forest, 1896. Avec un autre dessin sur les Marcos. Vente Heim, 1913. N° 16. Les frères Marco : 520 francs, à Bernstein. — Coll. de MM. Richard et Bernstein.

Le bon Jockey. — *Figaro illustré.* Au bar d'Achille, rue Royale. Au premier plan, assis devant une table, un Anglais, chapeau haut de forme en arrière, est affalé, l'air triste. On voit le bar et les tables en enfilade vers les vitrines sur la rue Royale. A gauche, le bar, avec Ralph le Barman et deux Anglais, l'un, très grand et gros, de dos, avec un chapeau haut de forme, un autre, petit, coiffé d'un chapeau melon. Dessin et aquarelle en larg. Signé du monogramme, en bas et à gauche. 1re illustration du N° 64 du *Figaro Illustré*, juillet 1895. Le bon Jockey. Conte sportif, par R. Coolus.

Le bon Jockey. — Au bar d'Achille, rue Royale. Derrière son bar, Ralph le Barman montre juste sa tête de Chinois. Au premier plan, devant le bar : de dos un buveur jockey, chapeau melon, paletot court beige, pantalon à carreaux ; à gauche, debout, de face un gros gentleman rasé, chapeau haut de forme, long raglan, fleur à la boutonnière, main gantée tenant un parapluie. Fond de bar. Dessin aquarelle en haut. 2e illustration du N° 64 du *Figaro Illustré*, juillet 1895. Le bon Jockey. Conte sportif, par R. Coolus.

Le cheval de course. — Aquarelle. Haut. 0,17 × 0,24. Vente Etienne Goujon, mars 1919. N° 70 : 1.900 francs. Voir ci-après :

Le bon Jockey. — Dessin crayon et aquarelle. Conte sportif par R. Coolus. *Figaro Illustré*, N° 64, juillet 1895, illustration N° 3. Cheval de — Coll. de M. Le Véel.

course avec son jockey monté s'en va au pas vers la droite, mené à la bride par l'entraîneur. Devant un cheval de course au pas monté. Dans le fond à gauche, derrière, deux propriétaires en conversation. Fond de verdure, de pelouse et de tribunes. Reproduit en chromo-typographie. Très beau dessin et aquarelle en larg. 0,20 × 0,15. Monogramme de Lautrec, en bas et à gauche.

Le bon Jockey. — Cheval de course avec son jockey monté, mené à la bride : devant, un cheval de course au pas monté. Derrière, deux propriétaires causant. Fond de pelouse et de tribune. Le bon Jockey, conte sportif, par R. Coolus. *Figaro Illustré*, N° 64, juillet 1895. Dessin au crayon bleu, recherche pour l'illustration du *Figaro Illustré*, N° 3. — Coll. de MM. Fabre et Hessel.

Le bon Jockey. — Deux hommes portant une civière avec un sergent de ville devant. Recherche pour le conte sportif, le bon Jockey, par Romain Coolus. *Figaro Illustré*, 1895. Dessin à la mine de plomb en larg. 0,31 × 0,20. Monogramme rouge, en bas et à gauche. — Musée d'Albi, portef. VI.

Le bon Jockey. — Aquarelle et crayon. Conte sportif par R. Coolus. *Figaro Illustré*, N° 64, juillet 1895, illustration N° 4. Cheval de course, couvert de ses couvertures, genouillères, têtières, œillères, mené à la bride vers la gauche par l'entraîneur. Dans le fond à gauche, une litière portée par deux employés. Fond de pelouse de piste avec les mâts de signaux. Aquarelle en larg. 0,36 × 0,22. Signé du monogramme au crayon noir, en bas et à gauche. Photo Joyant. — Coll. de M. le docteur Bourges.

La Belle et la Bête. — La Belle est dans son lit, le buste, bras nus hors des couvertures, elle est penchée vers la gauche. Aquarelle et dessin. Monogramme, en haut et à gauche. 1ʳᵉ illustration. N° 66. *Figaro Illustré*, septembre 1895. La Belle et la Bête. Conte par R. Coolus. — Coll. de MM. Astre et Pellet.

La Belle et la Bête. Le Bézigue. — En costume Henri III, avec fraise, manches avec crevés. Le Roi est assis de face à une table de jeu ; devant lui, son chambellan (tête de Lassouche), fait sa partie de bézigue. Dans le fond, une armure d'homme d'armes. Aquarelle, dessin. Signé du monogramme, en bas et à gauche. Recherche à rapprocher de la lithographie, le Bézigue. Delteil, 115, faite après coup. 2ᵉ illustration, N° 66, *Figaro Illustré*, septembre 1895. La Belle et la Bête, conte par R. Coolus. Voir chez Georges Bernheim, en décembre 1925. Panneau à l'huile 0,35 × 0,25. — Coll. de M. Mourgues.

La Belle et la Bête. — Le Cortège du Rajah. La Belle et la Bête. *Figaro Illustré*. Allant vers la gauche, un prince Indien de noir habillé, avec un caftan, sur un cheval blanc, chemine, accompagné d'un Indien à turban, qui tient un tigre en laisse.

Derrière, arrive un énorme éléphant avec un noir Hindou juché sur son cou. A gauche, arrière-train d'un cheval. Aquarelle en haut. 0,50 × 0,35. 3ᵉ illustration du Nᵒ 66 du *Figaro Illustré*, septembre 1895. La Belle et la Bête. Conte de R. Coolus. Exposition Salon d'Automne. Nᵒ 18, 1904. 2ᵉ Vente Viau, mars 1907. Nᵒ 179. Le Cortège du Rajah. 1050 francs.

La Belle et la Bête.

La Belle refuse sa main à la Bête, c'est-à-dire un seigneur (Calmette) qui, déguisé en ours, lui avait fait la cour, et se démasque, en ôtant sa tête d'ours, qu'il tient sous son bras. Aquarelle en haut. Monogramme, en bas et à droite. 4ᵉ illustration du Nᵒ 66. *Figaro Illustré*, septembre 1895. La Belle et la Bête, conte, par R. Coolus.

Coll. de MM. Astre et Pellet.

Footitt.

Dessin de profil en buste avec melon. Non signé. 1ʳᵉ illustration. Théorie de Footitt sur le Rapt, par Coolus. *Le Rire*, Nᵒ 12, du 26 janvier 1895.

Footitt.

En clown, de profil. Chocolat à droite, dans le fond. Dessin en haut. Monogramme, en bas et à droite. 2ᵉ illustration. Théorie de Footitt sur le Rapt, par R. Coolus. *Le Rire*, Nᵒ 12, du 26 janvier 1895.

Footitt.

En danseuse, à droite, un écuyer. Dessin en haut. 3ᵉ illustration. Théorie de Footitt sur le Rapt, par R. Coolus. *Le Rire*, Nᵒ 12, du 26 janvier 1895.

Footitt et Chocolat.

Dessin. Tête de nègre. 4ᵉ illustration. Théorie de Footitt sur le Rapt, par Coolus. *Le Rire*, Nᵒ 12, du 26 janvier 1895.

Footitt.

Dessin. En danseuse, montrant son derrière. Monogramme, à gauche et en bas. 5ᵉ illustration. Théorie de Footitt sur le Rapt, par R. Coolus. *Le Rire*, Nᵒ 12, du 26 janvier 1895.

Femme en mi-corps.

Femme en mi-corps, de face, légèrement tournée vers la gauche. Coiffée d'un grand chapeau à bord et à plume et relevé sur le front, visage tourmenté et maigre, menton en pointe. Habillée d'une chemisette blanche, avec deux grands cols cassés au cou et manches à gigot. Robe noire serrée à la taille. Dessin en haut. encre de Chine 0,45 × 0,35 sur papier. Signé : A Muhlfeld, Lautrec, 1895. Exposition des Indépendants, février-mars 1926. Rétrospective. Trente ans d'Art Indépendant, Nᵒ 3255.

Coll. de M. Hessel.

M. Lucien Guitry et Mme Jeanne Granier.

Lavis et aquarelle, couleurs. Dans Amants, de M. Maurice Donnay, 16 novembre 1895. Théâtre de la Renaissance. Mme Jeanne Granier (Claudine Rosay), M. Lucien Guitry (Georges Vétheuil). Recherche à l'aquarelle sur papier de Hollande. En haut. 0,55 × 0,35. Monogramme rouge, en bas et à gauche.

Bibliothèque Nationale, portefeuille D. 360 et suite. Don de Mme de Toulouse-Lautrec.

	Un carton peint à l'essence, même sujet, a figuré dans la vente Heim, 30 avril 1913. Catalogue illustré, N° 5 : 4.500 fr., adjugé à M. Bernstein. Voir la fiche du tableau.	
Femme se coiffant.	Carton 0,70 × 0,45 env. Non signé. Crayon très peu indiqué.	Coll. de M. H., IX.
Recherche pour la baraque de la Goulue.	Dessin à l'encre en larg. 0,36 × 0,23. Monogramme rouge, en bas et à gauche.	Musée d'Albi, petit portef. A.
Comique anglais.	De face en robe. Mine de plomb en haut. 0,25 × 0,15. Cachet rouge, en bas et à gauche.	Musée d'Albi, portef. II.
Deux pages d'album.	Un monsieur et une dame. Crayon bleu en larg. 0,18 × 0,115. Cachet rouge, en bas et à gauche. Croquis d'un acteur dans *Chilpéric*. Crayon noir en larg. 0,18 × 0,115. Cachet rouge, en bas et à gauche.	Musée d'Albi, portef II.
Quatre pages d'album.	Deux glyptodons antédiluviens du Muséum. Un éléphant. Femme à un trapèze. Mine de plomb en larg. 0,18 × 0,12. Monogramme rouge, en bas et à gauche.	Musée d'Albi, portef III.
Tête d'homme à casquette.	De profil, vers la gauche. Mine de plomb en haut. 0,18 × 0,11. Monogramme rouge, en bas et à gauche.	Musée d'Albi, portef. III.
Mlle Pois-Vert.	Masque de face. Voir Delteil, N° 126. Au dos, deux têtes. Mine de plomb en haut. 0,18 × 0,115. Monogramme rouge, en bas et à gauche.	Musée d'Albi, portef. V.
Deux pages d'album.	Tête de face hirsute d'homme. Tête d'homme. Au verso, croquis de têtes. Mines de plomb en haut. 0,22 × 0,15. Monogramme rouge, en bas et à gauche.	Musée d'Albi, portef. V.
Deux pages d'album.	Croquis de cavaliers. Têtes d'hommes avec chapeaux hauts de forme. Monsieur assis de profil en voiture ou à cheval. Cavaliers (au recto). Mines de plomb en larg. 0,22 × 0,15. Monogramme rouge, en bas et à gauche.	Musée d'Albi, portef. V.
Trois pages d'album.	Aux Variétés. Têtes de femmes. Mines de plomb en haut. 0,18 × 0,11. Monogramme rouge, en bas et à gauche.	Musée d'Albi, portef. V.
Deux pages d'album.	Tête de Lassouche, acteur des Variétés, de face et de profil. Tête de femme. Au dos, un Turc assis. Mines de plomb en haut. 0,18 × 0,11. Monogramme rouge, en bas et à gauche.	Musée d'Albi, portef. V.
Deux pages d'album.	Profil de Félix Fénéon vers la droite. Une tête de femme. Mine de plomb en haut. 0,18 × 0,11. Monogramme rouge, en bas et à gauche.	Musée d'Albi, portef. V.
Deux pages d'album.	Croquis de Mlle Lender dansant le pas du Boléro dans *Chilpéric*. Une tête. Mine de plomb en haut. 0,18 × 0,11. Monogramme rouge, en bas et à gauche.	Musée d'Albi, portef. V.
Mlle Marcelle Lender.	Profil vers la gauche. Recherche pour la litho. Mlle Lender en buste. Delteil, N° 102. Mine de plomb en haut. 0,18 × 0,115. Monogramme rouge, en bas et à gauche.	Musée d'Albi, portef. V.

Deux pages d'album.	Mlle Marcelle Lender dans *Chilpéric*. Trois têtes de l'actrice. Mine de plomb en haut. 0,18 × 0,115. Monogramme rouge, en bas et à gauche.	Musée d'Albi, portef. V.
Cinq pages d'album.	Six têtes de femmes. Mines de plomb 0,18 × 0,11. Monogramme rouge, en bas et à gauche.	Musée d'Albi, portef. V.
Quatre pages d'album.	Avec des croquis de têtes et de profils. Mines de plomb en larg. 0,20 × 0,13. Monogramme rouge, en bas et à gauche.	Musée d'Albi, portef. IV.
Ménélik.	Debout, de profil vers la droite. Mine de plomb en haut. 0,23 × 0,15. Monogramme rouge, en bas et à gauche.	Musée d'Albi, portef. IV.
Une page d'album.	Avec 5 croquis de têtes et silhouette. Mine de plomb en haut. 0,20 × 0,15. Monogramme rouge, en bas et à droite.	Musée d'Albi, portef IV.
M. G. Tapié de Céleyran.	En buste. Mine de plomb en haut. 0,30 × 0,19. Monogramme rouge, en bas et à gauche, et de la main de Lautrec : G. de T.-C. voûté.	Musée d'Albi, portef. VII.
Deux pages d'album.	Tête de Brasseur dans *Chilpéric*. Delteil, N° 110. Tête de figurant. Mine de plomb en haut. 0,20 × 0,15. Monogramme rouge, en bas et à gauche.	Musée d'Albi, portef. VII.
Trois pages d'album.	4 croquis de tête en haut. 0,16 × 0,10. Monogramme rouge, en bas et à gauche.	Musée d'Albi, portef. B.
Tête d'un monsieur.	De profil à gauche, coiffé d'un cronstadt. Mine de plomb en haut. 0,16 × 0,10. Monogramme rouge, en bas et à gauche.	Musée d'Albi, portef. B.
Lettre ornée. Renard.	Monogrammes pour article de Jules Renard, *Revue Blanche*, 15 mars 1895. Les tablettes d'Éloi. Recherches en arabesques d'un renard comme lettre ornée. Mine de plomb sur une enveloppe de la *Revue Blanche*. Signé du monogramme H. T.-L., en bas et à droite. Monogramme rouge, en bas et à gauche.	Musée d'Albi, portef. E.
Croquis, homme de dos.	Mine de plomb en larg. 0,23 × 0,17. Monogramme rouge, en bas et à gauche.	Musée d'Albi, portef. D.
Trois pages de croquis.	Deux têtes d'hommes. Profils de femmes. Mine de plomb et lavis en larg. 0,20 × 0,13. Monogramme rouge, en bas et à gauche.	Musée d'Albi, portef. F.
Miss Ida Heath.	Danseuse anglaise. Une feuille de croquis. Voir litho. Delteil, N° 165. Au dos, quatre têtes d'hommes. Mine de plomb en larg. 0,22 × 0,17. Monogramme rouge, en bas et à gauche.	Musée d'Albi, portef. F.
Deux masques de théâtre.	Mine de plomb en haut. 0,13 × 0,105. Monogramme rouge, en bas et à gauche.	Musée d'Albi, portef. F.
Au Vélodrome.	Croquis au crayon. Un jeune homme de profil, marchant vers la gauche. Chapeau melon, stick à la main. En larg. 0,23 × 0,18. Monogramme rouge, en bas et à droite.	Coll. de M. Joyant.
Profil de femme assise au piano.	Sanguine papier gris bleuté. Haut. 0,45 × 0,36 sous passe-partout.	Musée de Dresde M de Seidlitz, conservateur. Don de Mme de Toulouse-Lautrec.
Tête de femme.	De profil, vers la gauche, avec collier haut placé. Sanguine. Haut. 0,46 × 0,32, mesuré dans le passe-partout.	Musée de Dresde. M de Seidlitz, conservateur. Don de Mme de Toulouse-Lautrec.

Tête de femme.	De face. Sanguine papier gris bleuté. Haut. 0,26 × 0,20 sous passe-partout.	Musée de Dresde. M. de Seidlitz, conservateur. Don de Mme de Toulouse-Lautrec.
Tête de femme.	De face. Dessin mine de plomb. Legs de la collection de M. de Seidlitz, Dresde, 1913. Exposition rue Forest, 1896. En haut. 0,565 × 0,37 dimension du papier.	Musée de Dresde. Staatsliches Kupperstich Kabinet.
M. Sescau.	Crayon noir. Tête de profil vers la gauche. En haut. 0,065 × 0,065. Monogramme rouge, en bas et à gauche. A paru dans *Lautrec*, par Coquiot, p. 89, Blaizot, 1913.	Coll. de MM. Maurice et Paul Guibert.
Un profil-charge.	Croquis au crayon. Tourné vers la droite avec un très long nez : Yvette Guilbert en larg. 0,10 × 0,085. Monogramme rouge, en bas et à droite. A paru dans *Lautrec* par Coquiot, p 142, Blaizot, 1913.	Coll. de MM. Maurice et Paul Guibert
M. Régis.	Coiffé d'un chapeau de paille, tête de profil vers la gauche. Croquis crayon en larg 0,105 × 0,08. Monogramme rouge, en bas et à droite, a paru dans *Lautrec*, par Coquiot, p. 39. Blaizot, 1913.	Coll. de MM. Maurice et Paul Guibert.
M. Maurice Guibert.	Debout, en pied. Dessin à la plume en haut. 0,18 × 0,125. Lautrec a écrit à droite : « Encore un ! » Monogramme rouge, en bas et à droite.	Coll. de M. P. Guibert.
MM. M. Guibert et Lacaussade.	Dessin au crayon en larg. 0,17 × 0,10. Monogramme rouge, en bas et à gauche.	Coll. de M. P. Guibert.
M. le comte A. de Toulouse-Lautrec.	En buste, de profil, à gauche. Crayon en haut. 0,12 × 0,09. Monogramme rouge, en bas et à droite.	Coll. de M. P. Guibert.
L'oncle Ménard.	Assis, de profil, à gauche. Crayon en haut. 0,17 × 0,12. Monogramme rouge, en bas et à droite.	Coll. de M. P. Guibert.
M. G. Tapié de Céleyran.	En buste, de face, avec un grand chapeau à bords plats. Crayon en haut. 0,085 × 0,08. Monogramme rouge, en bas et à droite.	Coll. de M. P. Guibert.
M. Albert Arthus.	Tête de profil coiffée d'une casquette, tournée vers la gauche. Dessin à la plume 0,065 × 0,065. Monogramme rouge, en bas et à droite.	Coll. de M. P. Guibert.
La Cocotte chérie.	Croquis. Tête de femme de trois quarts à gauche. Haut. 0 09 × 0,08. Monogramme rouge.	Coll. de MM. Pellet et Exsteens.
Trois têtes.	En haut, M. X..., de profil. En bas à gauche, M. Édouard Dujardin de profil, tourné vers la gauche. En bas, à droite, M. Maurice Guibert, de face. Crayon en haut. 0,20 × 0,12. Monogramme rouge, en bas et à droite.	Coll. de MM. Maurice Guibert et Galanti.
Maison close.	Femme nue, debout, seins pendants. Crayon en haut. 0,18 × 0,11. Monogramme rouge, en bas et à droite.	Coll. de MM. Maurice Guibert et Galanti.
Maison close.	M. M. G. et une femme nue, seins pendants. Dessin à la plume en haut. 0,18 × 0,115. Monogramme rouge, en bas et à droite.	Coll. de MM. Maurice Guibert et Galanti.
Maison close.	M. M. G. et une femme nue. Dessin licencieux. Dessin à la plume en haut. 0,21 × 0,13. Monogramme rouge, en bas et à droite.	Coll. de MM. Maurice Guibert et Galanti.

M. Maurice Guibert.	Tête de face, coiffé d'un chapeau de paille ; au premier plan, une femme nue. Bordeaux. Dessin à la plume en haut. 0,18×0,11. Monogramme rouge, en bas et à droite.	Coll. de MM. Maurice Guibert et Galanti.
Buste d'homme.	De face, barbe en pointe. Dessin à la plume en haut. 0,17×0,115. Monogramme rouge, en bas et à droite.	Coll. de MM. Maurice Guibert et Galanti.
Maison close.	Femme nue accroupie. Dessin à la plume en haut. 0,21×0,13. Monogramme rouge, en bas et à droite.	Coll. de MM. Maurice Guibert et Galanti.
M. M. Guibert au lit.	Et devant une femme nue, debout, à côté d'un bidet. Dessin à la plume en haut. 0,13×0,08. Monogramme rouge, en bas et à droite.	Coll. de MM. Maurice Guibert et Galanti.
M. M. Guibert.	De profil, en chemise de nuit. Dessin licencieux. Crayon en haut. 0,13×0,20. Monogramme rouge, en bas et à droite.	Coll. de MM. Maurice Guibert et Galanti.
M. M. Guibert.	Nu devant une femme nue. Dessin licencieux, en charge. En bas, une femme habillée en matelot, de face. Dessin à la plume en haut. 0,27×0,21. Monogramme rouge, en bas et à droite.	Coll. de MM. Maurice Guibert et Galanti.
M. M. Guibert en saint.	Agenouillé, en motif de vitrail, avec, en haut, inscription : MAURITIO GUIBERTO. Dessin à la plume en haut. 0,21×0,13. Monogramme rouge, en bas et à droite.	Coll. de MM. Maurice Guibert et Galanti.
M. de Beaumont.	Silhouette, debout, de dos. Bordeaux. Crayon en haut. 0,31×0,20. Monogramme rouge, en bas et à droite.	Coll. de MM. Maurice Guibert et Galanti.
M. de Beaumont.	Silhouette, debout, de dos, petit chapeau tyrolien et fumant un cigare. Bordeaux. Crayon en haut. 0,31×0,20. Monogramme rouge, en bas et à droite.	Coll. de MM. Maurice Guibert et Galanti
Monsieur debout.	De profil, avec une grande redingote, canne à la main. Au verso, tête de M. X..., en pingouin. Crayon en haut. 0,21×0,135. Monogramme rouge, en bas et à droite.	Coll. de MM. Maurice Guibert et Galanti.
Tête de M. X..: en pingouin.	Charge (réplique au Musée d'Albi). Crayon sur lettre datée 28 juin 1895. En haut. 0,135×0,10. Monogramme rouge, en bas et à droite.	Coll. de MM. Maurice Guibert et Galanti.
Le Capitaine Basroger de l'Emma.	Compagnie Worms. Bordeaux, juin 1895. Debout, de profil, en casquette, les mains dans les poches. Crayon en haut. 0,13×0,10. Monogramme rouge, en bas et à droite.	Coll. de MM. Maurice Guibert et Galanti.
Le Capitaine Basroger de l'Emma.	Compagnie Worms. Bordeaux, 1895. Tête de face. Crayon en haut. 0,135×0,08. Monogramme rouge, en bas et à droite.	Coll. de MM. Maurice Guibert et Galanti.
M. X...	Tête de face, coiffé d'un large canotier. Dans le train de Madrid à Bordeaux, août 1895. Crayon en haut. 0,135×0,08. Monogramme rouge, en bas et à droite.	Coll. de MM. Maurice Guibert et Galanti.
Mme de Toulouse-Lautrec.	Tête de face, nu-tête, avec des frisons. Bordeaux, 1895. Crayon en haut. 0,135×0,08. Monogramme rouge, en bas et à droite.	Coll. de MM. Maurice Guibert et Galanti.

L'acteur Noblet.	Deux têtes de profil vers la gauche. Recherches pour Nib. Voir Delteil, N° 99. Crayon en larg. 0,32 × 0,20. Monogramme rouge, en bas et à droite.	Coll. de MM. Maurice Guibert et Galanti.
M. Maurice Guibert.	Nu, de profil (dessin licencieux). Dessin à la plume. En haut. 0,19 × 0,12. Monogramme rouge, en bas et à droite.	Coll. de M. A. Natanson.
M. Numa Baragnon devant une femme en chemise.	Dessin à la plume. En haut. 0,19 × 0,12. Sur papier avec en-tête de la *Revue Blanche*. Monogramme rouge, en bas et à droite.	Coll. de M. A. Natanson.
M. Numa Baragnon. Un acteur de Revue de Théâtre.	Têtes de face. Dessin à la plume. En haut. 0,19 × 0,12. Sur papier avec en-tête de la *Revue Blanche*, Monogramme rouge, en bas et à droite.	Coll. de M. A. Natanson.
M. T. de C.	Nu, de profil, avec un pagne autour des reins. Dessin à la plume. En haut. 0,19 × 0,12. Monogramme rouge, en bas et à droite.	Coll. de M. A. Natanson.
Femme nue.	De profil vers la gauche, avec des bas noirs et souliers à hauts talons. Dessin à la plume. En haut. 0,19 × 0,12. Monogramme rouge, en bas et à droite.	Coll de M. A. Natanson.
M. G. T. de C.	En buste, de profil vers la droite. En bas de la page, à droite, tête de face de M. Maurice Guibert, en perruque Louis XIV. Dessin à la plume. En haut. 0,19 × 0,12. Monogramme rouge, en bas et à droite.	Coll. de M. A. Natanson.
Mlle Amélie Diéterle.	Tête de profil à gauche. Dessin à la plume. En haut. 0,19 × 0,12. Monogramme rouge, en bas et à droite.	Coll. de M. A. Natanson.
Tête de passager du Chili.	De profil vers la gauche. Croquis au crayon, en haut. 0,105 × 0,08. Monogramme rouge, en bas et à droite. A paru dans *Lautrec* par Coquiot, p. 104, Blaizot, 1913.	Coll. de MM. Maurice et Paul Guibert.
Tête de M. Dupendant, capitaine du Sephora.	Croquis au crayon, en haut. 0,115 × 0,075. Monogramme rouge, en bas et à droite. A paru dans *Lautrec* par Coquiot, p. 105. Blaizot, 1913.	Coll. de MM. Maurice et Paul Guibert.
Tête de femme. Rue de Pessac. Bordeaux.	De profil vers la droite, avec un chapeau. Croquis à l'encre, en haut. 0,15 × 0,075. Monogramme rouge, en bas et à droite. A paru dans *Lautrec* par Coquiot. p, 12, Blaizot, 1913.	Coll. de MM. Maurice et Paul Guibert.
M. G. T. de C. en Turc.	Avec chéchia, pantalon bouffant et babouches. Dessin aux crayons noir, rouge et bleu. En haut. 0,19 × 0,13. Signé du monogramme bleu, en haut et à droite, à l'envers. Monogramme rouge, en bas et à gauche.	Coll. de M. Robin-Langlois.
M. Charpentier, sculpteur.	De face. Dessin au crayon. En haut. 0,19 × 0,13. Monogramme rouge, en bas et à gauche.	Coll. de M. Robin-Langlois.
Whistler à Londres.	Debout, de profil, en pied, vers la gauche, en chapeau haut de forme, et canne sous le bras. Dessin au crayon. En haut. 0,19 × 0,13. Monogramme rouge, en bas et à gauche. Au verso, trois schémas du profil de M. Degas.	Coll. de M. Robin-Langlois.
Whistler chez lui.	Debout, en chapeau de paille, de profil, vers la gauche. Dessin au crayon. En haut. 0,19 × 0,13. Monogramme rouge, en bas et à gauche.	Coll. de M. Robin-Langlois.

Procès Arton et Lebaudy.	Trois têtes de Mlle Marsy. Une main avec un carton. Au dos, tête de Soudais. Dessins à la mine de plomb. 4 pages d'album en larg. 0,18 × 0,115. Cachets rouges, en bas et à gauche. Delteil, 190, etc.	Musée d'Albi, portef. I.
Procès Arton.	Trois têtes d'Arton. Croquis d'audience. 3 dessins à la mine de plomb en haut. 0,18 × 0,115 chacun. Cachets rouges, en bas et à gauche.	Musée d'Albi, portef. I.
Procès Arton.	M. Ribot déposant à la barre. Tête de M. Ribot et au dos, Arton. Profil de juge et, au dos, du cocher de M. de Rothschild. Trois pages de croquis à la mine de plomb 0,18 × 0,115. Cachets rouges, en bas et à gauche.	Musée d'Albi, portef. I.
Procès Arton.	Déposition Soudais. Voir Delteil, N° 191 et suite. 3 pages de croquis. Têtes de M. Soudais. Au dos, Choppy Walburton et croquis d'audience. Dessins à la mine de plomb 0,18 × 0,11. Cachets rouges, en bas et à gauche.	Musée d'Albi, portef. I.
Procès Arton.	Trois croquis de têtes, recto, pris à l'audience. Trois croquis de têtes, verso, pris à l'audience. Mine de plomb en haut. 0,18 × 0,115. Cachets rouges, en bas et à gauche.	Musée d'Albi, portef. I.
Procès Arton.	Quatre croquis d'audience. Têtes. Un agent de la Sûreté. M. Sesti, au verso. Mine de plomb en larg. 0,18 × 0,115. Cachets rouges, en bas et à gauche.	Musée d'Albi, portef. I.
Procès Arton.	Croquis d'audience. Trois têtes. M. Jacques Saint-Cère, recto. Une tête, M. Guibert, verso. Mine de plomb, 0,18 × 0,115. Cachets rouges, en bas et à gauche.	Musée d'Albi, portef. I.
Procès Lebaudy.	Delteil, N° 154. Croquis d'audience. Deux têtes de Mlle Marsy. Mine de plomb en haut. 0,18 × 0,115. Cachet rouge, en bas et à gauche.	Musée d'Albi, portef. I.
Procès Lebaudy.	Mlle Marsy, de profil en buste. Mine de plomb en larg. 0,31 × 0,20. Cachet rouge, en bas et à gauche.	Musée d'Albi, portef. I.
Procès Arton.	Trois croquis d'audience. Chapeau, profil de femme. Mine de plomb en haut. 0,18 × 0,115. Cachets rouges, en bas et à gauche.	Musée d'Albi, portef. I.
Deux pages de croquis.	Le bateau de courses, bulbkeel, Trilby. Têtes d'hommes et de femmes. Mine de plomb 0,18 × 0,115. Cachets rouges, en bas et à gauche.	Musée d'Albi, portef. I.
Au Moulin Rouge.	Dessin et lavis. Dans la salle du Bal. Une danseuse à mi-corps nu-tête, va vers la gauche. Profil régulier et distingué, cheveux tirés en arrière, chemisette avec col montant, et jaquette à manches à gigot. Derrière, une autre femme nu-tête à figure plate et vulgaire. A gauche, un monsieur de profil avec un grand nez, chapeau melon et les mains dans les poches de son raglan. En haut, sur le promenoir, le long de la balustrade, sont attablés deux messieurs, l'un avec un chapeau haut de	Coll. de M. Majowsky, Budapesth.

forme, de dos, l'autre gras et vulgaire, de face, coiffé d'un melon. Dessin en haut., crayons et encre de Chine 0,60 × 0,40. Signé du monogramme, en bas et à droite. A paru dans *Lautrec*, par Coquiot, p. 51, Blaizot, 1913. Photo Druet, 3461.

Le Sommeil. — Jeune femme couchée, le torse nu, le bras droit le long du corps, la main mi-fermée, le revers en dessus. Sa tête de trois quarts, à cheveux défaits, est relevée par un traversin qui laisse voir en partie la tête du lit. Les draps cachent le bas du torse. Dessin à la sanguine sur papier gris en larg. 0,64 × 0,50. Signé : Lautrec à gauche et en bas. Ce dessin est une recherche pour la litho. Delteil, N° 170 Photo Laffont, Toulouse. — Coll. de M. Rachou.

Scène de Cirque. — La Vache enragée. Une vache est en arrêt devant un grotesque qui, de frayeur, a enjambé une balustrade en laissant tomber son chapeau haut de forme, mais gardant toujours son parapluie ; dans le fond deux personnages, une Pierrette masquée et un valet de comédie, considèrent la scène en riant. Dessin au crayon noir, en haut. 0,76 × 0,58. Recherche pour La Vache enragée, affiche pour le journal de Willette, 1896. Voir Delteil N° 364. Vente Heim, 1913, N° 17, Scène de Cirque : 550 francs.

A Armenonville. — Dessin encre de Chine et traits crayon bleu. Une amazone avec sa houppelande et chapeau melon va vers la gauche de profil. Derrière, la suivant, un grand gentleman chapeau haut de forme, chic anglais. Les deux personnages sont en pied. Dans le fond, à droite, une voiture attelée découverte, croisant une voiture fermée avec deux conducteurs, l'un de dos, l'autre de face. Dans le fond, à gauche, une colonnade avec les arceaux d'Armenonville, avec un maître d'hôtel qui s'empresse auprès d'un ou d'une cliente en knickerbocker, assis, dont on ne voit que les jambes croisées ; plus loin, le chasseur de l'établissement. L'amazone a le profil de Mrs. Lona Barrison. Voir le *Rire*, N° 84, 13 juin 1896. Dessin en haut. 0,55 × 0,45 au crayon. Signé du monogramme, en bas et à gauche. Photo Joyant. — Coll. de M. Le Garrec.

L'Automobiliste. — Crayon. Le docteur G. Tapié de Céleyran en automobile. Buste. Recherche pour la litho Delteil, N° 203. — Coll. de MM. Fabre et Hessel.

Midinettes avec leurs cartons poursuivies par un monsieur. — Dessin encre de Chine en larg. 0,73 × 0,59. Crayon, encre de Chine et lavis. Signé du monogramme et 96 en bas à droite. Photo Joyant. — Coll. de Mme Lonquéty.

La chaîne Simpson. — Esquisse au fusain sur toile marouflée. Étude. Trait de l'affiche Delteil, N° 360. En larg. 1,30 × 1,05. — Musée d'Albi, N° 143.

4 feuilles sur les coureurs cyclistes.	Au moment de son voyage à Londres avec les coureurs pour la chaîne Simpson. Delteil, Nᵒˢ 359-360. Croquis, crayon, etc. A. Tête du coureur Barden, signé de l'éléphant et du monogramme. B. Simpson debout. C. Têtes de Simpson et du coureur Mickaël. D. Simpson de dos et un coureur. Monogramme rouge.	Coll. de MM. Bouglé et Blaizot.
Les petits levers.	Qu'est-ce qu'on va déjeuner? (Juliette Baron et Bernard au lit). Dessin encre de Chine en haut. Signé du monogramme, en haut et à gauche. Pour le Nᵒ 103 du *Rire*, du 24 octobre 1896.	
Skating professional beauty.	Au Palais de Glace. Un homme de cercle est assis à une table dans le promenoir. S'appuyant sur la balustrade, une femme cause avec lui. (Edouard Dujardin et Liane de Lancy.) En haut. 0,71 × 0,555. Monogramme, en bas et à droite. A rapprocher des Nᵒˢ 25 et 128, Musée d'Albi. Dessin au crayon bleu et pinceau. Recherche pour l'illustration Skating, du *Rire*, Nᵒ 62, du 20 janvier 1890 Exposition Joyant, rue Forest, 1896. Vente Heim, 1913. Nᵒ 15, Au Palais de Glace : 1450 francs. A M. Proux. Photo Druet, Nᵒ 25437.	
Skating professional beauty.	Mlle Liane de Lancy au Palais de Glace. Dessin encre de Chine sur bristol en haut. 0,70 × 0,57. Signé H.-L., en bas et à droite. Pour le Nᵒ 62 du *Rire*, du 11 janvier 1896. Photo Joyant. A rapprocher du tableau du Musée d'Albi, Nᵒ 25.	Musée d'Albi, Nᵒ 128.
Les grands concerts de l'Opéra.	Ambroise Thomas assistant à une répétition de *Françoise de Rimini*. Recherche pour l'illustration du *Rire*. Voir le Nᵒ 121 du Musée d'Albi. Dessin au crayon bleu en haut. 0,65 × 0,50 Monogramme rouge en bas et à gauche.	Musée d'Albi, grand portef. H.
Les grands concerts de l'Opéra.	Ambroise Thomas assistant à une répétition de *Françoise de Rimini*. Dessin encre de Chine sur bristol pour le Nᵒ 66 du *Rire* du 8 février 1896, en haut. 0,76 × 0,59. Signé du monogramme de l'artiste, en bas et à gauche. Photo Joyant.	Musée d'Albi, Nᵒ 121.
Dans les coulisses des Folies-Bergère.	Mrs Lona Barrison avec son manager et époux. Illustration du Nᵒ 84 du *Rire*, 13 juin 1896. Dessin sur bristol encre de Chine en haut. 0,77 × 0,61. Signé du monogramme de l'artiste, en haut et à gauche. Photo Joyant.	Musée d'Albi, Nᵒ 120.
Au Moulin Rouge.	Carnaval. Entrée de Cha-U-Kao. Dessin encre de Chine pour le Nᵒ 67 du *Rire*, du 15 février 1896, consacré au Carnaval. En haut. 0,97 × 0,73. Signé du monogramme par l'artiste, en haut et à gauche. Dans le fond, silhouette de Lautrec, assis de face, et de son cousin Tapié, de profil. Photo Joyant.	Musée d'Albi, Nᵒ 126.
Chocolat dansant dans un bar.	Sois bonne, ô ma chère inconnue! Dessin encre de Chine, sur bristol, pour le Nᵒ 73 du *Rire*, du 28 mars 1896, En haut. 0,77 × 0,61. Signé du monogramme de l'artiste en bas et à gauche. Photo Joyant.	Musée d'Albi, Nᵒ 124.

Elles.	Couverture. Recherche pour la femme qui se coiffe de dos. Voir Delteil, N° 179. Crayon en haut. 0,46 × 0,30. Monogramme rouge, en bas et à gauche.	Musée d'Albi, petit portef A.
Elles.	Recherche pour la couverture d'Elles. Delteil, N° 179. Crayon en haut. 0,50 × 0,40.	Musée d'Albi, N° 103.
Elles.	La glace à main. Aquarelle et gouache. Motif de la litho Delteil, N° 185. Exposition Joyant 1896.	Coll. de M. de Seidlitz, Dresde.
Lassitude.	Elles. Femme en chemise sur un lit, à la renverse. Crayon bleu. Dessin en larg. 0,49 × 0,34. Non signé. Recherche pour l'estampe de la série d'Elles. Lassitude. Delteil, N° 189. Vente du 5 juin 1925, Hemard-Max Bine, N° 279. Lassitude : 650 francs. Voir illustration du Catalogue. Voir Photo Exposition Rosenberg. janvier 1914, N° 37. Exposition d'art français. Copenhague, juin 1914, N° 355.	Coll. de M. Petitdidier.
Femme au tub.	Recherche pour la planche : le Tub. Album : Elles. Delteil, N° 183. Dessin à la sanguine en larg. 0,52 × 0,39. Signé : Lautrec 1896, en bas et à droite.	Coll. de M. Gabriel Astruc.
Les deux sœurs légendaires.	Par R. Coolus. Trait rehaussé d'aquarelle et encre de Chine sur bristol. *Figaro Illustré*, N° 74, mai 1896. La jeune fille et la vieille portant un fagot, illustration N° 2. Dessin encre de Chine et aquarelle en haut. 0,80 × 0,50. Signé du monogramme en haut, à droite.	Coll. de M. Alexandre Natanson.
Les deux sœurs légendaires.	Par R. Coolus. Trait à l'encre de Chine sur calque. *Figaro Illustré*, N° 74, mai 1896. Sur la même feuille, illustrations 1 et 4. Traits noirs. Les deux sœurs, l'une de face, l'autre de profil. Veretrum Nemesis. Un crapaud comme cul-de-lampe. N° 433. Vente publique, 24-25 juin 1921. N°ˢ 432 et 433 : 155 francs. Desvouges et L. Delteil. Galerie Pellet.	Coll. de M. Exsteens.
Les deux sœurs légendaires.	Par Romain Coolus. Trait à l'encre de Chine sur calque. *Figaro Illustré*, N° 74, mai 1896. La jeune fille pleurant, chassée par la vieille femme, illustration N° 3. Vente publique, 24-25 juin 1921. N° 432. Desvouges et Delteil, N°ˢ 432 et 433 : 155 francs. Galerie Pellet.	Coll. de M. Exsteens.
Les deux sœurs légendaires.	Par Romain Coolus. Trait noir encre de Chine sur bristol. *Figaro Illustré*, N° 74, mai 1896. La jeune fille et la vieille portant un fagot. Trait seul du noir encre de Chine, illustration N° 2. Vente publique, 24-25 juin 1921. Desvouges et Delteil. N°ˢ 432 et 433 : 155 francs. Galerie Pellet.	Coll. de M. Exsteens.
Les deux sœurs légendaires.	Par Romain Coolus. *Figaro Illustré*, N° 74, mai 1896. La jeune fille pleurant, chassée par la vieille. Illustration N° 3. Dessin encre de Chine et aquarelle en haut. 0,80 × 0,50. Signé du monogramme, en bas et à gauche.	Coll. de M. Alexandre Natanson.

Les deux sœurs légendaires.	Par Romain Coolus. *Figaro Illustré*, N° 74, mai 1896. Illustration N° 1. Les deux sœurs, en buste, l'une à droite, brune de profil, l'autre de face, avec chevelure blonde. Lavis encre de Chine et aquarelle sur papier jaune. En haut. 0,30 × 0,25. Monogramme de l'artiste, en haut et à gauche. Exposition des Indépendants. Trente ans d'Art Indépendant, mars 1926. N° 3254 du Catalogue.	Coll. de M. Hessel.
Les deux sœurs légendaires.	Par Romain Coolus. *Figaro Illustré*, mai 1896, N° 74. Illustration N° 1. Les deux sœurs : en buste, l'une à droite, brune de profil, l'autre de face, avec chevelure blonde. Recherche à l'aquarelle sur papier jaune, en haut. 0,29 × 0,245. Monogramme de l'artiste, en haut et à gauche.	Bibliothèque Nationale, portefeuille D. 360 et suite. D. 1559.
Mlle Marcelle Lender.	Dans *Chilpéric*, aux Variétés. En buste, profil vers la droite. Litho rehaussée d'aquarelle. Recherche de couleurs, aquarelle pour l'estampe. Delteil, N° 102. Grande planche en haut. 0,45 × 0,33.	Bibliothèque Nationale, portefeuille D. 360 et suite. Don de Mme de Toulouse-Lautrec.
Théorie d'éléphants.	En schéma. Crayon en larg. 0,36 × 0,23. Monogramme rouge, en bas et à gauche.	Musée d'Albi, petit portef. A.
Deux pages d'album.	Tête de jeune bonne de profil à gauche. Crayon bleu en larg. 0,235 × 0,15. Monogramme rouge, en bas et à gauche. Tête de bicycliste de profil à gauche. Crayon noir en larg. 0,235 × 0,15. Cachet rouge,	Musée d'Albi, portef. II.
Quatre pages d'album.	La Lépreuse. Programme. Delteil, N° 196. Crayon noir en haut. 0,18 × 0,115. Monogramme rouge, en bas et à gauche. Tête de la lépreuse de face. Crayon noir en haut. 0,18 × 0,115. Monogramme rouge, en bas et à gauche. Deux têtes : une tête d'homme de profil au crayon noir, et une tête de femme en sanguine et crayon bleu. En larg. 0,13 × 0,11. Monogramme rouge, en bas et à gauche. Une tête d'homme de profil vers la gauche. Crayon noir en larg. 0,13 × 0,11. Monogramme rouge, en bas et à gauche.	Musée d'Albi, portef. II.
Quatre pages d'album.	Quatre têtes. Trois femmes et un homme. Mines de plomb en haut. 0,21 × 0,12. Monogramme rouge, en bas et à gauche.	Musée d'Albi, portef. III.
Procès Arton.	Deux têtes de M. Sesti. Au dos un profil. Mines de plomb en larg. 0,22 × 0,12. Monogramme rouge, en bas et à gauche. Croquis de théâtre. Mine de plomb : en haut. 0,22 × 0,12. Monogramme rouge, en bas et à gauche.	Musée d'Albi, portef. III.
Femme couchée sur un lit.	Chez Mme Baron. Recherches pour Elles. Delteil, N° 149. Mine de plomb sur papier gris vert en larg. 0,22 × 0,12. Monogramme rouge, en haut et à droite.	Musée d'Albi, portef. III.
Tête de monsieur.	De profil à gauche avec un chapeau haut de forme. Mine de plomb sur papier gris bleuté En haut. 0,22 × 0,12. Monogramme rouge, en bas et à gauche.	Musée d'Albi, portef. III.
Au Vélodrome.	Quatre pages d'album. Croquis des entraîneurs et coureurs. Choppy, Michaël. Mines de plomb en larg. 0,21 × 0,125. Monogramme rouge, en bas et à gauche.	Musée d'Albi, portef. III.

Trois pages d'album.	Dont une sur papier gris. Croquis sur les coureurs au Vélodrome. En larg. 0,22 × 0,12. Monogramme rouge, en bas et à gauche.	Musée d'Albi, portef. III.
Quatre pages d'album.	Recherches pour Débauche. Delteil, N° 177-178. Mines de plomb en larg. 0,21 × 0,12. Monogramme rouge, en bas et à gauche.	Musée d'Albi, portef. III.
Tête d'homme.	De profil vers la gauche, coiffé d'un chapeau melon. Mine de plomb en larg. sur papier gris-bleu 0,20 × 0,13. Monogramme rouge, en bas et à gauche.	Musée d'Albi, portef. III.
Profil de femme.	Vers la gauche. Mine de plomb en haut. 0,22 × 0,13. Monogramme rouge, en bas et à gauche.	Musée d'Albi, portef. III.
Tête de face de femme.	Mine de plomb en larg. 0,25 × 0,16. Monogramme rouge, en bas et à gauche.	Musée d'Albi, portef. B.
Esquisse de femme couchée.	Mine de plomb en larg. 0,25 × 0,16. Monogramme rouge, en bas et à gauche.	Musée d'Albi, portef. B.
Jeune fille en buste.	Avec chapeau plat. Deux poses. Crayon Conté en haut. 0,25 × 0,16. Monogramme rouge, en bas et à gauche.	Musée d'Albi, portef. B.
Trois pages d'album.	Deux croquis d'une tête de marlou. En haut. 0,16 × 0,10. Monogramme rouge, en bas et à gauche. Croquis d'une femme couchée. En larg. 0,16 × 0,10. Monogramme rouge, en bas et à gauche.	Musée d'Albi, portef. B.
La Vache enragée.	Mi-carême. Croquis. Encre, en haut. 0,28 × 0,22. Monogramme rouge, en bas et à droite.	Musée d'Albi, portef. C.
Cinq pages d'album.	Croquis de poses et de têtes de femmes. Mines de plomb. 2 en haut. Monogramme rouge, en bas et à droite. 3 en larg. Monogramme rouge, en bas et à gauche. 0,155 × 0,95.	Musée d'Albi, portef. D.
Quatre pages d'album.	Une jeune femme en buste de profil avec un chapeau. En haut. 0,15 × 0,10. En crayon violet. Monogramme en bas et à droite. Un arrière de chien. Une tête de femme de profil vers la gauche. Une charge de femme nue. Mines de plomb, 0,10 × 0,08. Monogramme rouge, en bas et à gauche.	Musée d'Albi, portef. D.
Tête d'actrice : costume indien.	Mine de plomb en larg. 0,26 × 0,21. Monogramme rouge, en bas et à droite.	Musée d'Albi, portef. E.
Deux pages d'album.	Silhouette d'une actrice. Mines de plomb en haut. 0,21 × 0,13. Monogramme rouge, en bas, à droite et à gauche.	Musée d'Albi, portef. E.
Trois pages d'album.	Deux têtes. Une silhouette de femme avec chapeau, de dos. 2 mines de plomb en haut. 0,115 × 0,075. 1 mine de plomb en haut. 0,055 × 0,04. Monogrammes rouges, en bas et à gauche.	Musée d'Albi, portef. F.
Silhouette d'un officier anglais en grand costume.	Mine de plomb en larg. 0,23 × 0,18. Monogramme rouge, en bas et à droite.	Musée d'Albi, portef. F.
Femme debout, de face, se coiffant.	Dessin et fusain en haut. sur carton 0,65 × 0,50. Monogramme rouge, en bas et à gauche.	Coll. de M. le doct. G. T. de C.
Danseuse, contrebasse et profil de femme.	Avec casque de cheveux. Recherche pour un dessin du *Rire*. Dessin au crayon bleu en haut. 0,68 × 0,50. Monogramme rouge, en bas et à gauche.	Musée d'Albi, grand portef. J.

Paul et Virginie.	Projet de décor de théâtre. Naufrage du Saint-Géran sur les récifs de l'Ile d'Ambre à l'Ile de France, 24 décembre 1744. Aquarelle, en larg. 0,51 × 0,35. Monogramme rouge, en bas et à gauche.	Musée d'Albi, grand portef. H.
Nu Égyptien.	De profil. Crayon en haut. 0,36 × 0,23. Monogramme rouge, en bas et à gauche.	Musée d'Albi, petit portef. A.
La Passagère du 54.	Recherche pour l'affiche. Delteil, N° 366. Crayon en haut. 0,47 × 0,35. Monogramme rouge, en bas et à gauche.	Musée d'Albi, petit portef. A.
Nu Égyptien.	De dos. Crayon en haut. 0,36 × 0,23. Monogramme rouge, en bas et à gauche.	Musée d'Albi, portefolio A.
Profil tête d'homme.	Vers la gauche. Croquis au crayon en haut. 0,17 × 0,11. Monogramme rouge, en bas et à droite.	Coll. de M. Joyant.
Habitué des bars et des champs de courses.	Monsieur debout en pied vers la gauche. Coiffé d'un chapeau melon. Sanglé dans un veston, parapluie à la main, tête de bull dog... bien anglaise. Croquis à la plume en haut. 0,27 × 0,21. Monogramme rouge, en bas et à droite.	Coll. de M. Joyant.
Cinq croquis.	Crayon noir sur feuilles de papier à lettre double. Têtes de clown. Masque d'homme. Paysan du Midi en Espagnol. Suite d'individus en capes et chapeaux, 0,23 × 0,15. Monogramme rouge, en bas et à droite.	Coll. de M. Joyant.
Profil de femme.	Vers la gauche. Croquis crayon noir sur enveloppe 0,12 × 0,9. Monogramme rouge, en bas et à droite.	Coll. de M. Joyant.
Profil de femme.	Avec un chapeau de feutre rond. Croquis au crayon. En larg. 0,20 × 0,16. Monogramme rouge, en bas et à droite.	Coll. de M. Joyant.
Chasseur de restaurant.	Masque de face. Croquis au crayon en haut. 0,15 × 0,13. Monogramme rouge, en bas et à droite.	Coll. de M. Joyant.
Maurice Guibert.	Charge en pied, avec un éléphant dans le fond. Croquis au crayon. En larg. 0,125 × 0.075. Monogramme rouge, en bas et à droite. A paru dans *Lautrec* par Coquiot, p. 172, Blaizot, 1913.	Coll. de MM. Maurice et Paul Guibert.
José Garcia el Algabeno.	Croquis au crayon pris pendant son voyage en Espagne. En haut. 0,095 × 0,07. Monogramme rouge en bas et à droite. A paru dans *Lautrec* par Coquiot, p. 184. Blaizot, 1913.	Coll. de MM. Maurice et Paul Guibert.
Jeune Espagnol à Tolède.	Croquis au crayon fait pendant son voyage en Espagne. En haut. 0,15 × 0,08. Monogramme rouge, en bas et à droite. A paru dans *Lautrec* par Coquiot, p. 176, Blaizot, 1913.	Coll. de MM. Maurice et Paul Guibert.
Le marin Laurentin.	Avec un grand chapeau. Croquis au crayon. Arcachon. En haut. 0,115 × 0.095. Monogramme rouge, en bas et à gauche. A paru dans *Lautrec* par Coquiot, p. 168, Blaizot, 1913.	Coll. de MM. Maurice et Paul Guibert.
La Passagère du 54.	Tournée vers la gauche. Elle porte un chapeau canotier minuscule sur le haut de ses cheveux coiffés en bandeaux plats avec un chignon bas derrière. Croquis au crayon. En haut. 0,11 × 0,07. Monogramme rouge, en bas et à droite. A paru dans *Lautrec*, par Coquiot, p. 124, Blaizot, 1913.	Coll. de MM. Maurice et Paul Guibert.

Gendarme espagnol en gare de Tolède.	Voyage en Espagne. Croquis au crayon en haut. 0,17×0,125. Monogramme rouge, en bas et à gauche. A paru dans *Lautrec*, par Coquiot, p. 54. Blaizot, 1913.	Coll. de MM. Maurice et Paul Guibert.
Tête de gendarme espagnol avec son bicorne.	Croquis au crayon. Monogramme rouge, en bas et à droite. Croquis pris pendant son voyage en Espagne, En larg. 0,115×0,095. A paru dans *Lautrec* par Coquiot, p. 96. Blaizot, 1913,	Coll. de MM. Maurice et Paul Guibert.
Deux profils d'Espagnols.	Vers la gauche ; un jeune et un vieux. Croquis encre pris pendant son voyage en Espagne. En larg. 0,14×0,105. Monogramme rouge, en bas et à gauche. A paru dans *Lautrec* par Coquiot, p. 82. Blaizot, 1913.	Coll. de MM. Maurice et Paul Guilbert.
Madame Repetto.	Assise de profil vers la droite. En larg. 0,105×0,075. Monogramme rouge, en bas et à droite. Croquis à l'encre. Arcachon. A paru dans *Lautrec* par Coquiot, p. 72, Blaizot, 1913.	Coll. de MM. Maurice et Paul Guibert.
M. Louis Bouglé.	Tête coiffée d'un chapeau de paille. Croquis crayon sur papier blanc en haut. 0,21×0,18. Signé du monogramme, en haut et à droite.	Coll. de M. A. Berthellemy.
M. Louis Bouglé.	Il est représenté debout, en veston et casquette très petite, lui couvrant à peine la tête, suivant la mode d'alors. Il tient en main un programme de courses cyclistes qu'il annote avec un crayon de grande dimension. Croquis crayon sur papier teinté jaune clair en haut. 0,275×0,21. Signé du monogramme, en bas et à gauche.	Coll. de M. A. Berthellemy.
M. Étienne Giraud.	Tête de profil, à gauche. Dessin à l'encre en haut. 0,085×0,07. Monogramme rouge, en bas et à gauche.	Coll. de M. P. Guibert.
M. Louis Joret.	Tête de face. Dessin au crayon en haut. 0,115×0,11. Monogramme rouge, en bas et à gauche.	Coll. de M. P. Guibert
M. Maurice Guibert, à table.	Assis à gauche, de profil, Mme Bernard et le domestique Joseph. Arcachon 1896. Dessin au crayon en larg. 0,185×0,115. Monogramme rouge, en bas et à droite.	Coll. de M. P. Guibert.
M. Maurice Guibert.	De face, en charge. Dessin à la plume en haut. 0,075×0,07. Monogramme rouge, en bas et à droite.	Coll. de M. P. Guibert.
M. le comte A. de Toulouse-Lautrec.	Tête de face. Crayon en haut. 0,10×0,095. Monogramme rouge, en bas et à droite.	Coll. de M. P. Guibert.
L'oncle Ménard.	Tête de profil, à droite. Dessin au crayon en haut. 0,09×0,08. Monogramme rouge, en bas et à droite.	Coll. de M. P. Guibert.
M. Maurice Guibert.	De face, charge. Crayon sur une carte-télégramme datée 25 février 1896. En larg. 0,12×0,075. Monogramme rouge, en bas et à droite.	Coll. de MM. Maurice Guibert et Galanti.
Tête d'homme chauve.	Avec barbiche à la chinoise. Charge. Au verso, le même, assis en posture de Bouddha, tenant une tige de lotus. Crayon 0,08×0,08. Monogramme rouge, en bas et à droite.	Coll. de MM. Maurice Guibert et Galanti.

Têtes du Capitaine du Chili.	En casquette, de profil vers la gauche, et de M. Maurice Guibert, de face. Crayon en haut. 0,13 × 0,055. Monogramme rouge, en bas et à droite.	Coll. de MM. Maurice Guibert et Galanti.
Tête d'homme.	Nu-tête, de profil vers la gauche, avec un grand nez et barbe en pointe. Bordeaux. Crayon en haut. 0,19 × 0,15. Monogramme rouge, en bas et à droite.	Coll. de MM. Maurice Guibert et Galanti.
Tête de face d'un monsieur.	Avec un gros nez et un chapeau de paille. Arcachon. Crayon 0,18 × 0,18. Monogramme rouge, en bas et à droite.	Coll. de MM. Maurice Guibert et Galanti.
M. X...	Tête de profil à gauche, fumant la pipe. En bas de la page, charge de M. Maurice Guibert et de M. X... Arcachon. Crayon en haut. 0,31 × 0,20. Monogramme rouge, en bas et à droite.	Coll. de MM. Maurice Guibert et Galanti.
M. X...	Debout, de profil, avec un chapeau à bords plats et un âne dans le fond. Bordeaux-Arcachon. Au verso, deux têtes d'hommes dont l'un fume la pipe. Crayon en haut. 0,31 × 0,20. Monogramme rouge, en bas et à droite.	Coll. de MM. Maurice Guibert et Galanti.
Femme en buste.	De profil, vers la droite, accoudée, nu-tête, avec un casque de cheveux. Sanguine sur papier bleu. En haut. 0,53 × 0,36. Monogramme rouge en bas et à droite.	Coll. de M. A. Natanson.
Page de croquis.	Six têtes, dont une de Napoléon III, de face. Dessin au crayon bleu. En haut. 0,30 × 0,20. Monogramme rouge, en bas et à droite.	Coll. de M. A. Natanson.
Têtes de MM. Sescau, Félix Fénéon, de profil, et de M. X...	Dessin au crayon bleu. En haut. 0,30 × 0,20. Monogramme rouge, en bas et à droite.	Coll. de M. A. Natanson.
M. G. T. de C.	En buste, de profil tourné à gauche. Dessin au crayon bleu. En haut. 0,30 × 0,20. Monogramme rouge, en bas et à droite.	Coll. de M. A. Natanson.
L'acteur de Max.	De profil, en buste, tourné vers la gauche. Dessin à l'encre et au crayon bleu. En haut. 0,30 × 0,20. Monogramme rouge, en bas et à droite.	Coll. de M. A. Natanson.

1896 et 1882

Deux pages d'album.	Cheval attelé à un tilbury et reculant (de 1882). Au dos, monsieur en chapeau haut de forme (de 1896). Le Comte Alphonse de T.-L. à cheval (de 1896). Au dos, charge de Molier à cheval. Mines de plomb en larg. 0,25 × 0,15. Monogramme rouge, en bas et à gauche.	Musée d'Albi, portef. V.

1897

Tête de passager du Chili.	De face. Croquis crayon, en haut. 0,10 × 0,095. Monogramme rouge, en bas et à droite. A paru dans *Lautrec* par Coquiot, p. 106. Blaizot. 1913.	Coll. de MM. Maurice et Paul Guibert
M. Hermel.	Nu-tête, de face. Croquis au crayon, en haut. 0,10 × 0,09. Monogramme rouge, en bas et à droite. A paru dans *Lautrec* par Coquiot, p. 111. Blaizot, 1913	Coll. de MM. Maurice et Paul Guibert.

A la Souris.	Une tête de M. Brunswick. 3 pages de croquis : tête de femme de profil, de curé et d'enfant de chœur. Mine de plomb en haut. 0,18 × 0,115. Cachet rouge, en bas et à gauche.	Musée d'Albi, portef. I.
A la Souris.	Tête de Mme Palmyre de face. Delteil, N° 210. Mine de plomb en haut. 0,18 × 0,115. Cachet rouge, en bas et à gauche.	Musée d'Albi, portef I.
A la Souris.	Croquis tête de M. Brunswick. Delteil, N° 210. Au dos, croquis pour la litho, la petite Loge. Delteil, N° 209. Mine de plomb 0,36 × 0,23 Cachet rouge, en bas et à gauche.	Musée d'Albi, portef. I.
Attelage en tandem.	Tonneau attelé de deux cobs en tandem ; conduit par une dame accompagnée de son cocher, à droite. Derby, chien colley, galopant. Recherche pour la lithographie. Delteil, N° 218. Dessous de litho. Crayon et lavis encre de Chine et couleurs. En larg. 0,415 × 0,265. Signé du monogramme et dédicace à Stern : Lautrec, en bas et à droite. Repr. dans *Lautrec* par Coquiot, 1913. dans Toulouse-Lautrec. H. Esswein et A.-H. Heymel, 1912, Munich, Piper. Photo Druet 20215.	
Alors vous êtes sage ?	Oui, madame, mais j'ai fréquenté quelqu'un ! Dessin encre de Chine pour le N° 114 du *Rire*, 9 janvier 1897. En haut. 0,70 × 0,57. Monogramme de l'artiste, en bas et à gauche. Photo Joyant.	Musée d'Albi, N° 125.
Mme Berthe Bady.	La comédienne est vue de face, la tête dans sa paume droite. Les yeux sont fixes et la bouche close. Dessin à la sanguine, en haut. 0,535 × 0,365. Signé du monogramme, en bas et à gauche. Recherche pour le portrait N° 24 du Musée d'Albi et le programme de la Lépreuse, d'Henry Bataille. Théâtre de l'Œuvre, saison 1896-1897. Delteil, N° 196. Vente Heim, 1913. N° 21, portrait de Mme Berthe Bady : 1.530 francs, M. Mayer.	Coll. de M. Marcel Guérin.
Snobisme, ou chez Larue.	Jeanne, passe-moi ton porte-monnaie. M. T. de C. est au restaurant, attablé devant une dame (Schuffly). Dans le fond, un jaloux, l'air furieux (Guibert), et un chasseur. Dessin en haut. Signé du monogramme, en bas et à droite. Illustration pour le *Rire*, N° 129, du 24 avril 1897. (Voir catalogue des tableaux.)	
Baron dans les Charbonniers.	M. le Secrétaire de M. le Commissaire ! Les journaux annoncent que M. Baron, l'illustre comique, quitte prochainement le Théâtre des Variétés, où il a remporté de si retentissants succès. De profil trois quarts vers la droite ; avec une calotte, buste. Dessin en noir en haut. Signé du monogramme, à gauche et en bas. Illustration pour le *Rire*, N° 117 du 30 janvier 1897. Exposition Winterthur, Museum, 1924.	
Une femme nue sur un bidet.	Dessin crayon, en haut. 0,35 × 0,20.	Coll. de MM. G. Séré de Rivières, Strauss.

Chanteuse anglaise de café-concert.	Crayon.	Musée d'Albi, N° 77.
Horse-Guard.	Dessin à la plume. Londres, 1897.	Musée d'Albi, N° 106.
A la Souris. Mme Palmyre et son chien.	Mine de plomb sur papier bleu, en haut. 0,40 × 0,30. Signé : Lautrec, en bas et à droite. Exposition de 1914, N° 184. Photo Joyant.	Musée d'Albi, N° 96.
Profil de femme.	En buste. Modèle, Hélène Vary. Mine de plomb en haut. 0,18 × 0,115. Monogramme rouge, en bas et à gauche.	Musée d'Albi, portef. II.
Cinq pages d'album.	Croquis de têtes. Mines de plomb 0,22 × 0,125. Monogramme rouge, en bas et à gauche.	Musée d'Albi, portef. III.
M. G. Tapié de Céleyran.	Charge. Mine de plomb en haut. 0,30 × 0,19. Monogramme rouge, en bas et à gauche.	Musée d'Albi, portef. VII.
Tête de femme.	D'après une sculpture antique. Mine de plomb. Au dos, une femme nue avec un faucon sur le bras. Dessin à l'encre en haut. 0,23 × 0,18. Monogramme rouge, en bas et à droite.	Musée d'Albi, portef. C.
Croquis de femme.	En buste, bras pendants. Mine de plomb en haut. sur papier bleuté 0,37 × 0,27. Monogramme rouge, en bas et à gauche.	Musée d'Albi, portef. C.
Trois pages d'album.	Tête de femme chapeautée. Au verso, tête de Gémier. Voir programme Bénéfice Gémier. Delteil, N° 221. Mme Brazier au Hanneton, en buste. Une autre dame, et au verso, profil d'homme. Mine de plomb en larg. 0,155 × 0,105. Monogramme rouge, en bas et à gauche.	Musée d'Albi, portef. D.
Deux pages d'album.	Croquis d'un monsieur et d'une dame attablés. Deux têtes de M. X... Mine de plomb en larg. 0,18 × 0,115. Monogramme rouge, en bas et à gauche.	Musée d'Albi, portef. D.
Deux pages d'album.	Une voiture conduite par une dame. Torse du fauconnier. La mère Capulet. Mine de plomb en larg. 0,21 × 0,15. Monogramme rouge, en bas et à gauche.	Musée d'Albi, portef. E.
Cinq croquis.	Sur des enveloppes de lettres. Chien Derby. Charges. Têtes de femmes. Mine de plomb et encre 0,14 × 0,10. Monogramme rouge, en bas et à gauche.	Musée d'Albi, portef. F.
Elsa la Viennoise.	En buste, nu-tête, de profil, tournée vers la gauche. Dessin à la mine de plomb sur papier gris bleu en haut. 0,485 × 0,36. Signé : Lautrec, à droite, et en bas. Exposition de 1914, N° 182. Photo Joyant.	
Henry Somm.	Dessinateur humoriste. Dessin en haut. Dédicace "pour Somm. Lautrec", en bas et à gauche. Henry Somm est assis dans un fauteuil, chapeau haut de forme et est tourné vers la droite (coupé aux jambes). Fond de bal du Moulin Rouge, avec, à droite, deux silhouettes de femmes de dos (l'une Jane Avril) et les silhouettes de Lautrec et de son cousin Tapié de Céleyran. A paru dans les *Hommes d'Aujourd'hui*, 8ᵉ vol., N° 407. Vanier, éditeur. Henry Somm, par L.-Roger Milès.	

Profil de femme.

De profil vers la gauche. Dessin aux deux crayons noir et sanguine. Haut. 0,34 × 0,25. Signé en bas et à gauche. 1ʳᵉ vente Manzi, 1919, N° 193 : 1.650 francs. Vente judiciaire Ermann, 7 juin 1923. N° 21 : 1.780 francs.

Coll. de M. Marcel Guérin.

Tête de femme, de face.

Dessin en haut. 0,30 × 0,25.

Coll. de M. Marcel Guérin.

Trois croquis.

Têtes de femmes. Au verso, croquis de la petite Loge. Delteil, N° 209. Mine de plomb 0,18 × 0,115. Cachets rouges, en bas et à gauche.

Musée d'Albi, portef. I.

M. G. Tapié de Céleyran.

De dos, en redingote à grandes basques, penché en avant. Crayon en haut. 0.17 × 0,11. Monogramme rouge en bas et à droite. Lautrec a écrit en haut : « Remember ».

Coll. de MM. Maurice Guibert et Galanti.

1898

Bar-Maid.

A Londres. Pastel. Debout, de face, trois quarts à gauche, une serveuse de bar au Critérium, chevelure blonde avec grosse coque sur le haut de la tête, col blanc, corsage à manches à gigots, les mains appuyées sur le comptoir, sert un Anglais, juché à gauche sur un haut tabouret ; les pieds sur les barreaux, tenant sa canne des deux mains, cigare à la bouche, tête de bull-dog, à favoris courts, chapeau melon. Tonalité gris-vert. Carton en haut. 0,65 × 49. Signé : A Maurice Joyant, Lautrec, en bas et à droite. Exposition rétrospective de 1914, N° 62.

Coll. de M. Joyant.

Portrait d'une chanteuse.

Calque. Elle est debout sur la scène, dans le bas, on aperçoit les mains du souffleur. En haut. 1,30 × 0,72. Signé en haut et à droite. 1ʳᵉ vente Manzi, mars 1919. N° 191 : 1.050 francs. A rapprocher de la litho Delteil, N° 269.

Jeune femme.

Tête de trois quarts, face vers la gauche. Chevelure abondante. Femme · de la rue des Moulins. Sanguine en haut. 0,50 × 0,38. Vente Baudin, 1921, N° 28. Jeune femme : 3.300 francs. Voir illustration du Catalogue Baudin. Photo Pellet.

Coll. de M. Berthellemy.

M. G. Tapié de Céleyran.

De profil, debout, en charge. Sur une enveloppe datée d'Arromanches, juillet 1898. Monogramme rouge.

Coll. de M. Louis Bouglé.

Job.

Soldat anglais, assis et fumant. Fusain. Esquisse pour une affiche, sans suite, pour le papier à cigarettes Job. En haut. 1,40 × 1,10. A rapprocher du tableau N° 110 du Musée d'Albi.

Musée d'Albi, N° 148.

Un perroquet perché.

Crayon noir. 0,15 × 0,10. Don de M. Robin-Langlois. Photos Aillaud.

Musée d'Albi, N° 132.

Au Hanneton.

2 croquis (Mme Brazier). Delteil, N° 272. Au dos une tête de femme. Mine de plomb en haut. 0,18 × 0,115. Monogramme rouge, en bas et à gauche.

Musée d'Albi, portef. I.

Au pied du Sinaï.	Croquis. Recherche pour la couverture. Delteil, N° 235. Têtes de femmes recto-verso. Deux pages d'album mine de plomb en larg. 0,18 × 0,115. Cachet rouge, en bas et à gauche.	Musée d'Albi, portef. I.
Deux pages d'album.	Le Fauconnier. Recherche pour une couverture de livres, inspirée du fauconnier de Fromentin ; avec torse de M. André Rivoire qui a posé. Recherche de tête d'un faucon. Croquis à la plume en haut. 0,17 × 0,11. Monogramme rouge, en bas et à gauche.	Musée d'Albi, portef VII.
Deux pages d'album.	Tête de femme de profil. Monogramme rouge, en bas et à droite. Et en buste, de profil. Monogramme rouge, en bas et à gauche. Mine de plomb en haut. 0,18 × 0,115.	Musée d'Albi, portef. D.
Deux pages d'album.	Jeune acrobate debout de face. Pour le monotype. Delteil, N° 338 bis. Un fox-terrier de face. Mine de plomb en haut. 0,155 × 0,105. Monogramme rouge, en bas et à gauche.	Musée d'Albi, portef. D.
Trois pages d'album.	Un monsieur de dos. Un torse de femme nue. Un monsieur en buste, de face. Au dos, un profil de femme. Mine de plomb en haut. 0,16 × 0,10. Monogramme rouge, en bas et à gauche.	Musée d'Albi, portef. F.
Deux pages d'album.	Tête de faunesse. Au dos croquis à l'encre. Tête d'Anglaise du Havre. Mine de plomb en haut. 0,20 × 0,13. Monogramme rouge, en bas et à gauche.	Musée d'Albi, portef. F.
Académie de femme nue.	De face. Recherche pour le tableau N° 20, Musée d'Albi. Fusain sur papier bleu en haut. 0,54 × 0,37. Monogramme rouge, en bas et à gauche.	Musée d'Albi, grand portef. H.
Mme M. N. couchée et dormant la tête appuyée sur son bras.	Dessin au crayon Conté en haut. 0,18 × 0,12. Non signé. Esquisse N° 1. Photo Aillaud, Albi.	Coll. de M. T. de C.
Mme M. N. couchée et dormant la tête appuyée sur son bras.	Dessin au crayon en haut. 0,18 × 0,12. Non signé. Esquisse N° 2. Photo Aillaud, Albi.	Coll. de M. T. de C.
Tête de femme de face.	De la rue des Moulins. Dessin à la mine de plomb. Figure riante, fine et distinguée, avec un casque de cheveux. En haut. 0,31 × 0,20. Signé du monogramme, en bas et à droite.	Coll. de M. Joyant.
Gasparine couchée.	Tête de femme émergeant des draps du lit. Dessin mine de plomb. Recherche pour la couverture de l'Etoile Rouge, de P. Leclercq. Delteil, N° 831. Au dos, un perroquet, de face. A rapprocher des perroquets, Musée d'Albi, N° 132. En larg. 0,16 × 0,10. Monogrammes rouges, en bas et à droite. Photo Joyant.	Coll. de M. Joyant.
M. Louis Bouglé.	Debout de face. Croquis au crayon. Recherche esquisse pour le portrait. En haut. 0,205 × 0,13. Monogramme rouge, en bas et à droite.	Coll. de M. Joyant.
M. G. Tapié de Céleyran.	Croquis au crayon. Profil de la tête tournée vers la gauche. En larg. 0,21 × 0,145. Monogramme rouge, en haut et à droite.	Coll. de M. Joyant.

Sortie de théâtre.	L'attente au vestiaire. Un monsieur en chapeau haut de forme accompagne une dame en toilette de bal, nu-tête : aigrette en haut de la tête, éventail à la main. Ils attendent leurs manteaux. Dessin au crayon noir en haut. Signé : A Floury, cordialement, Lautrec, en bas et à gauche. A paru sur la couverture de *Autour de Toulouse-Lautrec*, par Paul Leclercq. H. Floury, 1921.	Coll. de M. H. Floury.
M. Paul Leclercq.	Tête. Charge. De profil vers la gauche. Crayon mine de plomb. Signé du monogramme, en bas et à droite. A paru en tête de *Autour de Toulouse-Lautrec*, par Paul Leclercq. Floury, éditeur, 1921. Réminiscence de ce profil dans la couverture pour l'Étoile rouge, de Paul Leclercq. Delteil, N° 231.	
M. Paul Leclercq.	En buste, de profil vers la gauche. Crayon en haut. 0,27 × 0,21. Monogramme rouge, en bas et à droite. Recherche pour la couverture de *L'Etoile rouge*. Voir Delteil, N° 231.	Coll. de MM. Maurice Guibert et Galanti.
M. Maurice Guibert.	Assis à l'arrière d'un canot à vapeur. Charge. Dessin à la plume en haut. 0,21 × 0,135. Monogramme rouge, en bas et à droite. Lautrec, en haut, a écrit : « Ne pas confondre Guibert avec Gibert ! ! ! » (Sirop).	Coll. de MM. Maurice Guibert et Galanti.
Tête de femme.	Avec un chapeau, de profil vers la gauche. Crayon sur papier à lettre, du Havre. En haut. 0,205 × 0,13. Monogramme rouge, en bas et à droite.	Coll. de MM. Maurice Guibert et Galanti.
La leçon de chant.	Mlle Dihau et Mme Jeanne F., la première accompagnant la seconde debout et chantant. Crayon en haut, sur papier bleuté 0,53 × 0,36. Monogramme rouge, en bas et à droite. Première recherche pour le tableau définitif : La leçon de chant, N° 93. Vente Manzi 1919. Voir Lautrec, Joyant-Floury, 1926. Catalogue p. 296, vol. I.	Coll. de MM. Bing & Cie.
M. X...	Tête en buste, de profil, chapeau haut de forme, vers la gauche. Le proprio de la Cité Frochot. Dessin au crayon. En haut. 0,19 × 0,13. Monogramme rouge, en bas et à gauche.	Coll. de M. Robin-Langlois.
Un faucon.	Silhouette de face. Dessin au crayon. En larg. 0,19 × 0,13. Monogramme rouge, en bas et à gauche.	Coll. de M. Robin-Langlois.

1899

Paul Viaud.	Tête, charge. Tourné vers la gauche. Crayon croquis en larg. 0,105 × 0,095. Monogramme rouge, en bas et à droite. A paru dans *Lautrec* par Coquiot, p. 148. Blaizot, 1913.	Coll. de MM. Maurice et Paul Guibert.
Le paddock.	Crayon-sépia, avec dessous de litho, en haut. 0,40 × 0,35. Signé : Lautrec, en bas et à droite. Recherche pour l'estampe. Delteil, N° 280. A paru dans *Coquiot*, p. 159. 1913, Photo Druet 20216.	

Le Jockey.

Aquarelle avec dessous de litho. Cheval de course galopant vers la droite. Dessin crayon et aquarelle en haut. Signé du monogramme, en bas et à droite, 1899, à l'encre, 0,515 × 0,36 Recherche pour l'estampe. Delteil, N° 279. Photo Druet, N° 20.217. A paru dans *Lautrec*, par Coquiot, p. 160, 1921.

Le Motographe.

Couverture pour l'*Album d'images animées*, édité par Clarke et C¹ᵉ, 225, rue St-Honoré, Paris, 1899. Une jeune femme, Mlle Margouin, casque de cheveux, en pèlerine, devant une table, fait jouer les transparents de l'album : derrière, une petite fille regarde. Dans le fond, un Anglais, les jambes écartées, nu-tête, fume ; à droite, un chien colley assis, à gauche un chat noir pelotonné sur un petit banc rond à trois pieds, et un cacatoès sur son perchoir. Sur bristol, crayon bleu et encre de Chine en larg. 0,60 × 0,50. Signé du monogramme H.-L. à l'envers. Exposition de 1914, N° 147. Photo Joyant.

Coll. de M. Joyant.

L'Anglaise du Star du Havre.

Sanguine sur papier bleu en haut. 0,52 × 0,38. Signé : Lautrec, en bas et à gauche. A rapprocher de la peinture Musée d'Albi, N° 47. A paru dans le *Figaro Illustré*, N° 145, p. 10, avril 1902, Photo Joyant.

Musée d'Albi, N° 100.

Au Star du Havre.

3 croquis crayon. Tête de profil de Miss Dolly. La Chanson du matelot. Delteil, N° 274. Profil de femme du Star. Chanteuse anglaise, debout, en matelot, avec un béret. Monogramme rouge.

Coll. de MM. Louis Bouglé, Blaizot.

Au Star du Havre.

Croquis. Un matelot anglais et Louis Bouglé de profil avec un béret. Monogramme rouge.

Coll. de MM. Louis Bouglé, Blaizot.

Au Star du Havre.

Dessin. Chanteuse anglaise. La Chanson du matelot. Recherche qui a servi après coup à Lautrec pour exécuter une litho. La Chanson du matelot. Voir Delteil, N° 276. Vente Sévadjian, mars 1920. Sous le titre : Rigolette. N° 29, 2.950 francs. Voir illustration du Catalogue.

La Modiste.

Mlle Margouin, assise de profil. Crayon en haut. 0,46 × 0,30. Monogramme rouge, en bas et à gauche.

Musée d'Albi, petit portef. A.

Tête de femme, de profil.

Sur papier Hollande. Dessin en haut. 0,80 × 0,65. Mine de plomb. Signé : Lautrec, en bas et à droite. Exposition de 1914, N° 178. Photo Joyant.

Musée d'Albi, N° 98.

Profil féminin.

Tourné à gauche. Dessin à la sanguine en haut. 0,26 × 0,19. Signé : Lautrec, en bas et à droite. Photo Joyant.

Musée de Toulouse, N° 621. Don de Mme de Toulouse-Lautrec.

En Maison close.

Rue des Moulins. Sur l'escalier de la rue des Moulins. Fusain et craie. Esquisse d'une femme à moitié nue, debout vers la droite, montant l'escalier reconnaissable à ses balustres. En haut. 0,80 × 0,50. Non signé. Photo Druet, 3519. A paru dans *Lautrec*, par Coquiot, p. 210, 1913,

Profil du Comte Alphonse de Toulouse-Lautrec.	Dessin au crayon bleu. Daté du 12 janvier 1899. Signé et dédicacé : Lautrec, à Spoke. Monogramme rouge.	Coll. de MM. Louis Bouglé, Blaizot.
Quatre pages d'album.	Étude d'animaux. Crayon.	Musée d'Albi, N° 76.
Escargots, Souris, Dindon, Cochon, Epervier.	Croquis mine de plomb. Recherches pour les *Histoires Naturelles*, de Jules Renard. Feuille recto-verso en larg. 0,30 × 0,20. Signé : H. T.-L., en haut, et à gauche, au crayon.	Coll. de M. Joyant.
Mouflon de l'Himalaya.	Jardin d'Acclimatation. 2 croquis au crayon sur papier recto-verso, en larg. 0,18 × 0,11. Monogramme rouge, en bas et à droite.	Coll. de M. Joyant.
Caméléon.	Croquis dessin crayon. Monogramme rouge.	Coll. de MM. Louis Bouglé. Blaizot.
Deux feuilles.	Éléphants se suivant et éléphant de cirque sur un tonneau. Croquis au crayon bleu. Monogramme de Lautrec au crayon bleu. Monogramme rouge.	Coll. de MM. Louis Bouglé, Blaizot.
Une femme habillée du temps de Louis XV avec un gentilhomme en habit de cour.	Crayons bleu et rouge. En haut. 0,40 × 0,30. Recherche pour illustrer une musique de Désiré Dihau, *Tes yeux*. N'a pas eu de suite.	Coll. de Mlle Dihau.
Une femme habillée du temps de Louis XV avec un gentilhomme en habit de cour.	Crayon. Recherche pour *Tes yeux*. Musique de Désiré Dihau.	Musée d'Albi, N° 108.
Un seigneur Louis XV avec une Dame à robe à panier.	Recherche pour *Tes Yeux*. Musique de Désiré Dihau. Couverture non éditée de Dihau. A rapprocher du N° 108, Musée d'Albi. Calque crayon bleu en haut. 0,35 × 0,21. Monogramme rouge, en bas et à gauche.	Musée d'Albi, petit portef. A.
Intérieur de voiture.	Sanguine et crayon bleu. Recherche pour une illustration de musique de Désiré Dihau.	Musée d'Albi, N° 104.
Intérieur de voiture. I.	Recherche pour une illustration de musique de Désiré Dihau. Non parue. Sanguine sur papier jaune en haut. 0,30 × 0,23. Monogramme rouge, en bas et à gauche. A rapprocher du N° 104, Musée d'Albi.	Musée d'Albi, petit portef. A.
Intérieur de voiture. II.	Cocher sur le siège d'un coupé. Recherche pour une illustration de musique de Désiré Dihau. Sanguine sur papier blanc en haut. 0,34 × 0,23. Monogramme rouge, en bas et à gauche. A rapprocher du N° 104, Musée d'Albi.	Musée d'Albi, petit portef. A.
Au Bois de Boulogne.	Croquis crayon noir. Profil de femme avec un chapeau tricorne, tournée vers la droite. Croquis fait au Bois de Boulogne. On retrouve la femme dans le tableau. Sur papier quadrillé en larg. 0,13 × 0,10. Timbre rouge, en bas et à droite	Coll. de M. Joyant.
Au bois.	Éventail. Aquarelle. Petite fille se promenant avec un petit chien. En larg. 0,61 × 0,31. Signé à gauche et en bas : A ma cousine, Aline Séré de Rivières et à son papa. Lautrec, 99.	Coll. de Mlle A. Séré de Rivières.

Tête de vieil homme.	Dessin aux crayons de couleurs sur papier bleu. Un pensionnaire de la Maison de Santé de Madrid. M. M.	Musée d'Albi, N° 70.
Cinq pages d'album.	Chacune avec une tête d'homme. Pensionnaires de la Maison de Santé de Madrid. Au verso un King's Charles et un homme debout. Mines de plomb en haut. 0,18×0,115. Monogrammes rouges, en bas et à gauche.	Musée d'Albi, portef. II.
Marine.	Encre de Chine, lavis. Bateau de pêche du Crotoy, sur la mer, vaste horizon. Sur feuille de papier écolier en haut. 0,30×0,20. Signé : Lautrec, Madrid, 1899.	Coll. de M. G. Séré de Rivières.
Quatre pages d'album.	Croquis d'oies du Jardin d'Acclimatation. Mines de plomb en haut. 0,18×0,115. Monogrammes rouges, en bas et à droite.	Musée d'Albi, portef. II.
Quatre croquis d'album.	Trois têtes d'un pensionnaire de la Maison de santé de Madrid. Un petit chien sur un coin de journal. Au verso, un monsieur, debout. Mines de plomb en haut. 0,18×0,11. Monogramme rouge, en bas et à gauche.	Musée d'Albi, portef. II.
Trois pages d'album.	Paméla, chienne de vache, de Lautrec. Crayon noir sur papier bleu en larg. 0,18×0,115. Monogramme rouge, en bas et à gauche. Une oie, la tête dans son aile. Mine de plomb en larg. 0,18×0,115. Monogramme rouge, en bas et à gauche. Un fronton de théâtre. Mine de plomb en larg. 0,18×0,115. Monogramme rouge, en bas et à gauche.	
Deux pages d'album.	Maison de santé. Tête d'homme, de profil. Tête d'homme, de face. Au dos, tête de femme et un chapeau sur son support. Mines de plomb en haut. 0,18×0,115. Monogrammes rouges, en bas et à gauche.	Musée d'Albi, portef. II.
Croquis de têtes de pigeon ramier, de pélican.	Au verso, tête de femme et croquis de mains de violoniste. Dessin à l'encre en larg. 0,26×0,20. Cachet rouge, en bas et à gauche.	Musée d'Albi, portef. VII.
Rhinocéros.	Dessin au crayon bleu en haut. 0,33×0,23. Monogramme rouge, en bas et à gauche.	Musée d'Albi, portef. VII.
Deux têtes de lapins.	Recherche pour les *Histoires Naturelles*, de Jules Renard. Mine de plomb en haut. 0,18×0,11. Monogramme rouge, en bas et à gauche.	Musée d'Albi, portef. D.
Quatre pages d'album.	Croquis du fourmilier et de pintades. Mine de plomb en larg. 0,18×0,11. Monogramme rouge, en bas et à gauche.	Musée d'Albi, portef. D.
Pingouin.	Dessin à la plume. En haut. 0,17×0,11. Monogramme rouge, en bas et à droite.	
M. G. de T.-L. en alchimiste.	Dessin au crayon noir en haut. 0,21×0,16. Monogramme rouge, en bas et à gauche, et de la main de Lautrec : Nos contemporains chez eux	Musée d'Albi, portef. E.
Deux pages d'album.	Charge de Maurice Guibert. Dessin crayon violet en larg. 0,21×0,13. Tête de Noblet? de profil. Mine de plomb en haut. 0,21×0,13. Monogramme rouge, en bas et à gauche.	Musée d'Albi, portef. E.

— 233 —

Deux pages d'album.	Tête d'un cavalier du Bois. Au dos, tête de femme (vers 1889). Croquis de têtes. Mines de plomb en larg. 0,21 × 0,13. Monogramme rouge, en bas et à gauche.	Musée d'Albi, portef. E.
Deux pages d'album.	Madrid. Croquis têtes d'hommes. Mines de plomb en haut. 0,17 × 0,11. Monogramme rouge, en bas et à gauche.	Musée d'Albi, portef. E.
Quatre pages d'album.	Quatre silhouettes de cavalier et d'homme. Mines de plomb en larg. 0,17 × 0,11. Monogramme rouge, en bas et à gauche.	Musée d'Albi, portef. F.
Femme assise.	Vers la gauche. Crayon sur papier bleu en haut. 0,45 × 0,30. Monogramme rouge, en bas et à droite.	Musée d'Albi, petit portef. A.
Au Cirque.	1. Dessin aux crayons de couleurs et crayon noir. Jockey. Album Manzi-Joyant. Sur le cheval débridé, un jockey, habillé en vert, assis face à l'arrière sur la croupe, fait de la voltige. Dessin en larg 0,50 × 0,33. Signé du monogramme en bas et à gauche.	
Au Cirque.	2. Dessin aux crayons de couleurs et crayon noir. Clown dresseur. Album Manzi-Joyant. Au milieu de la piste, Footitt, habillé de bleu, fait faire le beau à un caniche blanc. Dans le fond, un éléphant sur un tonneau. Dessin en larg. 0,50 × 0,30. Signé et dédicacé, en bas et à gauche : Madrid, Pâques 1899, à Arsène Alexandre. Souvenirs de ma captivité. Lautrec.	
Au Cirque.	3. La Dresseuse d'animaux. Album M.-J. Dessin en sanguine. Au milieu du cirque, une dresseuse en culotte courte, habit à la française, tient la patte d'un singe juché sur le dos d'un poney. En haut. 0,50 × 0,32. Signé du monogramme, en bas et à droite.	
Au Cirque.	4. Cheval et singe dressés. Album M.-J. Dessin au crayons de couleurs et crayon noir sur papier blanc. Au milieu du cirque : un gros clown, de face, fait travailler un singe, à quatre pattes par terre, pour le faire sauter sur un petit poney. En haut. 0,435 × 0,265. Signé du monogramme, en bas et à droite.	
Au Cirque.	5. Éléphant en liberté. Album M.-J. Dessin aux crayons de couleurs et noir sur papier blanc. Au milieu du cirque, une dresseuse costumée en toréador espagnol, et en vert, fait se dresser, sur les pattes de derrière, un éléphant juché sur un tonneau. En haut. 0,355 × 0,25. Monogramme en bas et à droite.	
Au Cirque.	6. Travail de l'ours sur le panneau. Album M.-J. Dessin aux crayons de couleurs et crayon noir sur papier blanc Un ours est sur le panneau qui selle le cheval. Le dompteur, en dolman à brandebourgs, culotte et bottes vernies, fait faire le travail à la longe. En haut. 0,355 × 0,25. Signé du monogramme, en bas et à droite.	

Au Cirque.

7. Clownesse. Album M.-J. Dessin aux
crayons de couleurs et crayon noir sur
papier blanc. Sur un cheval blanc qui
se démène et rue, une clownesse est à
cheval. Sur la piste, un caniche noir.
En haut. 0,355 × 0,25. Signé du monogramme au crayon bleu, à droite et
en bas.

Au Cirque.

8. Travail de tapis. Album M.-J. Dessin
aux crayons de couleurs et crayon noir
sur papier blanc. Au milieu du cirque,
un acrobate, en maillot, supporte une
petite fille, debout sur ses épaules et
une autre petite fille en drapeau. Dans
le fond, un acrobate agenouillé et une
petite acrobate. En haut. 0,355 × 0,25.
Monogramme, en bas et à droite.

Au Cirque.

9. Entrée en piste. Album M.-J. Dessin
au crayon noir et de couleurs et pastel
sur papier blanc. Dans le couloir qui
mène à la piste, un cheval, sellé du
panneau, va entrer dans le cirque :
derrière, une acrobate, enveloppée d'un
manteau vert bleuté par-dessus son tutu
vert bleuté, maillot rose, babouches
jaunes, s'apprête pour son numéro.
En haut. 0,355 × 0,25. Signé : Lautrec,
1899, en haut et à droite.

Au Cirque.

10. Danseuse de corde. Album M.-J. Dessin aux crayons de couleurs et pastel.
En l'air, le soir, se détachant sur les
feuillages verts du Jardin de Paris, une
acrobate, en maillot, appuyée sur le
chevalet du départ, tâte de son pied
la corde raide, sur laquelle elle va faire
son numéro. En haut. 0,47 × 0,33.
Signé : Lautrec, 1899, en haut et à
droite, au crayon, dans le feuillage.

Au Cirque.

11. Chevaux en liberté. Album M.-J.
Dessin aux crayons noir et de couleurs
sur papier blanc. La pl. est en noir.
Au milieu de la piste, l'écuyer, en habit,
fouet et cravache en mains, salue le
public, tandis que quatre chevaux capa-
raçonnés et panachés vont rentrer à
l'écurie. En larg. 0,355 × 0,255. Signé
du monogramme, en haut et à
droite.

Au Cirque.

12. Cheval pointant. Album M.-J. Dessin aux crayons noir et de couleurs sur
papier blanc. Au milieu du cirque, un
gros écuyer, couché à terre, fait pointer
un cheval caparaçonné et empanaché.
En haut. 0,355 × 0,25. Signé du monogramme, à gauche et en bas.

Au Cirque.

13. Le Trapèze volant. Album M.-J. Dessin à la mine de plomb. Sur un trapèze,
trois jeunes filles acrobates en maillot.
Deux sont assises de chaque côté, cependant que la troisième se tient par le
pli des genoux, la tête en bas. En haut.
0,50 × 0,325. Signé du monogramme,
en haut et à gauche.

Au Cirque.

14. Le Pas de deux. Album M.-J. Dessin au crayon noir sur papier blanc. Debout, en maillot, sur deux chevaux portant leurs panneaux, l'écuyer tient de la main droite une écuyère, en maillot, par la ceinture, qui fait le drapeau. En haut. 0,355 × 0.25. Signé du monogramme, en haut et à droite.

Au Cirque.

15. Le Pas espagnol. Album M.-J. Dessin aux crayons noirs et de couleurs sur papier blanc. Dans la tenue classique d'écuyer de haute école, l'écuyer fait passager son cheval. Dans le fond, deux écuyers en habit rouge. En haut. 0,355 × 0,25. Signé du monogramme, en bas et à droite.

Au Cirque.

16. Écuyère de Haute École. Le pointage. Dans le fond, derrière la rampe, cinq écuyers, clowns, valets d'écurie. Pl. en bleu. Album M.-J. Dessin au crayon noir en haut. 0,50 × 0,33. Signé du monogramme, à gauche, au milieu, dans la rampe.

Au Cirque.

17. Écuyère de haute école. Le Salut. Album M.-J. Tenue classique, l'écuyère, à pied, salue ; pendant que, dans le fond, un valet emmène son cheval. Dessin au crayon noir sur papier bleu en haut. 0,355 × 0,25. Signé du monogramme, en haut et à gauche.

Au Cirque.

18. Écuyère de haute école. Le Tandem. Album M.-J. En selle, l'écuyère, en tenue classique, mène un cheval en tandem ; à gauche, dans le fond, un clown, deux écuyers, un spectateur. Dessin aux crayons noir et de couleurs sur papier blanc en haut. 0,355 × 0,25. Signé du monogramme, en haut et à droite.

Au Cirque.

19. Voltige. Album M.-J. Pl. en bleu. Au milieu de la piste, avec un clown, Auguste à sa gauche ; l'écuyer, fouet à la main, fait travailler une femme en maillot, qui voltige sur un cheval au galop. Dessin aux crayons noir et de couleurs sur papier blanc en larg. 0,355 × 0,25. Signé du monogramme, à droite et en bas.

Au Cirque.

20. Travail sans selle. Album M.-J. Venant vers la gauche. Pl. en un ton de noir. Le long de la piste, galopant, un gros cheval supporte une écuyère en ballerine, maillot, tutu. L'écuyer est au milieu avec son fouet, surveillant le travail, à droite. Dessin au crayon noir et crayons de couleurs en haut. 0,50 × 0,32. Signé du monogramme, à droite et en bas et d'un autre monogramme, à droite et en haut

Au Cirque.

21. Écuyère de panneau. « Elle est gentille, la demoiselle. » Album M.-J. Pendant une pause, Footitt fait des grâces à une écuyère, costumée en ballerine (c'est un homme), assise sur le panneau de son cheval. Elle envoie un baiser à

Footitt. Dessin aux crayons noir et couleurs sur papier blanc en haut. 0,355 × 0,25. Signé du monogramme, à droite et en bas.

Au Cirque.

22. Le Rappel. Album M.-J. La danseuse, écuyère à pied, vient resaluer le public en faisant des pointes. Au milieu du cirque, Footitt est agenouillé, les mains jointes, en extase. Dans le fond, le cheval, qu'on emmène et deux spectateurs, dont un écuyer. Dessin aux crayons noir et de couleurs sur papier blanc en haut. 0,355 × 0,25. Signé du monogramme, à gauche et en haut.

Amazone.

Riding : au bois de Boulogne. Sur un cheval de chasse, elle va au pas vers la gauche ; devant elle, un colley (Derby de M. Robin-Langlois), au loin, son domestique à cheval. Fond de paysage Dessin au crayon noir et couleurs en haut. 0,50 × 0,33. Non signé. A paru dans le N° 145, *Figaro Illustré*, avril 1902.

Un petit cob et un fox-terrier.

Dessin encre de Chine en haut. 0,50 × 0,325. Non signé.

Au Cirque.

Encre de Chine, lavis. Minstrel, nègre assis sur le dossier d'une chaise et jouant du banjo. Dessin en haut. sur papier de 0,31 × 0,20. Non signé. Ce dessin n'a pas paru dans l'Album. Il devait, dans l'esprit de Lautrec, servir d'illustration dans le texte de l'Album.

Au Cirque.

Écuyère de haute école. Faisant faire le passage à son cheval, vers la droite. Encre de Chine, lavis. Dessin en haut. sur papier de 0,31 × 0,20. Signé du monogramme, à droite et en bas. Ce dessin n'a pas paru dans l'Album. Il devait, dans l'esprit de Lautrec, servir de cul-de-lampe pour fin du texte de l'Album.

Au Cirque.

Travail des poids. Un acrobate tient un poids à bras tendu. Derrière lui, une grande haltère. Encre de Chine, lavis. Dessin en haut. 0,35 × 0,25. Signé du monogramme, à gauche et en bas. Ce dessin n'a pas paru dans l'Album. Il devait, dans l'esprit de Lautrec, servir d'en-tête à l'Album.

Au Cirque.

Dans les Coulisses. Une écuyère, chaussons roses, en tutu, éventail bleu à la main, est de dos et de profil. Dans le fond, le pompier de service. Dessin aux crayons noir et de couleurs en haut 0,31 × 0,20. Signé et dédicacé : A la Colombe de l'Arche. Lautrec, à Madrid-les-Bains, 1899, jeudi 9 mars. Ce dessin n'a pas paru dans l'Album. Il a paru dans le N° 145 du *Figaro Illustré*, p. 13, avril 1902.

Au Cirque.

Travail de répétition. Montée sur un grand cheval, nez busqué et à queue de rat, une écuyère de haute école, en costume du matin et en casquette, fait travailler son cheval ; allant vers la droite. A droite, dans le fond, l'écuyer,

en casquette et chandail, se tient, fouet
à la main, au milieu du cirque. Dessin
aux crayons noir et de couleurs en haut.
0,355 × 0,25. Signé du monogramme, à
droite et en bas. Ce dessin n'a pas paru
dans l'Album. Il a paru dans le N° 145
du *Figaro Illustré*, p. 14, avril 1902.

Au Cirque. Travail de panneau à travers un cerceau.
L'écuyère saute à travers un cerceau,
crevant le papier ; elle est habillée en
jupe de danseuse. Un clown, de dos,
tient le cerceau. Dessin aux crayons
noir et de couleurs en haut. 0,355 ×
0,25. Non signé. Ce dessin n'a pas paru
dans l'Album. Il a paru dans le N° 145
du *Figaro Illustré*, p. 12, avril 1908.

Au Cirque. Dans les coulisses. Attendant leur tour de
numéro, une acrobate, vêtue d'un pei-
gnoir, regarde la salle par une fente de
la tenture ; dans le fond, un acrobate
se dérouille en faisant la roue sur les
mains, pieds en l'air ; à côté, une petite
fille enveloppée de son peignoir. Dans
le fond, silhouette d'un spectateur
habitué. Dessin aux crayons noir et de
couleurs en haut. 0,35 × 0,25. Signé du
monogramme, à gauche et en bas. Ce
dessin n'a pas paru dans l'Album. Il a
paru dans le N° 145. du *Figaro Illustré*,
p. 23, avril 1902.

Au Cirque. Un dresseur de chiens, habit rouge,
culotte noire courte, bas et escarpins
vernis, tient dans la main droite un petit chien qui fait la roue sur les pattes
de devant. Devant, regardant, tenant
un cerceau se tient une jeune femme à
coiffure rousse, en habit à la française et
en culotte. Au premier plan, un chien
blanc, avec une collerette verte, assis,
de dos. Dessin aux crayons noir et de
couleurs en haut. 0,355 × 0,25. Signé
du monogramme, à droite, et en bas.
Ce dessin n'a pas paru dans l'Album.

Au Cirque. Travail sur le panneau. Une écuyère est
assise sur le panneau et tient la bride.
Le cheval galope vers la droite. Un
écuyer, tout de bleu habillé, fouet et
cravache en main, est au milieu du
cirque. Dans le fond, à la rentrée des
écuries, rangée d'écuyers, de clowns et
de spectateurs. Dessin aux crayons noir
et de couleurs en larg. 0,315 × 0,22.
Signé : H. Lautrec, en bas et à gauche.
Ce dessin n'a pas paru dans l'Album. Il
a paru dans le N° 145 du *Figaro Illustré*
en couleurs, p. 12, avril 1902.

Au Cirque. Travail de répétition du panneau. Sur
un gros cheval de cirque, une acrobate
blonde, en maillot noir, est à cheval.
A côté, tenant la longe, le manager, en
casquette, costume quadrillé et leggins,
se tient, le fouet à la main. Dessin aux
crayons noir et de couleurs en haut.
0,355 × 0,25. Signé du monogramme,
en haut et à droite. Ce dessin n'a pas paru
dans l'Album.

Au Cirque.	Ballet, fantaisie nautique et japonaise. Souvenirs de Papa Chrysanthème au Nouveau-Cirque, novembre 1892. Voir N° 26, Musée d'Albi. Au milieu de la piste, transformée en lac, une danseuse en jaune évolue sur des feuilles de lotus. Au premier plan, des danseuses, habillées en japonaises. Dessin aux crayons noir et de couleurs, pastel et aquarelle en larg. 0,35 × 0,25. Signé du monogramme, à gauche et en bas. Ce dessin n'a pas paru dans l'Album. A paru dans le N° 145 du *Figaro Illustré* et en couleurs, p. 13, avril 1902.	
Au Cirque.	Clownesse couchée devant son cheval également couché. Dessin aux crayons noir et de couleurs en larg. 0,355 × 0,25. Signé du monogramme, à droite et en haut. Ce dessin n'a pas paru dans l'Album. Il a paru dans le N° 145 du du *Figaro Illustré*, p. 14, avril 1902.	
Au Cirque.	Chocolat. Scène comique. Un nègre, déguisé en écuyer, chapeau haut de forme, habit bleu à basques, bottes à revers, se cramponne au cou d'un cheval blanc qui rue. Le cheval est de profil vers la gauche. Dessin aux crayons noir et de couleurs. Signé du monogramme, en bas et à droite. Ce dessin n'a pas paru dans l'Album. Il a paru dans le N° 145 du *Figaro Illustré*, p. 23, avril 1902.	
Au Cirque.	Clownesse assise devant un cochon qui fait le beau. Dessin au crayon noir en haut. 0,35 × 0,75. Signé du monogramme, à gauche et en haut. Ce dessin est un des premiers faits à la maison de Madrid : après la crise. Ce dessin n'a pas paru dans l'Album. Il a paru dans le N° 145 du *Figaro Illustré*, p. 14, avril 1902.	
Au Cirque.	Écuyère de haute école. Elle fait agenouiller son cheval; dans le fond à l'entrée des écuries, quatre écuyers, clown. Dessin aux crayons de couleurs en haut. 0,41 × 0,26. Signé du monogramme, en haut et à gauche. Ce dessin n'a pas paru dans l'Album.	
Le Perroquet.	Perroquet sur son perchoir. Etude pour la couverture de : *The Motograph Moving*, picture book. Bliss, Sands and Cᵒ. London. Croquis aux crayons noir et violet 0,10 × 0,10. Monogramme rouge.	Coll. de MM. Pellet et Exsteens.
La Fin d'Antonia.	Tête d'homme. Raymond, de face. Mlle X. de profil, à gauche. Crayon en haut. 0,175 × 0,11. Monogramme rouge, en bas et à droite.	Coll. de MM. Maurice Guibert et Galanti.
M. Paul Viaud.	En chemise de nuit, accroupi sur un pot de chambre. Dessin au crayon en larg. 0,13 × 0,115. Monogramme rouge, en bas et à droite.	Coll. de M. P. Guibert.

Mme Hansman, marchande de chevaux.

A cheval, au bois, de profil vers la droite. Dessin à la plume. En haut. 0,19 × 0,13. Monogramme rouge en bas et à gauche. Au verso, tête de M. X..., à la portière de son coupé, coiffé d'un chapeau melon. Dessin à la plume. En haut. 0,19 × 0,13. Monogramme rouge, en bas et à gauche.

Coll. de M. Robin-Langlois.

Un éléphant qui fume la pipe et une tortue.

Dessin au crayon bleu. En haut. 0,18 × 0,11. « Prêtez-moi vos vingt ans, si vous n'en faites rien. » Monogramme rouge, en bas et à gauche.

Coll. de M. Robin-Langlois.

M. Calmèse, loueur de voitures, rue Fontaine.

Avec silhouette de Lautrec dans le fond, à gauche. Dessin aux crayons noir, bleu, et rouge. En haut. 0,11 × 0,075. Monogramme rouge, en bas et à gauche. Au verso, tête de M. Théodore Duret, de face.

Coll. de M. Robin-Langlois.

M. d'Estrées, et profil de Prosper, de chez Durand-Ruel.

Dessin au crayon noir. En haut. 0,19 × 0,13. Monogramme rouge, en bas et à gauche.

Coll. de M. Robin-Langlois.

1900

M. M. Joyant.

De profil vers la droite, en ciré et suroit, mains dans les poches. Croquis recherche pour le portrait. N° 50, Musée d'Albi. Dessin au crayon en haut. 0,175 × 0,11. Monogramme rouge, en bas et à droite.

Coll. de M. Joyant.

M. M. Joyant.

Debout, en pied, de profil vers la gauche, sur son bateau, avec son ciré, ses bottes, son suroît, fusil braqué, fond mer. Recherche croquis pour le portrait N° 50, Musée d'Albi. Dessin à la plume en haut. 0,205 × 0,13. Monogramme rouge, en bas et à droite.

Coll. de M. Joyant.

M. M. Joyant.

En ciré et suroît, vers la droite, de profil, les mains dans les poches. Croquis, recherche pour le portrait N° 50, Musée d'Albi. Dessin au crayon en haut. 0,205 × 0,13. Monogramme rouge, en bas et à gauche.

Coll. de M. Joyant.

Bal des Étudiants.

Bordeaux, décembre 1900. Dessin crayon mine de plomb en haut. 0,60 × 0,47, sur papier vergé et filigrané. Signé du monogramme, en bas et à gauche. Un monsieur en habit et chapeau haut de forme, Paul Viaud, est accompagné d'une grosse dame en domino et masquée ; à ⸱ ɔite, un masque déguisé en clown ; ɔ ⸱ ⸱ le fond, à gauche, sous l'orchestre, un ɔonsieur en arrêt devant les deux personnes (le docteur Tapié de Céleyran). Ce dessin a servi pour la reproduction du trait noir de l'affiche du Bal des Étudiants, tirée en typographie avec deux rehauts de couleurs : seulement du jaune pour colorer le clown et la femme, et du rouge pour rehausser les nez et les figures. L'affiche, mesure du papier : 0,56 × 0,36. Photo Drouot. N° 642.

Coll. de M. André Wilden.

Messaline.	Mlle G., à l'Opéra de Bordeaux. En buste, de face, légèrement tournée vers la gauche. Cheveux noirs séparés par une raie. Dessin aux crayons noir et couleurs en larg. 0,32 × 0,25. Monogramme rouge, en bas et à gauche. Exposition de 1914, N° 177. Photo Joyant.	
Messaline.	Mlle G., Opéra de Bordeaux. En buste, de face, les bras nus croisés. Dessin à la mine de plomb en haut. 0,25 × 0,21. Monogramme rouge, en bas et à droite. Exposition de 1914, N° 181. Photo Joyant.	
Baryton.	Chantant dans l'Opéra de *Messaline*. Bordeaux, décembre 1900. Crayon en haut. 0,40 × 0,29.	Musée d'Albi, N° 111.
Mlle Cocyte.	Dans la *Belle Hélène*. Opéra de Bordeaux, décembre 1900. De face, une tête à la bouche claire et aux yeux ombrés. Le petit nez en pointe. Dessin au crayon en haut. 0,33 × 245. Signé du monogramme, en bas et à gauche. Vente Heim, 1913. N° 13, Femme : 500 francs. A Strolin. Photo Druet, 3433.	
Mlle Cocyte.	Dans la *Belle Hélène*. Bordeaux. De face, largement décolletée, les bras tombant le long du corps, la chevelure tombante. Dessin crayon noir et rouge en haut. 0,35 × 0,25, sur fond crème. Timbre rouge, en bas et à gauche. Exposition de 1914, N° 183. Photo Joyant.	
Mlle Cocyte.	Dans la *Belle Hélène*. Opéra de Bordeaux, décembre 1900. Une grosse fille, à la chevelure haut montée, chante, les bras levés. On aperçoit la cuisse nue sous la chemise. Derrière, un figurant avec une pique. Dessin mine de plomb, crayon noir. Dessin en haut. crayon et sanguine 0,335 × 0,24. Signé en bas et à gauche : Lautrec. Vente Heim, 1913, sous le titre : Au Café-Concert. N° 12 : 1.750 francs, à Blot. A paru dans Coquiot, 1913, p. 137. Photo Druet, 3432.	
Mlle Cocyte.	Dans l'opérette la *Belle Hélène*, à l'Opéra de Bordeaux. Debout, de face, très violente de couleurs. Au dos, un autre dessin. Aquarelle, en haut. 0,40 × 0,29.	Musée d'Albi, N° 123.
La Belle Hélène.	Au Théâtre de Bordeaux. Guerriers grecs avec de grands casques à cimier. Un guerrier casqué, cuirassé, tient par le poignet une Grecque. Dessin aux crayons noir et bleu en haut. 0,36 × 0,23. Monogramme au crayon, en bas et à droite. Photo Joyant.	
Tête de femme couchée et dormant.	Appuyée sur la joue gauche, de face, la figure est douloureuse. Dessin à la mine de plomb en larg. 0,35 × 0,25. Timbre rouge, à gauche et en bas. Photo Joyant.	
Bal masqué à Bordeaux.	Grand dessin au crayon violet en larg. 0,60 × 0,50. Signé du Monogramme.	Musée d'Albi, N° 122.
Sur les quais de Bordeaux.	Guibert poursuivant une bordelaise. Dessin crayon violet en larg. 0,60 × 0,50. Signé du Monogramme.	Musée d'Albi, N° 127.

Au Café de Bordeaux.	Tout haut : Antoine, un amer. Tout bas : Avez-vous 10 francs jusqu'à demain? Bordeaux. Dessin au crayon noir, en larg. 0,50×0,40. Signé du monogramme, en bas et à gauche. Exposition de 1914, N° 149.	Musée d'Albi, grand portef. H.
L'Assommoir.	De E. Zola. Dessin au crayon bleu, en haut. 0,30×0,20. Première recherche pour le programme exécuté, ensuite, en typo, d'après une esquisse peinte appartenant à Lucien Guitry. Voir la fiche du tableau.	Coll. de MM. Fabre et Hessel.
Tête d'enfant.	Fils de Mme Marthe. De face, cheveux bouclés. Bordeaux. Dessin à la sanguine, en haut. 0,39×0,34. Signé : Lautrec, en bas et à droite. Vente du jeudi 27 février 1919. A. Desvouges et Loys Delteil. N°140 : 500 francs. Illustration couverture du Catalogue, N° 366.	Coll. de M. Le Garrec.
Tête d'enfant.	Fils de Mme Marthe V..., décembre 1900. Profil tourné vers la gauche, joufflu et cheveux bouclés. Indication d'une collerette légère. Dessin à la sanguine sur papier gris. Signé du monogramme en bas et à gauche, exécuté à Bordeaux. En haut. 0,44×0,31. Vente Heim, 1913, N° 18, Tête d'enfant : 240 francs, à Camentron.	Coll. de M. Léon Suzor.
Portrait de Mlle Margouin.	De profil à droite. Dessin crayon bleu en haut. 0,18×0,13. 1re vente Manzi, mars 1919. N° 194 : 520 francs.	
Six croquis d'étude de mains.	Sur un violon. Pour le portrait d'un violoniste (Dancla). Bordeaux, 1900. Photo Joyant.	Musée d'Albi, N° 75.
Le Violoniste Dancla.	Assis, de profil vers la droite, il joue. Dessin schématique très enlevé, exécuté en décembre 1900, à Bordeaux. Dessin au crayon noir en haut. 0,20×0,15. Monogramme au crayon, en bas et à droite. A paru dans *Lautrec*, par Duret, pl XXVI. Bernheim jeunes, 1920. A rapprocher du N° 75, Musée d'Albi. Étude de mains et du tableau : le violoniste Dancla.	
Mlle Marthe Mellot.	Tête de profil à droite, dans la *Gitane*. Recherche pour l'affiche. Delteil, N° 368. Crayon noir en haut. 0,18×0,115. Monogramme rouge, en bas et à gauche. Tête de femme de profil. Crayon noir sur papier gris foncé en haut. 0,18×0,115. Monogramme rouge, en bas et à gauche.	Musée d'Albi, portef. II.
Trois pages d'album.	Mlle Marthe Mellot dans la *Gitane*. Recherche pour l'affiche Delteil, N° 368. Mines de plomb en haut. 0,18×0,115. Monogramme rouge, en bas et à droite et un à gauche.	Musée d'Albi, portef. II.
L'Amiral Viaud.	Projet pour la décoration du château de Malromé. Dessin à l'encre en larg. 0,18×0,11. Monogramme rouge, en bas et à droite.	Musée d'Albi, portef. VII.
Deux pages d'album.	Dans le Monde. Deux recherches pour la litho. Delteil, N° 329. Mines de plomb, en larg. 0,21×0,13. Monogramme rouge, en bas et à gauche.	Musée d'Albi, portef. E.

| Deux pages d'album. | Deux silhouettes de Chinois. Mines de plomb en haut. 0,71 × 0,13. Monogrammes rouges, en bas et à gauche. | Musée d'Albi, portef. E. |

1901

| Au Bois de Boulogne. | Un monsieur espagnol. Cavalier. En buste et à cheval. Le même, silhouette entière à cheval. Dessin à la plume, le 1er en haut.; le 2e en larg. 0,17 × 0,11 Monogrammes rouges, en bas et à gauche. | Musée d'Albi, portef. E. |
| Le Cardinal Lecot. | Archevêque de Bordeaux. Sur une lettre de Toulouse-Lautrec à Joyant. 1. Le Cardinal Lecot, avec sa mitre et sa crosse (vers la droite, " il ressemble à Groult ") ; 2. Le Cardinal Lecot, de profil buste vers la gauche "plus ressemblant ". Dessin à la plume sur papier à lettre. N° 1 en haut. 0,17 × 0,115. Monogramme rouge, en bas et à gauche ; N° 2 en haut. 0,17 × 0,115. Signé : H.L., à droite. | Coll. de M. Joyant. |

Sans date

Aux provisions.	Dessin au crayon bleu en haut. 0,85 × 0,66. Signé : H. Lautrec, à gauche et en bas. Vente E. Blot, mai 1900, N° 240 : 140 francs.	
Au Café.	Aquarelle larg 0,73 × 0,55. Signé du monogramme, en bas et à gauche. Vente E. Blot, 1906. N° 119 : 75 francs.	
Femme se coiffant.	Aquarelle haut. 0,31 × 0,23. Signé du monogramme, à droite. Vente M. G. Viau, 22 mars 1907.	
Dormeuse.	Mine de plomb, rehauts à la sanguine. en larg. 0,335 × 0,230. Vente du 9 mars 1911. Desvouges-Delteil. N° 116 : 52 francs. M. Strolin.	
Arrivée aux Courses.	Dessin. Exposition rétrospective de 1914. N° 160.	Coll. de M. Mutiaux.
Danseuse vue de dos.	Dessin au crayon.	Coll. de MM. Fabre et Hessel.
La Tricoteuse.	En buste de profil à droite. Sépia. 9e vente Beurdeley, décembre 1920, N° 400.	
Deux croquis.	Femme assise. Homme étendu. Mine de plomb Vente du 31 mars 1920. N° 169 : 400 francs.	
Profil.	Dessin aux crayons bleu et rouge. Haut. 0,18 × 0,13 (1894?). 1re vente Manzi, mars 1919. N° 186 : 340 francs.	
Au Théâtre.	Dessin à la plume en haut. 0,15 × 0,11. Signé du monogramme, en bas et à gauche 1re vente Manzi, mars 1919. N° 187 : 220 francs	
Tête d'homme.	Profil Dessin et plume 1re vente Manzi, mars 1919 N° 188 : 205 francs	
Portrait de femme.	Mine de plomb en haut 0,17 × 0,11 Signé et daté (?) en bas et à droite Vente Manzi, 1919 N° 190 : 220 francs	

Buste de femme.

Profil à gauche (1894?) Dessin aux deux crayons en haut. 0,18 × 0,14. 1re vente Manzi, 1919. Nº 192 : 300 francs.

Femme vue de face.

Mine de plomb en haut. 0,20 × 0,27 (1894?) 1re vente Manzi, 1919. Nº 195 : 360 francs.

Profil.

Dessin aux crayons bleu et rouge en haut. 0,13 × 0,18 (1894?) 1re vente Manzi, mars 1919. Nº 196 : 300 francs.

Étude.

Tête de femme vue de profil à droite. Dessin rehaussé en haut. 0,45 × 0,34 (1894?). 1re vente Manzi, mars 1919. Nº 197 : 900 francs.

Trois études de têtes.

Dessins en haut. 0,13 × 0,18 (1894?) 1re vente Manzi, 1919. Nº 198 : 260 francs.

Portrait-charge.

Dessin crayon bleu en haut. 0,13 × 0,18. 1re vente Manzi 1909. Nº 199 : 90 francs.

Feuille d'études.

Aquarelle et dessin mine de plomb en haut. 0,15 × 0,25. Signé du monogramme au milieu. Vente 14 mars 1921 : 125 francs.

Tête d'homme.

Dessin croquis mine de plomb en haut. 0,155 × 0,22. Signé du monogramme à droite. Vente 14 mars 1921 : 42 francs.

Un Sale.

Dessin croquis mine de plomb en haut. 0,24 × larg. 0,15. Signé du monogramme à droite. Vente du 14 mars 1921 : 52 francs.

Le Suiveur.

Dessin encre de Chine et crayon bleu. Signé. En haut. 0,57 × 0,445. Vente du 20 juin 1921. MM. Desvouges et L. Delteil. Nº 141 : 610 francs.

Jeune femme au lit.

Dessin en larg. 0,42 × 0,30. Signé en bas et à droite. Exposition de Copenhague, 1914, Nº 356. Vente du 7 juillet 1921, Nº 104 : 920 francs. Coll. de M. Alfred Strolin.

Trois croquis têtes de femmes.

Dessin au crayon. Timbré à l'encre. Vente du 24 février 1922. Voir Catalogue, Nº 246 : 125 francs.

Footitt.

Croquis crayon noir sur papier blanc en haut. 0,27 × 0,19. Signé en bas, au milieu. Vente du 12 mai 1923. Nº 29 : 330 francs. Coll. de M. Marcel Guérin.

Un garde municipal.

Aquarelle signée à droite en haut. 0,25 × 0,18. Vente de M. B., du 20 mars 1923. Nº 38 : 300 francs. A Pellet.

Promenade en mer.

Dessin. Vente du 15 avril 1924. Lair-Dubreuil et Schœller. Nº 78. Lautrec. Promenade en mer 0,40 × 0,33. 405 francs.

Un Singe.

Accroupi de profil vers la gauche. Dessin à la mine de plomb en larg. 0,20 × 0,15. Signé du monogramme H. T.-L., en bas et à gauche. Voir illustration du Catalogue Godefroy, 1924, Nº 270. Coll. de M. Louis Godefroy.

Garde municipal à cheval.	Dessin à la mine de plomb. Signé du monogramme, en bas et à droite. En larg. 0,17 × 0,16. Voir reproduction au Catalogue Godefroy,1924, N° 266.	Coll. de MM. Louis Godefroy et Gabriel Astruc.
Portrait d'Homme à barbe en pointe.	Crayon noir en larg. 0,16 × 0,12. Catalogue Godefroy, 1924, N° 269.	Coll. de M. Louis Godefroy.
Jockey au départ.	Mine de plomb en larg. 0,160 × 0,140. Amusant pastiche d'un dessin de Forain au recto, et de Caran d'Ache, au verso. Catalogue Godefroy, 1924, N° 268.	Coll. de M. Louis Godefroy.
Attelage de deux chevaux.	Croquis à la mine de plomb. Signé du monogramme, à droite en larg. 0,10 × 0,16. Catalogue Godefroy, 1924, N° 267.	Coll. de M. Louis Godefroy.
Cheval pointant.	Dessin au crayon noir en larg. 0,15 × 0,11. Catalogue Godefroy, 1924, N° 265.	Coll. de M. Louis Godefroy.
Femme assise.	Étude de femme. Titre : vente du 20 nov. 1912. Portrait de jeune femme. Titre : Vente du 4 avril 1924, N° 69. Exposition de 1914, N° 179. Dessin au fusain sur papier bleuté en haut. 0,49 × 0,39. Signé : H. Lautrec, à gauche et en bas, dédicacé : A mon ami Maurice Guibert. Exposition de 1914. Galerie Manzi-Joyant, N° 179. Vente du 20 nov. 1922 (Ermann, liquidation). N° 31 : 230 fr. Vente du 4 avril 1924. N° 69 : 1.000 fr.	

ICONOGRAPHIE

1882

H. de Toulouse-Lautrec.	De profil (atelier Cormon).	Musée d'Albi, Nº 141.

1883

H. de Toulouse-Lautrec.	Son portrait par lui-même. Lautrec devant une glace. Carton en haut. 0,40 × 0,32.	Musée d'Albi, Nº 396.
Demirgien.	Portrait de Lautrec, époque atelier Cormon. Tête nue, trois quarts tourné vers la droite, en buste. Reproduit dans le Catalogue de l'Exposition Barthélemy, 1903.	Coll. de M. Garran de Balzac.
Rachou.	Portrait de Lautrec. Il est représenté assis, de face, devant un tableau, en train de peindre. Toile en haut. 0,80 × 0,50. Signé : A Henri de Toulouse-Lautrec. Rachou, 1883	Coll. de Mme de T.-L.
Javal.	Portrait de H. de T.-L. Tête nue, de face. Toile en haut. 0,30 × 0,25. Reproduit en frontispice. Catalogue Exposition M. J., 1914. Photo Joyant.	Musée d'Albi, Nº 136. Don de M. le baron de Bermingham.

1884

H. de Toulouse-Lautrec.	Son portrait par lui-même. Dans la charge du Bois Sacré, de Puvis de Chavannes. Il s'est représenté debout, de dos. Voir photo du Bois Sacré, *Lautrec*, par Joyant. Floury, 1926.	
M. X..., camarade d'atelier.	H. de Toulouse-Lautrec, assis, de profil, sur un tabouret, dans l'atelier. Dessin au crayon, en haut. 0,22 × 0,17.	Musée d'Albi.

1885

H. de Toulouse-Lautrec.	Charge de l'artiste par lui-même, debout, de profil à gauche, pardessus long, boutonné très bas, la main gauche dans la poche tenant la canne levée. Dessin à la plume en haut. 0,12 × 0,05. Monogramme rouge.	Coll. de MM. Pellet et Exsteens.

1889

Anquetin.	Portrait de H. de T.-L. Debout, en pied, de face, les mains dans ses poches Fusain et crayon noir Photo Joyant.	Musée d'Albi, Nº 92

1890

Charles Maurin.	Portrait de H de T.-L. Tête coiffée d'un melon, de profil. Eau forte et **aux grains** avec à-plats. A été reproduit dans *Lautrec* par Coquiot, p 1, Ollendorf, 1921. Dans *Toulouse-Lautrec*, par Coquiot. Ernst Wasmuth, Berlin, 1925, frontispice.	

H. de Toulouse-Lautrec.	Son portrait par lui-même. Dessin. Charge. debout, de profil, canne sous le bras. A paru dans les *Hommes d'aujourd'hui*, N° 460, 9ᵉ vol., 1897.	
Léandre.	Portrait de H. de T.-L. De profil, en pied, en bras de chemise, chapeau noir. Croquis chargé à l'encre. Reproduit dans *Lautrec*, par Coquiot. Blaizot, p. 32, 1913.	
H. de Toulouse-Lautrec.	Charge : il est tout nu. Crayon Conté en haut. 0,25 × 0,16. Monogramme rouge, en bas et à gauche.	Musée d'Albi, portefolio B.

1892

H. de Toulouse-Lautrec.	Son portrait par lui-même. Dans le grand tableau, dans le fond, accompagné de son cousin. Au Moulin Rouge. Autour d'une table se trouvent la Macarona et tous ses amis, E. Dujardin, Sescau, Guibert. Détail du tableau. Agrandissement Joyant.	

1895

H. de Toulouse-Lautrec.	Son portrait par lui-même. Dessin au crayon bleu en haut. 0,30 × 0,20. Monogramme rouge en bas et à droite. Il s'est représenté de dos, debout, canne sous le bras. En haut, masque de M. Maurice Guibert Frontispice du *Lautrec*, par Duret, 1920.	Coll. Alexandre Natanson.
H. de Toulouse-Lautrec.	Charge de lui-même, nu, debout, de profil (Dessin licencieux). Dessin à la plume. En haut. 0,19 × 0,12. Monogramme rouge, en bas et à droite.	Coll. de M. A. Natanson.

1896

H. de Toulouse-Lautrec.	Son portrait par lui-même. Il s'est représenté assis, au Moulin Rouge. Entrée de Cha-U-Kao. Dessin du *Rire* du 15 février 1896, N° 67.	Musée d'Albi, N° 126.
H. de Toulouse-Lautrec.	Son portrait par lui-même. Dans la lithographie. Delteil, N° 200. Le crocodile. Menu Il s'est représenté en charge : de dos, assis sur un trépied, et dessinant.	
H. de Toulouse-Lautrec.	Charge par lui-même. Peignant, assis sur un pliant et de dos, tête de profil, pantalon à la hussarde, gilet à carreaux. Chapeau de toile. A rapprocher du même portrait en litho. Dans le menu, le crocodile. Delteil, N° 200. Dessin au crayon bleu en haut. 0,15 × 0,135. Monogramme rouge, en bas et à gauche. Fait sur le verso d'un papier à en-tête de Pierrefort. Photo J. Cailac (Lemare).	Coll. de MM. Pierrefort et J. Cailac.

1897

Emile Cohl.	Portrait charge de H. de T.-L. Assis sur un tabouret devant un chevalet, portant un portrait de Lautrec : Dessin par lui-même. *Les Hommes d'aujourd'hui*, Vanier, éditeur. Texte de Ch. Donos, 1897, N° 460, 9ᵉ vol.	

H. de Toulouse-Lautrec.	Par lui-même. Sa silhouette dans le dessin : Portrait d'Henry Somm, paru dans *Les Hommes d'aujourd'hui*, Henry Somm, par L. Roger Milès, 8e vol., No 407, Vanier, éditeur, 1897.	
Vuillard.	Portrait, de H de T.-L. Tête de profil, avec chapeau de feutre. Exposition Rétrospective des Indépendants. Trente ans d'Art Indépendant. No 2814, reproduit frontispice volume I, *Lautrec*, par Joyant. Photo Joyant.	Coll. de M. Maurice Denis.
Vuillard.	Portrait de H. de T.-L. De profil, en pied, vers la gauche. Lautrec, avec un ciré jaune comme culotte, chemise rouge et chapeau mou, en vrai matelot, fait la cuisine. Carton en haut. 0,30 × 0,25. Signé : Vuillard, à droite et en bas.	
H. de Toulouse-Lautrec.	Son portrait par lui-même. Dans la lithographie. Delteil, No 217. Le compliment du Jour de l'An. Il s'est représenté en charge. Tout nu, assis sur un trépied.	
Louis Bouglé.	Portrait de H. de T.-L. Charge de Lautrec, de face. Dessin aux crayons.	Musée d'Albi, No 137. Don de M. Berthellemy.
Adolphe Albert.	Portrait de H. de T.-L. Il est représenté, coiffé d'un feutre rabattu sur les yeux, tête baissée, assis en train de dessiner. Dessin au crayon noir. Signé : Ad.-Albert, décembre 1897 Ce dessin a paru dans le *Figaro Illustré*, No 145, avril 1902	Musée d'Albi, No 134. Don de l'auteur.

1898

Maxime Dethomas.	Portrait de H. de T.-L. Fusain. La tête seule, coiffée d'une casquette de la marine marchande. Voir *Lautrec*, par Coquiot, Ollendorff, 1921, p. 226.	Coll. de M. Gustave Coquiot.
Maxime Dethomas.	Portrait de H. de T.-L. De face, en pied, en costume de plage, canne dans la main droite, fait à Granville. Fusain en haut. Signé : M. D. Reproduit dans *Lautrec*, par Coquiot. Blaizot, 1913, p. 100.	Coll de M. Pacquement.
H. de Toulouse-Lautrec.	Masque de face ; sa charge par lui-même. Croquis aux crayons noir et rouge. En haut. 0,18 × 0,15. Monogramme rouge, en bas et à droite.	Coll. de M. Joyant.
H. de Toulouse-Lautrec.	Par lui-même, de face, en charge. Dessin au crayon. En haut. 0,17 × 0,11 Monogramme rouge, en bas et à droite.	Coll. de M. Joyant.

1900

| H. de Toulouse-Lautrec. | Son portrait par lui-même. Dans la lithographie. Delteil, No 326. Invitation à une tasse de lait. Il s'est représenté, debout, de profil, en dompteur devant une vache et une pie. | |

PORTRAITS

PARUS D'APRÈS DES PHOTOGRAPHIES

H. DE TOULOUSE-LAUTREC, par Ars. Alexandre: Figaro Illustré, avril 1902, Nº 145,
Portrait en buste. . . . . p.   2

H. DE TOULOUSE-LAUTREC, par Coquiot, Blaizot, éditeur, 1913 :

Portrait. — Frontispice.

Lautrec en train de peindre. Au Moulin Rouge, La Danse. . . . . . . p.   3

En pied. . . . . p.   9

Dans son atelier de la rue Tourlaque, devant le tableau : Au Salon,
Musée d'Albi Nº 19. . . . . p.   59

Dormant dans son atelier . . . . p.   61

Lautrec en samouraï japonais . . . . p.   67

Dans le jardin de M. Forest, exécutant le portrait de Berthe-la-Sourde,
ou La Femme à l'Ombrelle. . . . . p.   75

MM. Lautrec, Maxime Dethomas et Bernard, à Granville. . . . . p. 103

Lautrec nageant dans le bassin d'Arcachon . . . . p. 115

Sur la plage de Taussat, avec Mme F. . . . . p. 116

A la portière d'un wagon . . . . p. 123

Dans l'atelier de M. Maxime Dethomas . . . . p. 145

Au Mont Saint-Michel . . . . p. 153

Au bain d'Arcachon . . . . p. 165

H. DE TOULOUSE DE LAUTREC : Le peintre-graveur illustré, Tome X, par Loys
Delteil, 1920 :

Portrait. — Frontispice.

H. DE TOULOUSE DE LAUTREC, par Achille Astre, Edition Nilsson, 1926 :

Portrait en buste sur la couverture.

Portrait en samouraï japonais, frontispice.

SIGNATURES

Henri DE TOULOUSE-LAUTREC MONFA (1864-1901), signe :

1873 — 1881   Henry de Toulouse.

Monfa.

Lautrec.

Des initiales H. L. et H. T. L.

1882 — 1888   Tréclau, anagramme de Lautrec, alternativement avec les autres signatures.

1882 — 1901   Lautrec.

Des initiales H. L. et H. T. L.

Du monogramme H. T. L. inscrit dans un rond

Quelquefois dans un éléphant, dans une souris, dans un chat.

Henri IV une fois, en 1890 (portrait de M. Lemerle) et peut-être une fois encore antérieurement.

1902   Le monogramme rouge a été apposé, *post mortem*, par M. Joyant, exécuteur testamentaire, sur les tableaux, dessins, estampes, avec le cachet appartenant à Lautrec.

Supplément
au Catalogue chronologique
des Peintures du Volume I

1878

Attelage en tandem. — Mené par des chasseurs de chasse à courre ; dans le fond, à gauche, deux chevaux de selle se détachant sur paysage de forêt. Panneau en larg. 0,32 × 0,25. Signé : H. T.-L. D'après Goubie. — Coll. de Mme de Toulouse-Lautrec.

Cheval bai brun. — Tourné vers la gauche, avec fond d'étang. Toile en larg. 0,28 × 0,20. Avec suscription " Niniche ". — Coll. de Mme de Toulouse-Lautrec.

Monsieur. — Conduisant une voiture attelée de deux chevaux arrêtés, de face. Le monsieur a un chapeau de paille, la voiture des roues rouges. Panneau en haut. 0,33 × 0,23. Signé en rouge : H. T.-L. D'après Goubie. — Coll. de Mme de Toulouse-Lautrec.

1879

Cavalier de chasse à courre. — Au pas vers la droite, avec deux chiens. Panneau en haut. 0,35 × 0,25. Non signé. — Coll. de Mme de Toulouse-Lautrec.

Cavalier de chasse à courre. — En costume rouge, à cheval, tourné vers la gauche et buvant. Carton en haut. 0,38 × 0,20. Non signé. — Coll. de Mme de Toulouse-Lautrec.

1880

Deux bœufs sous le joug. — Panneau en haut. 0,20 × 0,15. Non signé. — Coll. de Mme de Toulouse-Lautrec.

1881

M. G. Tapié de Céleyran. — Assis devant une table, une tranche de melon, un verre et une bouteille de vin. Toile en haut. 0,47 × 0,36. Non signé. — Coll. de M. le docteur Tapié de Céleyran.

1882

Mme la comtesse A. de Toulouse-Lautrec. — Assise sur un banc, de face, avec un chapeau de paille au ruban bleu, tenant une ombrelle et un livre. Sous l'arceau de la cour de Céleyran. Toile en haut. 0,40 × 0,32. Non signé. — Musée d'Albi.

| Mme la comtesse A. de Toulouse-Lautrec. | Assise, de profil, à droite, sur un banc de jardin, en camisole blanche, fond de jardin et de fleurs. Hortensias à Malromé (rappelle le tableau par Manet de Mme Manet dans le jardin). Toile en haut. 0,55 × 0,45. Monogramme rouge, en bas et à gauche. | Coll. de Mme de Toulouse-Lautrec. |

1885

Dans l'atelier, la pose du modèle.	Debout, de profil, sur un socle élevé, une femme blonde en robe jaune Empire, décolletée et bras nus, recherche la pose et tient une étoffe de la main droite ; la main gauche est derrière sur la hanche. Sa tête, de profil, avec un gros chignon, se détache sur un tableau encadré de noir, accroché dans le fond. En bas, à gauche, assis, accoudé sur le bras droit, une cigarette entre les doigts écartés, le peintre, figure brune avec moustaches, regarde. La facture de la peinture rappelle, dans la partie droite, la femme et les étoffes, celle de A. Stevens, mais les doigts crispés de la femme et le peintre assis, portent bien la griffe de Lautrec. Toile en haut. 1,40 × 0,55. Monogramme rouge, en bas et à gauche. Photo Joyant.	Coll. de MM. J. Hessel et S. Chapelier.
M. Grenier.	Portrait. En buste, de profil, tourné vers la gauche, il se détache sur un fond vert clair : la figure est couleur chair claire ; chemise blanche avec cravate noire. Il est coiffé d'un canotier en paille jaune avec un ruban violet foncé. Peinture très large de ton qui est de l'époque des recherches symbolistes d'Emile Bernard, Anquetin, Gauguin, et qui ne rappelle en rien la facture postérieure de Lautrec. Carton en haut. 0,46 × 0,28. Non signé. Au dos, inscrit dans un carré au crayon : « Grenier, par son camarade d'atelier », et le monogramme. « Ce portrait est celui de mon mari, par Lautrec ». (Signé A. Grenier). Photo Cottereau-Drouot.	Coll. de MM. Grenier, Cottereau et Laporte.
Mme L. Grenier.	Portrait. Tête de face, légèrement tournée vers la droite : les cheveux épars et retombant de chaque côté. Carton en haut. env. 0,50 × 0,40. Non signé. En bas, à droite, une femme de face, échevelée, nu-tête et en buste, corsage échancré, et en travers, un profil bestial de femme : dessins au crayon. Photo Cottereau-Drouot.	Coll. de MM. Grenier, Cottereau et Harrisson, Chicago.

1893

| La mère Capulet. | De face, en buste, chevelure blonde ; avec un cercle à la florentine sur le front, décolletée, en robe verte, la main gauche sur la poitrine, elle a une expression indéfinissable de candeur et de mère d'héroïne, les yeux noyés de langueur, les lèvres rouges comme framboises. Toile essence en haut. 0,80 × 0,65. Monogramme rouge, en bas et à gauche. | Coll. de M. André Corneau. |

Cette toile a été faite pour Antoine et
figure dans le décor de la pièce.
Amants éternels, parodie de *Roméo et
Juliette*, de Gounod. Pantomime en
trois tableaux de MM. André Corneau
et Gerbault, musique de M. André Messager. Représentée au Théâtre Libre,
alors au Théâtre des Menus-Plaisirs,
le 26 décembre 1893. Le trou sous les
lèvres a été fait par des balles qu'Antoine s'est amusé à tirer pour faire
adroitement mouche.

1895

Tête de femme.

De profil, vers la gauche, coiffée d'une
toque. Gabrielle la Danseuse. Elle rappelle une recherche pour Gabrielle la
Danseuse, vieillie, qui accompagne la
clownesse Cha-U-Kao dans le tableau
Au Moulin Rouge (de la coll. de M. Reinhardt, Wintherthur). Carton en haut.
$0,36 \times 0,25$. Non signé. Photo Santa
Marina.

Coll. de MM. Le Garrec,
A. Santa Marina, Buenos-
Aires.

1896

Tête de femme.

Nu-tête, légèrement penchée à droite,
regardant de face, le buste est seulement esquissé. Peinture sur carton en
haut. $0,42 \times 0,36$. Monogramme rouge,
en bas et à gauche. Photo J. Cailac-
Lemare.

Coll. de MM. Pierrefort, J. Cai-
lac.

1897

Snobisme ou Chez Larue.

M T. de C., attablé en face de Schuffly,
avec Maurice Guibert dans le fond.
Recherche pour le dessin du *Rire*,
N° 129 du 24 avril 1897. Légende :
Jeanne, passe-moi ton porte-monnaie
(légende de M. Tristan Bernard). Trait
à l'essence sur carton en haut. $0,70 \times$
$0,55$. Non signé.

Coll. de M. le docteur G. Tapié
de Céleyran.

L'Image.

Revue mensuelle, littéraire et artistique. Floury, éditeur. Couverture du
N° 11, octobre 1897. Mlle Marthe Mellot est debout, de profil, nu-tête, tournée vers la gauche, bras pendants, en
robe montante noire. Carton à l'essence avec rehants de couleurs et dessous de crayon noir. En haut. $0,33 \times$
$0,24$. Signé du monogramme, au milieu
et à droite. Sur la moitié du carton est
collé un projet d'arrangement du titre
de la revue *L'Image*. Sur papier calque,
les lettres sont de Lautrec.

Coll. de M A.

1896

Mme M. Natanson.

Tête de face. Chevelure rousse, avec fond
rouge et jaune. Pastel, gouache, essence, en haut. $0,25 \times 0,16$. Non signé

Coll. de M. G. Tapié de Céleyran.

1899

Deux bœufs sous le joug.

Têtes tournées vers la gauche. Recherche
pour les *Histoires Naturelles*, de Jules
Renard. Carton en larg. $0,58 \times 0,38$.
Monogramme rouge, en bas et à droite.

Coll. de Mme de Toulouse-
Lautrec.

EXPOSITIONS

(1886-1925)

1886

Exposition permanente dans le Cabaret du Mirliton de Bruant, Boulevard Rochechouart.

Le Quadrille de la chaise Louis XIII, N° 29, décembre, Le refrain de la chaise Louis XIII, *Le Mirliton*, Un fusain. Oscar Méténier, *La Plume*, N° 43, 1er février 1891, consacré à Bruant.

1888

5e Exposition des XX.

Avec un préambule par M. Octave Maus. Catalogue, illustré avec fac-similé, de la liste et du dessin donnés par l'exposant. H. de Toulouse-Lautrec, 27, rue Caulaincourt. 11 numéros et un dessin de clown original.

1889

5e Salon des Indépendants.

Catalogue de 1889, p. 19, N° 257, Bal du Moulin de la Galette ; N° 258, Portrait de M. E. Fourcade ; N° 259, Etude de femme.

Exposition du Cercle Artistique et littéraire, rue Volney.

Un bon portrait, *L'Art français*, N° 113, 22 juin.

1890

6e Salon des Indépendants.

Catalogue de 1890, p. 39, N° 790, Dressage des nouvelles, par Valentin le Désossé (Moulin Rouge). Voir Geffroy, *Vie artistique*, vol. I, chap. XVI, p. 305 ; N° 791, Portrait de Mlle Dihau.

1re Exposition des XX, Bruxelles.

Cinq numéros.

1891

7e Salon des Indépendants.

Lautrec a exposé, mais rien ne figure au catalogue ; il a dû envoyer en retard. On trouve trace de son Exposition dans les comptes rendus : Gustave Geffroy, *La Vie artistique*, I, p. 309, XVII ; Roger Marx, *Le Rapide*, 30 mai 1891 ; Octave Mirbeau, *Echo de Paris*, 31 mars 1891. Portrait d'homme (Sescau).

Coquiot, *Lautrec*, 1921, donne une liste d'œuvres qui auraient été exposées (7 œuvres).

Exposition du Cercle Artistique et littéraire, rue Volney.

Jeune fille, *La Plume*, N° 44, 13 février 1891, Jules Anthoine.

Salon des Arts libéraux.

Un coin du Moulin de la Galette, Portrait de M. Sescau. Presse élogieuse.

1892

8e Salon des Indépendants.

Catalogue de 1892, p. 71, N° 1167, La Goulue et sa sœur (Moulin Rouge); N° 1168, La Goulue. Repos entre deux tours de valse (Moulin Rouge) ; N° 1169, La Goulue entrant au Moulin Rouge ; N° 1170, Celle qui se peigne (N° 1) ; N° 1171, Celle qui se peigne (N° 2) ; N° 1172, Femme brune ; N° 1173, Affiche pour le Moulin Rouge (2e état).

Les XX à Bruxelles.

9 numéros.

Exposition du Cercle artistique et littéraire, rue Volney.

Celle qui se peigne Geffroy, *Vie artistique*, t. II, XIX, p 359 Yvan Rambosson, *La Plume*, 15 mars, N° 70.

Expositions des Peintres Impressionnistes et symbolistes

Chez Le Barc de Boutteville, rue Le Peletier : 1re Exposition, janvier ; 2e Exposition; 3e Exposition, décembre. Lautrec expose le Baiser Voir *La Plume*, N° 66, 15 janvier, N° 71, 1er avril, N° 88, 15 décembre.

1893

9e Salon des Indépendants (avril).

Catalogue de 1893, p 81 : N° 1243, Un Coin du Moulin de la Galette ; N° 1244, Menu du dîner des Indépendants ; N° 1245, Portrait de M G.-H. Manuel; N° 1246, Portrait de M Boileau.

Les XX. Bruxelles.

7 numéros.

Exposition chez Boussod, Valadon et Cie, 19, boulevard Montmartre.

« Charles Maurin et Henri de Toulouse-Lautrec ont l'honneur de vous inviter à visiter quelques-unes de leurs œuvres exposées chez MM. Boussod-Valadon. Janvier au samedi 11 février 1893. » (Carte d'invitation en rouge et fac-similé d'écriture.)

5e Exposition, mai. Les peintres graveurs français.

H. de T.-L., affiches de la Goulue, A Saint-Lazare.

1894

10e Salon des Indépendants.

Catalogue 1894, p. 60 : N° 789, Alfred la Guigne. Appartient à M. Méténier.

La Libre Esthétique.

1re année (suite des XX). 7 numéros (affiches et lithographies originales).

Exposition de « la Dépêche de Toulouse ».

Mai 1894 (lithos et affiches de Lautrec). Catalogue

illustré de lithographies originales, dont une de Lautrec. Delteil, N° 67.

Exposition de lithographies chez Durand-Ruel.

Mai (en même temps que l'exposition Manet).

1895

11ᵉ Salon des Indépendants.

Catalogue 1895, p. 90 : N° 1476, Couverture pour
l'Album de l'Estampe originale ; N° 1477, Matin ;
N° 1478, Invitation et menu ; N° 1479, Comme il vous
plaira.

La Libre Esthétique, Bruxelles.

Suite de lithographies originales.

Salon de la Société Nationale des Beaux-Arts.

Catalogue, 25 avril. N° 392. Tiffany. Vitrail d'après
Toulouse-Lautrec. Papa Chrysanthème.

Centenaire de la lithographie.

Voir Delteil. *Le peintre graveur Illustré* t. X et XI.

**Exhibition. A Collection of Posters Royal Aquarium.
London.**

Edward Bella. Affiches et lithos par T.-L.

XIVᵉ Salon des Cent.

Octobre. *La Plume*, rue Bonaparte. Quadrille au
Moulin Rouge.

1896

**Exposition de peintures et de lithographies et d'af-
fiches, 9, rue Forest.**

Janvier, chez Manzi-Joyant, en leur hôtel, rez-de-
chaussée. Au premier, salle réservée aux Maisons
closes. Voir *Vie artistique*, Geffroy, t VI, p 292.

**Second Exhibition. A Collection of Posters Royal
Aquarium. London.**

Affiches. Illustrated catalogue edited by Edward
Bella, march, N° du Catalogue 125 à 130, N° 261, soit
7 affiches par Lautrec.

La libre Esthétique, à Bruxelles.

4 numéros. Affiches de Lautrec.

XXᵉ Salon des Cent.

La Plume : « M. de Toulouse-Lautrec a l'honneur de
vous inviter à l'inauguration de l'Exposition de
onze lithographies en couleurs, éditées par G. Pellet
et réunies au Salon de *la Plume* le mercredi 22 avril,
31, rue Bonaparte. » Voir Nᵒˢ 169-170, 1-30 mai.

**Exposition Internationale de l'Affiche au Cirque de
Reims.**

7-17 novembre.

1897

13ᵉ Salon des Indépendants.

Catalogue 1897, p. 77 : N° 1120, Blanche et Noire ;
N° 1121, Femme couchée ; Nᵒˢ 1122, 1123, 1124,
Elles (ces trois lithos font partie d'une série de
10 planches) ; N° 1125, La Cage ; N° 1126, Arton en
correctionnelle.

La Libre Esthétique, Bruxelles.

25 février-1ᵉʳ avril. Nᵒˢ 195 à 210 du Catalogue
(2 dessins, 13 lithos. Elles.)

XXXVIᵉ Salon des Cent.

La Plume, rue Bonaparte.

**Exposition dans la Salle des fêtes du « Figaro », rue
Drouot.**

L'Estampe en couleurs.

1898

Exposition dans l'Atelier, de la cité Frochot.

Avril. « Henri de Toulouse-Lautrec vous prie de
lui faire l'honneur de visiter le ... avril ses tableaux
partant pour Londres, de 1 heure à 5 heures, 14 avenue Frochot. » Lithographie originale : Invitation à
une Exposition. Delteil, N° 232. Petite fille devant
un caniche qui fait le beau.

The Goupil Gallery, 5, Regent Street, London S. W.

Portraits and other Works by M. Henri de Toulouse-Lautrec : « M. Henri de Toulouse-Lautrec has
the honour to invite you to the private view of the
Exhibition of this Works, which will be held on Mon-
day. May 2nd. Catalogue 78 numéros.

Salon des Cent.

La Plume, rue Bonaparte. Exposition Internationale
d'affiches.

1899

Février-juin, internement à Madrid, à Neuilly.

1900

**Exposition Universelle Centennale et Décennale de la
lithographie.**

Lautrec a été nommé de la Commission et du jury
pour la partie affiches.

Voir *Vie artistique*, VII, p. 323, Gustave Geffroy.

Exposition dans son atelier, 14, avenue Frochot.

Œuvres faites à Bordeaux. Invitation à une tasse
de lait. Delteil, N° 326. « Henri de Toulouse-Lautrec
sera très flatté si vous voulez bien accepter une tasse
de lait le samedi 15 mai vers 3 heures de l'après-
midi. » (Litho originale représentant Lautrec devant
une vache.

Exposition d'Art moderne, Bordeaux.

Décembre.

1901

H. de Toulouse-Lautrec est mort le 9 septembre,
au château de Malromé (Gironde).

1902

Salon des Indépendants.

Rétrospective de H. de Toulouse-Lautrec. Le Catalogue ne porte pas de nomenclature. Environ 50 à
60 numéros.

La Libre Esthétique, à Bruxelles.

Mars. Rétrospective. Catalogue, 45 numéros.

Exposition H. de Toulouse-Lautrec.

Du 14 au 31 mai. Galeries Durand-Ruel, 16, rue
Laffitte. Catalogue, 200 numéros. Préface par Arsène
Alexandre.

1903

Exposition des œuvres d'Henri de Toulouse-Lautrec.

Avril, mai. Galeries Barthélemy. Catalogue avec
couverture reproduisant en couleurs La Vache enragée, affiche pour le journal de Willette : Delteil,
N° 364. Avec 7 reproductions d'œuvres, dont une en
couleurs. 19 numéros. Préface de Pascal Forthuny.

1904

Salon d'Automne. Grand-Palais.
II⁰ Exposition. Novembre. Salle Toulouse-Lautrec.
Catalogue, 28 numéros.

La Libre Esthétique, à Bruxelles.
Catalogue, 5 numéros.

1905

Musée National du Luxembourg.
Exposition de lithographies de H. de Toulouse-Lautrec.
Du 12 décembre 1904 au 15 janvier 1905.
Catalogue avec couverture illustrée en couleurs.
68 numéros. Exposition temporaire.

1907

Exposition d'œuvres de H. de Toulouse-Lautrec dans les Salons du Télégramme, à Toulouse.
13 décembre. Conférence de M. Jules Pigasse.

1908

Exposition Toulouse-Lautrec.
Du lundi 12 au samedi 24 octobre, chez MM. Bernheim jeunes et Cⁱᵉ, 15, rue Richepanse. Catalogue, 23 numéros, etc.

1909

Exposition des Humoristes.
Rétrospective de Toulouse-Lautrec. Fin novembre. Galerie Georges Petit, rue de Sèze 36 numéros, de l'Atelier H. de T.-L. dont : Le Blanchisseur, Monsieur, Madame et leur chien, Rolande, La femme tatouée, Au lit, La femme à l'accroche-cœur.

1910

Musée des Arts Décoratifs.
Palais du Louvre. Pavillon de Marsan. Exposition de peintures et de lithographies originales de H. de Toulouse-Lautrec. Catalogue, 29 peintures, 68 lithographies. Au total, 97 numéros. Collections de MM. Mutiaux et M. Guérin (œuvres uniquement consacrées au théâtre, café-concert, music-hall et cirque.

1912

Salon d'Automne.
Exposition de portraits du XXᵉ siècle. Catalogue de la Xᵉ Exposition. Toulouse-Lautrec : N⁰ 197, Portrait de M. Maurice Joyant ; N⁰ 198, Portrait de Mme Pascal au piano ; N⁰ 199, Portrait de M. Delaporte.

Exposition d'Art moderne.
Mai. Galerie Manzi, Joyant et Cⁱᵉ, 15, rue de la Ville-l'Evêque. Catalogue. H. de Toulouse-Lautrec, 14 numéros.

Exposition.
Mai. Edouard Manet, Henri de Toulouse-Lautrec, Paul Signac, H.-E. Cross. Galerie Georges Giroux, 26, rue Royale. Catalogue, Henri de Toulouse-Lautrec (N⁰ˢ 6 à 10), 5 numéros.

1914

Exposition d'œuvres de Toulouse-Lautrec.
Janvier-février. Galeries Paul Rosenberg, 21, rue de la Boëtie. Catalogue illustré, 46 numéros (peintures).

Exposition Rétrospective de l'œuvre de H. de Toulouse-Lautrec.
15 juin-11 juillet. Galerie Manzi, Joyant et Cⁱᵉ, 15, rue de la Ville-l'Evêque. Catalogue illustré, 201 numéros. Préface d'Arsène Alexandre (peintures et dessins).

Exposition d'Art français du XIXᵉ siècle.
15 mai-15 juin. Musée Royal de Copenhague. Catalogue. Toulouse-Lautrec. 9 numéros, peintures et dessins.

1916

Exposition Rétrospective de l'Art français à San Francisco.
Toulouse-Lautrec, 2 œuvres. N⁰ˢ 10 et 22 du Musée d'Albi.

1917

Exposition « Les Indépendants », avec une Rétrospective.
Galerie Manzi, Joyant et Cⁱᵉ, 15, rue de la Ville-l'Evêque. Catalogue. 1 tableau de H. de Toulouse-Lautrec. Portrait de M. de Lauradour.

1921

Les Filles. Exposition de peintures, aquarelles et dessins de Lautrec.
Du 1ᵉʳ au 15 décembre. Galerie Lucien Vogel, 11, rue Saint-Florentin. 2 tableaux de Lautrec. Casque d'Or ou la Pierreuse. Le Quadrille de la Chaise Louis XIII.

1922

Inauguration de l'Exposition et des Galeries Henri de Toulouse-Lautrec.
Palais de la Berbie. Musée d'Albi. Catalogue illustré avec introduction de M. Arsène Alexandre et préface de M. Maurice Joyant.

1923

Exposition d'œuvres d'art du XVIIIᵉ, XIXᵉ et XXᵉ siècles.
Au profit du Comité National d'aide à la recherche scientifique. Organisée par la Chambre Syndicale de la Curiosité et des Beaux-Arts, 18, rue de la Ville-l'Evêque, 25 avril-15 mai. Catalogue. H. de Toulouse-Lautrec : N⁰ 226, Femme se faisant les ongles, M. Hessel ; N⁰ 227, May Belfort, MM. Bernheim jeunes.

Exposition au profit de la Fraternité des artistes.
Hôtel Charpentier, rue du Faubourg-Saint-Honoré, La Danse et la musique. Catalogue. H. de Toulouse-Lautrec. 3 œuvres : Danseuse debout, Coll. de M. Decourcelle ; Yvette debout, *Figaro Illustré*, N⁰ 40, 1893, dessin N⁰ 3 à droite ; Le Bal du Moulin de la Galette, signé Lautrec 89 (avec Joseph Albert.)

1924

Exposition d'œuvres importantes d'Henri de Toulouse-Lautrec.

18-29 novembre. Galerie Barbazanges, Hodebert, successeur, 109, rue du Faubourg-Saint-Honoré. Baraque de la Goulue, etc. Pas de catalogue.

Exposition d'œuvres de H. de Toulouse-Lautrec au Musée de Winterthur (Suisse).

Catalogue avec préface de Gotthardt Jedlicka, mai-juin, Nᵒˢ 1 à 173, lithographies ; Nᵒˢ 174 à 204, Affiches ; Nᵒˢ 205 à 226, Fac-similé. Au Cirque ; Nᵒˢ 227 à 237, Dessins-planches, du *Rire* ; Nᵒˢ 238 à 243, Dessins originaux ; Nᵒˢ 244 à 257, Peintures.

1925

Exhibition Toulouse-Lautrec.

February, 16. Wildenstein Galleries, 647, 'Avenue New-York. Paul Rosenberg et Cᵒ, inc. Catalogue, 14 peintures.

Musée des Arts Décoratifs.

Musée du Louvre. Pavillon de Marsan. Mai. Cinquante ans de peinture française. Catalogue. H. de Toulouse-Lautrec : Au Moulin Rouge, Coll. de M. P. Rosenberg ; Mme de Gortzikoff, Coll. de M. P. Rosenberg ; Danseuse relevant sa jupe, Coll. de M. Decourcelle.

Chefs-d'œuvre du XIXᵉ et du XXᵉ siècles.

Exposition sous le patronage de S. A. R. la duchesse de Vendôme. Galeries Bernheim jeunes et Cⁱᵉ, rue du Faubourg-Saint-Honoré. Toulouse-Lautrec. 1 numéro Entrée de la Goulue au Moulin Rouge.

1926

Exposition de la Société des Artistes Indépendants.

Trente ans d'Art Indépendant. 1884-1914.

Exposition Rétrospective. Grand Palais des Champs-Elysées. 20 février-21 mars. Toulouse-Lautrec,

8 numéros. Nᵒ 3248, La femme au chien. Arcachon, Coll. de M. Hessel ; Nᵒ 3249, La toilette (femme qui fait ses ongles), Coll. de M. Hessel ; Nᵒ 3250, A table chez Mme et M. Thadée Natanson, Vuillard, Vallotton, Coll. de M. Hessel ; Nᵒ 3251, Le Salon, M. Hodebert ; Nᵒ 3252, Le Rat mort. Coll. de M. Caressa ; Nᵒ 3253, Le Moulin Rouge. La table avec portraits de Sescau, La Macarona, Coll. de M. J. Laroche Nᵒ 3254, Dessin encre de Chine, femme (dédié à Mühlfeld), Nᵒ 3255, Dessin et aquarelle. Les deux sœurs légendaires, Coll. de M. Hessel.

1927

Musée National du Luxembourg.

Exposition temporaire de lithographie, par H. de Toulouse-Lautrec. Mars.

VENTES PUBLIQUES

(1891-1927)

1891

Première vente des dessins originaux du *Courrier français* à l'Hôtel Drouot, le lundi 1er juin. M. Georges Duchesne, M. Salvator Meyer.

Courrier français du 31 mai, N° 22, VIII° année. Les dessins mis en vente sont signés : Toulouse-Lautrec. N° 122, Les Vendanges ; N° 123, Sortie du pressoir ; N° 124, Gui-Cocktail. Dessins retirés de la vente.

——

Deuxième vente des dessins originaux du *Courrier français* à l'Hôtel Drouot, le samedi 20 juin. M. G. Duchesne, M. Salvator Meyer.

Les dessins mis en vente sont de Toulouse-Lautrec. *Courrier français*, 14 juin, N° 24, VIII° année.
N° 302, Gin-Cocktail, adjugé . . . . 4 fr.
A M. Jeunehomme. Ce dessin a paru dans le n° 39 du *Courrier français* du 26 septembre 1886.
N° 303, Jeune fille lisant ; N° 304 Jeune fille tenant une bouteille de vin. . . . . 6 fr.
A M. Kleinmann.

1894

Vente du 26 novembre.
Boucher. . . . . 30 fr.
Passage de train pour tambour de basque. . 15 fr.

1895

Vente du 9 mai.
Lauzet, croquis. . . . . 120 fr.

1898

Vente du 3 mars.
Deux amies, pastel. . . . . 200 fr.

1899

Vente du 29 avril.
Jeune femme assise. . . . . 1.400 fr.

1901

Vente de la collection de M. E. Blot, à l'Hôtel Drouot, les 9 et 10 mai. M. Paul Chevallier, MM. Bernheim jeunes.
N° 100. Femme assise . . . . 720 fr.
Panneau en haut. 0,68 × 0,51. Signé à droite et en haut : Lautrec 91. Voir illustration.
N° 161. Mélinite. . . . . 1.250 fr.
A repassé dans la 2e vente Blot, N° 74, 1906 : 6.600 fr. Panneau en haut. 0,162 × 0,55. Signé à gauche et en bas : Lautrec.

N° 240. Aux provisions. . . . . 140 fr.
Dessin au crayon bleu en haut. 0,85 × 0,66. Signé à gauche et en bas : Lautrec.

1901

Vente du 21 novembre. Collection de M. le docteur X... M. Tual, MM. Bernheim jeunes.
N° 63. Danseuses en file « La première porte un bonnet phrygien ». (inexact : c'est un casque de cheveux.) Entre les décors, une file de danseuses dont la première à droite coiffée du bonnet phrygien. Panneau en larg. 0,84 × 0,45. 1 200 fr. (A repassé dans la vente Orosdi).

——

Vente d'une collection de tableaux modernes (1re vente de M. Depeaux, de Rouen), à l'Hôtel Drouot, 25 avril. M. Paul Chevallier, MM. Durand Ruel-Mancini. Illustrations au catalogue de luxe.
N° 60. En meublé. . . . . 3.000 fr.
Femme assise de profil, tenant une lettre. Photo Druet. Coquiot, 1913, p. 65. Acheté par Bernheim ; en larg. 0,54 × 0,48.
N° 61. La Pierreuse . . . . 2.100 fr.
En haut. 0,64 × 0,52. A M. Meier Graefe. Casque d'Or, vente Heim, 1913 : 9.800 fr.
N° 62. A sa toilette. . . . . 4.000 fr.
A Mme Bernard. En haut. 0,74 × 0,65. Mme Fabre qui regarde ses ongles. En 1920, Vente Sévadjian, N° 18 : 33.000 fr.
N° 63. Gens chics. . . . . 1.860 fr.
En haut 0,85 × 0,65. Charles Conder, attablé en habit, dinant avec une femme. A paru : Aux Ambassadeurs. Les Plaisirs à Paris, par G. Geffroy. *Figaro Illustré*, N° 40, juillet 1893. Exposition Rosenberg, 1914.

1902

2e vente Feydeau du 14 juin.
N° 21. Le ballet " Danseuses " . . . . 480 fr.
Carton en haut. 0,45 × 0,85.

1903

Collection Arsène Alexandre. Galerie Georges Petit. 18-19 mai. M. Paul Chevallier, M Georges Petit.
N° 62. Le Réfectoire (illustration) . . . . . . 1.150 fr.
A M Blot Vente Heim, 1913 : 11.750 fr. Panneau en larg. 0,81 × 0,61. Signé à gauche et en bas.
N° 63. Sous la verdure. . . . . 500 fr.
A M. Vollard. Panneau en haut. 0,55 × 0,46. Signé à gauche et en bas.
N° 64. Yvette Guilbert. . . . . 700 fr.
A MM. Bernheim jeunes. Linger-longer-loo. Panneau en haut. 0,58 × 0,44. Signé à gauche, en bas et daté 1894.

Nº 65. Étude de femme. . . . .   500 fr.
A M. O. Saincère. Assise à terre, vêtue d'une
chemise rose. Cheveux épars. Photo Druet, 7988.
Panneau en haut. 0,55 × 0,47. Signé à gauche et
en bas.
Nº 144. Affiche pour le Divan Japonais . .   250 fr.
Au docteur G. Viau. Dessin rehaussé en haut.
0,80 × 0,62. Signé à droite et en bas. Vente Viau,
1907, Nº 178.

1905

Vente de Toulouse-Lautrec. A. Bruant. Hôtel
Drouot, 13 avril. M. Lair-Dubreuil, M. Georges Sor-
tais.
Nº 1. A Saint-Lazare. . . . .   3.900 fr.
Dessin carton en haut. 0,65 × 0,50. Signé à gauche
et en bas : Lautrec. Racheté.
Nº 2. A Montrouge. . . . .   4.500 fr.
Toile en haut. 0,70 × 0,47. Signé à gauche et en
haut : Lautrec. Racheté.
Nº 3. A la Bastille. . . . .   1.800 fr.
Toile en haut. 0,72 × 0,49. Signé à droite et en
haut : Lautrec A M. Barthélemy.
Nº 4. A Grenelle. . . . .   1.450 fr.
Toile en haut. 0,56 × 0,49. A M. Foinard.
Nº 5. A Batignolles. . . . .   2.800 fr.
Toile en haut. 0,92 × 0,65. Racheté.
Nº 6. Le refrain de la chaise Louis XIII   780 fr.
Papier marouflé sur toile en haut. 0,82 × 0,66.
Signé à gauche et en bas : Tréclau. Racheté.
Nº 7. Le quadrille de la chaise Louis XIII   300 fr.
Toile en larg. 0,56 × 0,45. Signé à gauche et en
bas : Lautrec. A Mme Bernard.
Nº 8. La lernière goutte. . . . .   180 fr
Dessin signé à droite et en bas : T.-L. A M. Schmidt.
Nº 9. Le dernier Salut. . . . .   400 fr.
Dessin signé à gauche et en bas : Tréclau. A
M. Sancholle.
Nº 10. Sur le pavé (le trottin). . . . .   320 fr.
Dessin signé à gauche et en bas : Lautrec. A
M. Sanson.
Catalogue, préface de M. Roger Milès.

Vente du 16 décembre. M. Lair-Dubreuil, MM.
Bernheim jeunes.
Nº 59. Jeune femme assise. . . . .   900 fr.
A MM. Bernheim jeunes. Elle porte un chapeau
noir avec un grand nœud noir et tient une ombrelle
rouge ; elle est vêtue d'une robe lilas, les poignets,
le col et la ceinture sont en velours rouge. Peinture
en haut. 0,69 × 0,69, format carré. Signé : Lautrec,
en bas et à gauche. Illustration au Catalogue. Voir
Photo Druet, 40924.

1906

Vente Eugène Blot (2e vente), Hôtel Drouot, le
10 mai. M. Paul Chevallier, MM. Bernheim jeunes.
Nº 74. Mélinite. (Voir reproduction). . . .   6.600 fr.
A. M. Mancini. Nº 161, 1re vente Blot, 1900 :
1.250 fr. Panneau en haut. 1 m. 02 × 0,55. Signé
à gauche et en bas : Lautrec.
Nº 75. Le Modèle, femme qui se peigne. .   2.900 fr.
A M. Delpeuch. 1re vente Blot, 1900, Nº 160.
Voir reproduction. Panneau en haut. 0,70 × 0,51.
Signé à gauche et en haut : Lautrec.

Nº 76. La Pierreuse. : . . . .   2.150 fr.
Panneau en haut. 0,70 × 0,51. Signé à droite et
en bas : Lautrec, 1891.
Nº 77. Au Moulin Rouge. . . . .   920 fr.
A MM. Bernheim jeunes. La Goulue et sa sœur
entrant ; dans le fond, Sarcey, assis. Panneau en
haut. 0,46 × 0,35
Nº 78. La loge au Mascaron doré . . . .   280 fr.
Panneau en haut 0,32 × 0,24.
Nº 79. La coiffure. . . . .   495 fr.
A M. Libaude. Panneau en haut. 0,34 × 0,26.
Nº 80. Au Restaurant. Aucun prix sur les Cata-
logues ni à la *Gazette* de l'Hôtel Drouot. Panneau
en haut. 0,40 × 0,30.
Nº 116. Le Trottin. . . . .   65 fr.
Peinture à l'essence en haut. 0,33 × 0,25.
Nº 117. Miarka (La Gitane) . . . .   140 fr.
Peinture à l'essence en haut. 0,90 × 0,60. Photo
Druet, Nº 6526.
Nº 118. Le tir aux pigeons. . . . .   16 fr.
Peinture à l'essence en larg. 0,30 × 0,24.
Nº 119. Au Café.   75 fr.
Aquarelle en haut. 0,55 × 0,73. Signé à gauche,
en bas du monogramme.

Collection Depeaux (2e vente). Galerie Georges Petit.
31 mai, 1er juin. M. Lair-Dubreuil, MM. Bernheim
jeunes.
Nº 74. Intérieur de Cabaret. . . . .   7.000 fr.
Voir illustration au Catalogue. Toile en haut.
1 m. 02 × 0,90. Signé à droite et en haut : Lautrec.

1907

Collection de M Georges Viau (2e vente). Gale-
ries Durand-Ruel, 21 et 22 mars. M Paul Chevallier,
M. Durand-Ruel, MM. Bernheim jeunes.
Nº 81. Danse Mauresque Toile en larg 3,20 × 3 m.
Signé du monogramme, à droite et daté 1895.
Nº 82. La Danse au Moulin Rouge. Voir illustrations
au catalogue : Baraque de la Goulue. Toile en
larg. 3 m. × 3 m. Signé du monogramme, à droite.
Ensemble . . . .   5.200 fr.
Nº 178. Affiche du Divan Japonais. . . . . .   710 fr.
A M. Doucet, Nº 144. Coll. de M. Arsène Alexan-
dre. Dessin rehaussé en haut. 0,805 × 0,625. Signé
à droite
Nº 179. Le Cortège du Radjah. . . . .   1.050 fr.
A MM. Bernheim jeunes. Nº 66. *Figaro Illus-
tré*, 1895. Dessin rehaussé en haut. 0,50 × 0,35.
Signé du monogramme en haut et à gauche.
Nº 180. Femme se coiffant. . . . .   255 fr.
A M. E. Blot. Aquarelle en haut. 0,31 × 0,23.
Signé du monogramme à droite.

Collection Tavernier. Hôtel Drouot, 15 avril. M.
Paul Chevalier, MM. Bernheim jeunes.
Nº 53. Femme refaisant son chignon. . . . . .   850 fr.
A M. Druet. Photo Druet. Nº 3480, porte le Nº 53
de la vente. Panneau en haut. 0,65 × 0,31. Signé à
gauche, en haut : Lautrec.

1909

Vente du 27 février. M. Lair-Dubreuil et M. Druet.
Nº 60. Les amies . . . .   1.650 fr.
A M. Hubert Toile 0,63 × 0,83. Signée en bas
et à droite.

1911

Vente du 9 mars. M. Desvouges, M. Loys Delteil.
Nº 116. Dormeuse..................... 52 fr.
A M Strölin. Mine de plomb, rehauts à la sanguine en larg. 0,335 × 0,230.
Nº 117. Amazone..................... 24 fr.
Croquis à la plume.
A M. Barthélemy. En haut. 0,160 × 0,100. Daté et signé 1881.

———

Vente de M. Gaston Guignard, du 20 juin. M. Georges Petit, MM. Duchesne et Duplan
Nº 40. Femme de dos, assise dans un fauteuil............................. 1.550 fr.
A M. P. Rosenberg. Carton 0,37 × 0,265. Signé à gauche et en bas.

———

Collection Maurice Masson. Hôtel Drouot, le 22 juin. M. Lair-Dubreuil, MM. Durand-Ruel et Bernheim jeunes.
Nº 40. La Buveuse (Gueule de Bois) ..... 7.100 fr.
Peinture à l'essence en larg. 0,55 × 0,47. Signé en bas et à droite.

1912

Collection Henri Rouart, Galerie Manzi-Joyant, 10-15 décembre. M. Lair-Dubreuil, M. Brame.
Nº 284. Femme dans un jardin .... 8.300 fr.
Voir illustration au Catalogue. Panneau en haut. 0,89 × 0,62. Signé en bas et à gauche : Lautrec.

1913

Vente Heim, de Munich, Hôtel Drouot. 30 avril. M. Lair-Dubreuil, M. Jos. Hessel. Catalogue illustré. Préfaces de MM. Tristan Bernard et Coquiot.
Nº 1. Ces dames. Illustration.......... 11.750 fr
A M. Lévéque, Nº 62. Le réfectoire. Vente A. Alexandre. Peinture à l'huile sur carton en larg. 0,795 × 0,58. Signé en bas et à gauche. Voir illustration au Catalogue.
Nº 2. La Pierreuse. Illustration........ 9.800 fr.
A M. Lévéque. Vente Depeaux, 1901, Nº 61. Peinture à l'huile sur carton en haut. 0,635 × 0,51. Signé en bas et à droite. Voir illustration au Catalogue.
Nº 3. Au Salon. Illustration........... 7.800 fr.
A M. G. Bernheim. Peinture à l'huile et pastel sur carton en larg. 0,78 × 0,515. Signé en bas et à droite. Voir illustration au Catalogue.
Nº 4. Portrait de femme. .... 2.100 fr.
A M Pierre Goujon. Toile en haut. 0,285 × 0,215. Ovale.
Nº 5. Lucien Guitry et Granier. Illustration. 4.500 fr.
A M. Bernstein. Peinture à l'huile sur carton en haut. 0,65 × 0,52. Signé en bas et à gauche du monogramme. Voir illustration au Catalogue.
Nº 6. La partie de cartes. Illustration .. 8.200 fr.
Peinture à l'huile sur carton en haut. 0,565 × 0,445. Signé en bas et à droite. Voir illustration au Catalogue.
Nº 7 Le Quadrille, Troupe de Mlle Eglantine. Illustration.............................. 4.700 fr.
A M. Bernstein. Peinture à l'huile sur carton en larg. 0,915 × 0,73. Voir illustration au Catalogue.

Nº 8. Portrait d'homme. .... 2.200 fr.
A M. Rosenberg. Peinture à l'huile sur toile en haut. 0,595 × 0,47.
Nº 9. Bruant. .... 3.950 fr.
A M. Pierre Baudin. Aquarelle en larg. 0,99 × 0,79.
Nº 10. Babylone. Essence. .... 300 fr.
A M. Bernstein. Aquarelle et peinture à l'huile sur papier en haut. 1 m. 38 × 975.
Nº 11. Au Café. .... 1.900 fr.
A M. Proux. Aquarelle en larg. 0,72 × 0,53. Signé à gauche et en bas d'un monogramme.
Nº 12. Au Café-Concert. Cocyte 1901... 1.750 fr.
A M. Blot. Dessin crayon et sanguine en haut. 0,33 × 0,245. Signé en bas et à gauche.
Nº 13. Femme. Cocyte de face .... 500 fr.
A M. Strölin. Mine de plomb, dessin au crayon en haut. 0,33 × 0,245. Signé en bas et à gauche du monogramme.
Nº 14. Intimité. .... 300 fr.
A M. R. Coolus. Dessin au pinceau en haut. 0,55 × 0,415. Signé en haut et à gauche du monogramme.
Nº 15. Au Palais de Glace. .... 1.450 fr.
A M. Proux. Dessin au crayon bleu et au pinceau en haut. 0,71 × 055. Signé en bas et à droite du monogramme.
Nº 16. Les frères Marco. .... 520 fr.
A M Bernstein. Dessin au pinceau en haut. 0,65 × 0,50. Signé à gauche et en haut du monogramme.
Nº 17. Scène de cirque. .... 550 fr.
Dessin au crayon noir en haut. 0,76 × 0,58.
Nº 18. Tête d'enfant (fils de Marthe)... 240 fr.
A M. Camentron. Dessin à la sanguine en haut. 0,44 × 0,31. Signé en bas et à gauche du monogramme.
Nº 19. Portrait Bonne debout .... 900 fr.
A Mme S. Mayer. Dessin à la sanguine en haut. 0,655 × 0,28.
Nº 20. Yvette Guilbert saluant. .... 1.050 fr.
A M. Lévéque. Dessin au crayon noir rehaut d'aquarelle en larg. 0,41 × 0,24. Signé en bas et à gauche du monogramme.
Nº 21. Berthe Bady. .... 1.530 fr.
A Mme Mayer Dessin à la sanguine en haut 0,535 × 0,365. Signé en haut et à gauche du monogramme.

1914

Collection Roger Marx. Galerie Manzi-Joyant, et Cte, 11-12 mai. M. Lair-Dubreuil, M. H. Baudouin, M. Durand-Ruel, MM. Bernheim jeunes.
Nº 75. Dans le lit. .... 15.000 fr.
A M. Personnaz. Voir illustration au Catalogue. Peinture sur carton en larg. 0,69 × 0,53. Signé dans le haut et à gauche : Lautrec.
Nº 76. Au Moulin Rouge .... 5 100 fr.
A M Mancini. Voir illustration au Catalogue. Peinture à l'essence en haut 0,535 × 0,43. Signé du monogramme en haut et à gauche ; à gauche et en bas, l'inscription au crayon : I. Moulin Rouge.
Nº 77. Chanteur comique (Praince) ... 1.100 fr.
A M. Comiot. Peinture à l'essence en haut. 0,52 × 0,39. Signé du monogramme.
Nº 78. Les deux femmes au bar....... 1.900 fr.
A M. Vallée. Voir illustration au Catalogue.

Peinture à l'essence en haut. 0,515×0,315. Signé à gauche du monogramme.

Nº 216. A l'Opéra (Prince de Sagan)... 0.200 fr.
A M. Oppenheim. Voir illustration au Catalogue. Dessin rehaussé de peinture à l'essence en haut. 0,76×0,485. Signé à gauche : Lautrec 93, et dans le haut, le monogramme.

Nº 217. Deux femmes debout (valsant). 3.800 fr.
Voir illustration au catalogue. Dessin rehaussé de peinture à l'essence en haut. 0,565×0,385. Signé en haut et à droite du monogramme.

Nº 218. La Roue .... 5.300 fr
A M. Oppenheim. Dessin rehaussé de peinture à l'essence en haut. 0,59×0,46. Signé du monogramme, à gauche.

Nº 219. La Vendeuse de fleurs. .... 1.700 fr.
A M. Strölin. Calque original rehaussé de peinture à l'essence en haut. 0,55×0,31. Signé du monogramme à gauche.

Nº 220. Au bal masqué. .... 455 fr.
A M. Druet. Pour l'*Echo de Paris*. Lithographie rehaussée de peinture à l'essence en larg. 0,49×0,375. Signé du monogramme à gauche.

Nº 221. La Macarona en jockey....... 3.000 fr.
A M. Henraux. Calque original rehaussé de peinture à l'essence en haut. 0,565×0,435. Signé du monogramme, à droite.

Nº 222. La Blanchisseuse. . ... 7.000 fr.
A M. Oppenheim. Voir illustration au Catalogue. Dessin à l'encre de Chine en haut. 0,68×0,595. Signé à droite et en bas : Lautrec.

Nº 223. Yvette Guilbert, debout...... 1.905 fr
A M. Max Lender. Aquarelle en haut. 0,525×0,35. Signé du monogramme.

Nº 224. Dans l'atelier. Portrait de M. Sescau. 8.500 fr.
A M. Kélékian. Aquarelle en haut. 0,70×0,32. Signé à gauche : Lautrec. 91.

Collection Roger Marx (2e vente). Hôtel Drouot, 12-13 juin.

Nº 253. Le pendu..................... 68 fr.
Voir illustration au Catalogue. Delteil, Nº 340. Recherche pour l'affiche. Repassé dans la vente du 24 février 1926, Nº 48. Fusain en haut. 0,66×0,475.

1915

Vente du 30 avril. M. Desvouges et M. Delteil.

Nº 11. Au Café. . . .. 580 fr.
A M. Proux. Femme avec un manteau rose et un chapeau avec aigrette rose. Aquarelle en larg. 0,72×0,53.

1919

Vente du jeudi 27 février. Hôtel Drouot. Peintures, dessins, sculptures. M. André Desvouges. M. Loys Delteil.

Nº 140. Buste de jeune fille (titre inexact) Tête d'enfant (fils de Mme Marthe), de face. 500 fr.
A M. Le Garrec. Voir illustration couverture du Catalogue Nº 366. Dessin à la sanguine, en haut. 0,39×0,34. Signé Lautrec en bas et à droite (Bordeaux, décembre 1900).

Nº 141. Profil de femme .... 800 fr.
A M. Knœdler. Dessin au crayon en haut. 0,34×0,24. Monogramme.

Collection Manzi. Galerie Manzi, Joyant et Cie. 13-14 mars. M. Bricout, M. Lair-Dubreuil, M. Brame. Catalogue illustré. Préface de M. A. Alexandre.

Nº 93. La leçon de chant............. 15.700 fr.
Mlle Dihau et Mme J F. Voir illustration au Catalogue Carton en haut. 0,75×0,68. Signé et daté en haut et à gauche.

Nº 94. Le coucher.................... 11.500 fr.
Voir illustration au Catalogue. Panneau en haut. 0,60×0,46. Signé en haut et à gauche.

Nº 95. Danseuse ajustant son maillot.... 14.000 fr.
Voir illustration du Catalogue. Carton en haut. 0,58×0,43. Signé en bas et à gauche.

Nº 96. Profil de femme. .... 3.900 fr.
Voir illustration au Catalogue. Carton en haut. 0,47×0,33.

Nº 97. Portrait de Maurice Joyant..... 1.100 fr.
Esquisse. Carton en haut. 0,94×0,65. Signé en bas et à gauche.

Nº 185. Dans le cirque. .... 500 fr.
Delteil, Nº 338 *bis*. Monotype en haut. 0,50×0,33. Signé en bas et à gauche.

Nº 186. Profil. . . .. 340 fr.
Dessin aux crayons bleu et rouge en haut. 0,18×0,13.

Nº 187. Au théâtre.................... 220 fr.
Dessin à la plume en haut. 0,15×0,11. Signé du monogramme en bas et à gauche.

Nº 188. Tête d'homme, profil......... 205 fr.
Dessin à la plume.

Nº 189. Quatre figures dans un cadre... 1.300 fr.
Mines de plomb. En haut. 0,30×0,18 (Salon).

Nº 190. Portrait de femme. .... 220 fr.
Mine de plomb en haut. 0,17×0,11. Signé et daté en bas et à droite.

Nº 191. Portrait d'une chanteuse. ..... 1.050 fr.
Calque en haut. 1 m. 30×0,72. Signé en haut et à droite

Nº 192. Buste de femme, profil à gauche. 300 fr.
Dessin aux deux crayons en haut. 0,18×0,14.

Nº 193. Profil de femme. . ... 1.650 fr.
Dessin aux deux crayons en haut. 0,34×0,25. Signé en bas et à gauche.

Nº 194. Portrait de Mlle Louise M...... 520 fr.
Crayon bleu en haut. 0,18×0,13.

Nº 195. Femme de face. .... 360 fr.
Mine de plomb en larg. 0,27×0,20.

Nº 196. Profil .... 300 fr.
Dessin aux crayons bleu et rouge en larg. 0,18×0,13.

Nº 197. Etude de femme. .... 900 fr.
Dessin rehaussé en haut. 0,45×0,34.

Nº 198. Trois têtes de femme......... 260 fr.
Dessin en larg. 0,18×0,13.

Nº 199. Portrait-charge. .... 90 fr.
Dessin au crayon bleu. 0,18×0,13.

Collection Etienne Goujon, Hôtel Drouot, 28 mars. M. Lair-Dubreuil. M. Jos. Hessel.

Nº 69. Le lit. . . .. 7.900 fr.
Voir illustration au Catalogue. Panneau en haut. 0,41×0,32. Signé à droite, en haut et daté : 98.

Nº 70. Le Cheval de course. .... 1.900 fr.
Aquarelle en larg. 0,24×0,17.

Vente du 26 novembre. MM. Desvouges et Baudouin, MM. Loys Delteil et Marignagne.
N° 150. Le dernier Salut. . . . . 755 fr.
Encre de Chine avec rehauts de gouache. Signé de l'anagramme : Tréclau. Reproduit dans le *Mirliton*, mars 1887.

1920

Tableaux modernes. Collection S. S. Sévadjian. Vente du 22 mars. M. Lair-Dubreuil, M. Jos. Hessel. Catalogue avec illustration de tous les tableaux. Préface de M. Cornillon.
N° 17. Le Moulin Rouge. . . . . 69.500 fr.
Peinture en larg. 1 m. 50 × 1 m. 15.
N° 18. La Toilette. . . . . 33.000 fr.
Peinture en haut. 0,73 × 0,65.
N° 19. La Grande loge. . . . . 35.000 fr.
Peinture en haut. 0,55 × 0,47.
N° 20. Intérieur (au Salon). . . . . 6.300 fr.
Peinture en larg. 0,80 × 0,52.
N° 21. La Pierreuse. . . . . 11.600 fr.
Peinture en haut. 0,63 × 0,48.
N° 22. Profil de femme. . . . . 11.000 fr.
Peinture en haut. 1 m. 29 × 0,50.
N° 23. Le Divan Japonais. . . . . 24.200 fr.
Peinture en haut. 0,80 × 0,64.
N° 24. Jane Avril. . . . . 6.500 fr.
Peinture en haut. 0,67 × 0,54.
N° 25. Enlevant sa chemise . . . . 5.700 fr.
Peinture en haut. 0,62 × 0,38.
N° 26. En observation. . . . . 3.150 fr.
A M. Fabre. Peinture en haut. 0,61 × 0,50
N° 27. La Pierreuse. . . . . 11.100 fr.
Peinture en haut. 0,60 × 0,50.
N° 28. Une grisette. Mlle Lender. . . . . . 2.850 fr.
Dessin.
N° 29. Rigolette. La chanson du Matelot. 2.950 fr.
Dessin.
N° 30. Femme retroussant sa chemise. . 11.200 fr.
Peinture en haut. 0,56 × 0,43.
N° 31. Songeuse (ou la Tresse?). . . . . . . 21.900 fr.
Peinture en haut. 0,50 × 0,32.

———

Vente du 31 mars. M. A. Desvouges, M. Loys Delteil.
N° 169. Femme assise. Homme étendu. 400 fr.
Deux croquis mine de plomb. Signés du monogramme.

———

Vente du 29 mai. Galerie Georges Petit. M. Lair-Dubreuil. M. Georges Petit.
N° 79. Cavalier et Amazone se croisant au bois : 7.100 fr.
Toile en haut. 0,81 × 0,65. Signé à droite, en bas du monogramme.
N° 80. Jeune femme assise, de profil effacé et regardant une image. . . . . 11.500 fr.
Voir illustration au Catalogue. Peinture sur carton en haut. 0,73 × 0,52. Signé à droite, en bas : T. Lautrec.

———

9e vente Beurdeley, 30 novembre, 2 décembre. M. Lair-Dubreuil, M. Loys Delteil.
N° 400. La Tricoteuse. . . . . 500 fr.

A M. Hallouen. En buste, de profil à droite. Lavis de sépia et gouache sur papier gris en haut. 0,24 × 0,225.

———

Vente de tableaux et divers, à l'Hôtel Drouot, le 10 décembre. M. Lair-Dubreuil, M. Schœller.
N° 119. Casque d'Or (Pierreuse). . . . . . . 17.500 fr.
A M. G. Petit. Voir illustration au Catalogue. Vente Depeaux, 1901, N° 61 : 2.100 fr. Vente Heim, 1913, N° 2 : 9.800 fr. Peinture sur carton en haut. 0,65 × 0,53. Signé à droite, en bas : T. Lautrec.

1921

Vente de tableaux, dessins, etc. Hôtel Drouot, 14 mars. M. Dubourg, M. Marboutin.
Tête d'homme . . . . 42 fr.
Croquis 0,155 × 0,22. Signé du monogramme à droite.
Feuille d'études . . . . 125 fr.
Croquis 0,15 × 0,25. Signé du monogramme au milieu.
Un sale. . . . . 52 fr.
Croquis mine de plomb. 0,24 × 0,15. Signé du monogramme à droite.

———

Collection Pierre Baudin. Hôtel Drouot, 16 mars. M. Lair-Dubreuil, M. Jos. Hessel. Catalogue avec illustrations des œuvres. Préface de M. Camille Mauclair.
N° 25. La toilette. . . . . 4.400 fr.
Carton en haut. 0,36 × 0,27.
N° 26. Bruant. 2.600 fr.
Vente Heim. Aquarelle en larg. 1 m. × 0,81.
N° 27. L'enfant au chien. . . . . 8.200 fr.
(Fils de Marthe et Paméla). Toile en haut. 1,30 × 0,70.
N° 28. Jeune femme. . . . . 3.300 fr.
A M. Berthellemy. Sanguine en haut. 0,50 × 0,38.

———

Vente d'estampes et dessins modernes, à l'hôte Drouot, le 20 juin. M. Desvouges, M. Loys Delteil.
N° 141. Le Suiveur . . . . 610 fr.
Dessin encre de Chine et crayon bleu. Signé. En haut. 0,570 × 0,445.

———

Vente de dessins modernes, à l'Hôtel Drouot, les 24 et 25 juin. M. Desvouges, M. Loys Delteil.
N° 432. La jeune fille et la vieille femme. . 155 fr.
N° 433. Veretrum Nemesis, et le crapaud. 135 fr.
Dessins au trait, encre de Chine sur calque-bristol. Illustration complète des Deux Sœurs légendaires. Conte de R. Coolus, N° 74, mai 1896, *Figaro Illustré*.

———

Collection Alfred Strölin. 1re vente à l'Hôtel Drouot, 7 juillet. M. Zapp, M. Brame.
N° 24. Femme à sa toilette. . . . . 14.350 fr.
A M. Sacha Guitry. Panneau en larg. 0,54 × 0,45. Signé en haut et à droite. Voir illustration au Catalogue.
N° 103. La Vendeuse de fleurs. . . . . 2.700 fr.
Vente Roger Marx, 1914, N° 219. Calque rehaussé de peinture à l'essence, en haut. 0,55 × 0,34. Signé du monogramme, en bas et à gauche.

Nº 104. Jeune femme au lit. . . . .   920 fr.
    Exposition de Copenhague, Nº 356. Dessin en
larg. 0,42 × 0,30. Signé en bas et à droite.

———

Collection Alfred Strolin. 2ᵉ vente à l'Hôtel Drouot,
19-20 décembre M Zapp, MM. Braine et Guillaume.
Nº 15. Les Blanchisseuses. . . . .   3.300 fr.
    Toile non signée. 0,54 × 0,81. Au dos, il est écrit :
toile par Toulouse-Lautrec. A figuré dans l'Exposition de M. Barthélemy.

ECOLE MODERNE

Nº 20. Préparation en grisaille. . . . . . .   3.500 fr.
    A M. Lepoutre. Carton en haut. 0,84 × 0,53 en
grisaille. Les cavaliers, du *Paris Illustré*, 1889.
Nº 22. Portrait de femme. . . . .   11.00 fr.
    A M. Fiquet. Toile panneau en haut. 0,55 × 0,45.
Nº 125. 1 Croquis. . . . . }
Nº 126. 6 Croquis dans le même cadre. . . . } 205 fr.
    En haut. 0,16 × 0,12. (Catalogue Maurice B. E.)

1922

Collection Dikran Khan Kélékian. Vente par The
American Art Association. Madison Square S. New-
York, plaza Hotel. M. Kirby. Catalogue avec illustrations. 30 et 31 janvier.
Nº 113. Portrait de M. Cipa Godebski 3.100 dollars.
    Board height 20 1/2 inches ; width 15 3/4 inches.
Signed at the upper right, à Cipa, H.-T. Lautrec,
from the Alphonse Kann Collection. Voir illustration au Catalogue.
Nº 114. Portrait de femme assise. .   1.000 dollars.
    (Femme fumant une cigarette). Board height
18 1/2 inches ; width 11 3/4 inches. Signed at the
upper right, H.-T. Lautrec, 90. From the Théodore Duret Collection. Voir illustration au Catalogue.
Nº 142. Portrait de femme. . . . .   1.900 dollars.
    (Fille à l'accroche-cœur). Board height 21 3/4 in-
ches, width 21 3/4 inches. Signed at the lower left
H. T.-L. (monogram). Voir illustration au Catalogue.
Nº 150. Portrait de M. Sescau. . . . .   1.400 dollars.
    Board height 39 1/2 inches ; width 20 3/4 inches.
Signed at the lower left : Lautrec, 91. From the
Roger Marx Collection. Voir illustration au Catalogue.

———

Vente de dessins et d'estampes modernes, 24 fé-
vrier. MM. Lair-Dubreuil et Desvouges, M. Loys
Delteil.
Nº 246. Têtes de femme. . . . .   125 fr.
    3 croquis au crayon. Timbr. Enc.

———

Collection Alfred Savoir, vente à l'Hôtel Drouot,
le 22 mars. M. Lair-Dubreuil, M. Jos. Hessel.
Nº 12. Les deux amies. . . . .   17.500 fr.
    Carton en larg. 0,81 × 0.60. Coll. A. Kann. Voir
illustration au Catalogue.

———

Vente du 20 novembre. Galerie Ermann, avant
liquidation. M. Lair-Dubreuil, M. Schœller. Au Catalogue.

Nº 31. Étude de femme assise. . . . .   230 fr.
    Exposition Rétrospective de 1914, Nº 179.
Dessin au fusain sur papier bleuté. Signé à gauche,
en bas : T. Lautrec et dédicacé : à mon ami Guibert. En haut. 0,49 × 0,39.
Nº 77. Étude de danseuse. . . . .   4.800 fr.
    Toile en haut. 0,55 × 0,46. Au dos, on lit sur un
papier collé sur la toile : « H. de Toulouse-Lautrec,
Danseuse, étude faite le soir, rue Caulaincourt,
1888. Nous avions pris ensemble modèle pendant
une semaine à son atelier. Toulouse a fait deux
études, une en pied que j'ai cédée à Gustave
Pellet, et celle-ci : Signé Grenier. »

———

Vente de livres, 16-21 novembre. M. Lair-Dubreuil,
M. Leclerc. Bibliothèque de feu M. Maurice Guibert.
Nº 401. Suite de 50 croquis et dessins originaux
et 8 lithographies. 16-21 novembre. M. Lair-
Dubreuil et Leclerc.
Nº 401. Acheté par M. Galanti, Les dessins ont tous
été timbrés par M. Joyant et ont paru dans Coquiot.
Lautrec, 1913, pour la plupart, soit aux pages 7, 12,
21, 39, 54, 56, 62, 72, 82, 89, 96, 104, 105, 106, 111,
112, 124, 142, 148, 168, 172, 176, 184. Voir le présent catalogue de dessins.

1923

Vente par suite du départ de Mme X.. (Lucy
Gérard). Hôtel Drouot, 15 mars. M. Lair-Dubreuil,
M. Jos Hessel.
Nº 31. Femme enlevant sa chemise. . . . . .   4.750 fr.
    Nº 25. Vente Sévadjian, 1900 : 5.700 fr. Carton
en haut. 0,62 × 0,38.

———

Collection de M. B... Vente de tableaux modernes,
à l'Hôtel Drouot, le 20 mars. MM. Lair-Dubreuil et
Flagel, MM. Jos. Hessel et Léman.
Nº 38. Un garde municipal. . . . .   300 fr.
    A M. Pellet. Aquarelle en haut. 0,25 × 0,18. Signé
à droite.

———

Vente du 18 avril M. Hémard, M. Hensel.
Nº 125. Le maréchal-ferrant. . . . .   900 fr.
    Peinture sur panneau en haut. 0,16 × 0,24. Signé
à gauche du monogramme. Dessin à l'encre ; au
dos : cheval et cab. A M. Pierre Dubaut.

———

Vente de tableaux, à l'Hôtel Drouot, le 12 mai.
M. Lair-Dubreuil, M. Schœller.
Nº 29. Footitt. . . . .   330 fr.
    Dessin au crayon noir sur papier blanc en haut.
0,17 × 0,19. Signé en bas, au milieu.

———

Collection Léon Orosdi. Hôtel Drouot. 25 mai.
M. Lair-Dubreuil, M Jos. Hessel.
Nº 33 Danseuses. . . . .   16.000 fr.
    Voir illustration au Catalogue, et préface de
M. Henry Lapauze. Toile en larg. 0,84 × 0,44.

———

Vente de tableaux modernes, à l'Hôtel Drouot,
le 7 juin. MM. Lair-Dubreuil et Villard, M. Schœller.
Première vente en vertu d'ordonnance. Liquidation. Galerie Ermann, boulevard Malesherbes, 83.

N° 21 Profil de femme. . . . . 1.780 **fr.**
A M. Marcel Guérin. Dessin aux deux crayons
en haut. 0,34 × 0,25. Signé : Lautrec, en bas et à
gauche. Collection Manzi, 1919, N° 193 : 1.650 fr.

———

2° Vente Tableaux modernes en vertu d'ordon-
nance, Hôtel Drouot. Liquidation Galerie Ermann,
83, boulevard Malesherbes, 16 juin.
MM. Lair-Dubreuil et Villard, M. A. Schœller.
N° 20. Tête de pierreuse, de face . . . . 1.700 **fr.**
Peinture sur carton en haut. 0,415 × 0,265.
A M. M. Giès, Petit. Signé à droite et en bas :
H.-T. Lautrec.

1924

Vente de tableaux et dessins, à l'Hôtel Drouot, le
4 avril. M. Hémard, M. Max Bine.
N° 69. Portrait de jeune femme, assise. . 1.000 **fr.**
Exposition Rétrospective M. J., 1914, N° 179.
Femme assise. Vente du 20 novembre 1922, N° 31 :
230 fr. Sous le titre, Étude de femme. Sur papier
bleu fusain en haut. 0,50 × 0,40. Signé et dédicacé : A mon ami Maurice Guibert, en bas et à
gauche.

———

Vente de tableaux et dessins modernes, à l'Hôtel
Drouot, le 15 avril. M. Lair-Dubreuil, M. A. Schœller.
N° 28. Promenade en mer. Dessin 0,40 × 0,33. 405 fr.

———

Collection Léclanché, Hôtel Drouot, 6 novembre.
M. Lair-Dubreuil, MM. Bernheim jeunes.
N° 98. Au Moulin Rouge. . . . . 15.500 **fr.**
(A l'Élysée-Montmartre). Peinture à l'huile sur
toile en haut. 0,73 × 0,51. Non signé. Voir illustration au Catalogue, avec préface de M. Pascal Forthuny.

1925

Tableaux modernes. Vente du 5 juin. M. Hémard,
M. Max Bine.
N° 279. Lassitude. . . . . 650 **fr.**
(Posée à la renverse sur un lit). Dessin au crayon
en larg. 0,34 × 0,40. Voir illustrations au Catalogue
et Delteil, N° 189.

1926

Vente de tableaux modernes, aquarelles, etc. 24
février. M. A. Bellier, M. Jos. Hessel.
N° 48. Le Suicidé. . . . . 2.050 **fr.**
Dessin fusain. Haut. 0,67 × 0,48. 2° vente Roger
Marx. 17 juin 1914, N° 753 : 68 fr.
(C'est le Pendu de la *Dépêche de Toulouse*.)

———

Collection de M. Léon Pédron. Vente du 2 juin.
M. A. Bellier, Jos. Hessel.
N° 60. Au Music-Hall. . . . . 3.300 **fr.**
A M. Yves Buser. (Loïe Fuller) Peinture à l'es-
sence en haut 0,85 × 0,65

N° 61. Le poulailler . . . . 9 000 **fr.**
Voir illustration au Catalogue. Peinture sur
plâtre, parquetée, enlevée de l'auberge Ancelin,
peinte en 1885 ; à gauche, Lautrec s'est représenté
en apache. En larg. 1,01 × 0,25 (Coll. de M. Zunz.)

16 juin. Collection Pierre Decourcelle. MM. Lair
Dubreuil et Baudouin, M. Jos. Hessel.
Voir les reproductions de tous les numéros au
Catalogue et préface de M. Arsène Alexandre.
N° 70. Yvette Guilbert. . . . . 9.300 **fr.**
Aquarelle en haut. 0,25 × 0,15. Signé du mono-
gramme en bas et à droite.
N° 71. Le clown. . . . . 25.000 **fr.**
Peinture carton en haut. 0,19 × 0,15. Signé
H. T.-L. en haut et à gauche.
N° 72. Au Moulin de la Galette. . . . . 20.000 **fr.**
(J. Albert). Dessin en larg. 0,97 × 0,65. Signé :
Lautrec, en bas et à droite.
N° 73. La Goulue et sa sœur. . . . . 65.000 **fr.**
Peinture carton en haut. 0,46 × 0,35. Non signé.
(Coll. Bernard, estampe Goupil.)
N° 74. Femme assise en mauve dans le jardin du
père Forest. . . . . 70.000 **fr.**
Toile en haut. 0,71 × 0,56. Signé en haut et à
droite.
N° 75. Portrait de M. Grenier. . . . . 60.000 **fr.**
Panneau en haut. 0,33 × 0,25. Non signé.
N° 76. Le premier maillot. . . . . 88.000 **fr,**
(Danseuse ajustant son maillot). Vente Manzi.
1919, N° 95. Carton en haut. 0,57 × 0,43. Signé
Lautrec en bas et à gauche.
N° 77. Alfred la Guigne. . . . . 96.000 **fr.**
Carton en haut. 0,63 × 0,48. Signé à droite et
en bas, avec dédicace : « Pour Méténier, d'après
son Alfred la Guigne. »
N° 78. La femme au nœud rose. . . . . 63.000 **fr.**
(Assise dans une chaise en bois, de profil, à
gauche). Toile en haut. 0,80 × 0,58. Signé Lautrec
en bas et à droite.
N° 79. Danseuse en scène. . . . . 221.000 **fr.**
Toile en haut. 2 m. × 0,72. Non signé.

1927

Tableaux modernes. Vente du 29 avril. M. A.
Bellier, M. Jos. Hessel.
N° 39. La leçon de piano (de chant), 1898. 2.600 **fr.**
Dessin en haut. 0,53 × 0,35. Signé du cachet
en bas et à droite. Voir illustration du Catalogue.
A M. Michel.
N° 40. La partie de cartes. (Le Bésigue.)
1895 . . . . 5.100 **fr.**
Carton à l'essence en haut. 0,32 × 0,24. Signé
du monogramme en bas et à gauche Voir illus-
tration du Catalogue. A M. Alfred Bernheim.
N° 41. Une visite . . . . 1.220 **fr.**
Dessin trait et colorié. En haut. 0,25 × 0,18.
Signé du monogramme, à gauche.

BIBLIOGRAPHIE

I. - Revues, Journaux périodiques, Livres
Collaborations de H. de Toulouse-Lautrec
(1886-1926)

1886

Courrier français, N° 39, 26 septembre. Gin-cocktail, dessin de H. de Toulouse-Lautrec.

Le Mirliton, directeur, Aristide Bruant, N° 29, décembre. H. de T.-L., reproduction du tableau Quadrille de la chaise Louis XIII.

1887

Le Mirliton, directeur, Aristide Bruant. H. de T.-L. a donné les dessins : N° 31, janvier, La dernière goutte ; N° 33, février, Sur le pavé (le Trottin) ; N° 34, mars, Le dernier Salut ; N° 39, août, A Saint-Lazare (qui date de 1885).

1888

Paris Illustré, journal hebdom. illustré, Boussod, Valadon et Cie, éditeurs. N° 10, 10 mars. Albert Guinon, Les Bals masqués. H. de Toulouse-Lautrec, illustration : Bal masqué.

Paris Illustré. N° 27, 7 juillet. Emile Michelet. L'Eté à Paris. H. de Toulouse-Lautrec (4 illustrations).

1889

Courrier français : N° 16, 21 avril, p. 3 : H. de Toulouse-Lautrec, dessin, Gueule de Bois. N° 19, 12 mai. p. 6 : H. de Toulouse-Lautrec, A la Bastille, dessin. N° 20, 19 mai, p. 11 : H. de Toulouse-Lautrec, Le Bal du Moulin de la Galette, dessin. N° 22, 2 juin : H. de Toulouse-Lautrec, Boulevard extérieur, dessin, à Montrouge, de Bruant.

1891

La Plume, N° 43, du 1er février. Consacré à Aristide Bruant. Oscar Méténier, opinion sur : H. de Toulouse-Lautrec. A Saint-Lazare. Couverture du Numéro. Dessin ayant servi pour la chanson en 1885.

La Plume, N° 10, avril. Jules Anthoine. Exposition des Artistes Indépendants. H. de T.-L. (Dessin austère, mais couleur lugubre).

La Plume, N° 44, 13 février. Jules Anthoine. Exposition du cercle Volney. « T.-L. expose une étude de jeune fille : dessin expressif de Degas avec plus de parti-pris. Couleurs de gammes neutres pour mieux faire ressortir son dessin. »

1892

La Vie artistique, Gustave Geffroy. 1re série. Le Dentu, éditeur. Illusions et recherches d'art. XVI, p. 305. Exposition des Indépendants, H. de Toulouse-Lautrec, « avec un bal du Moulin Rouge d'une sarcastique vision », 22 avril. XVII, p. 309. Les Indépendants, avril, sur H. de T.-L. ; XIX, p. 359, Peintures et aquarelles, 5 février. Exposition Cercle Volney. Celle qui se peigne, par H. de T.-L. ; XX, p. 371, Les Indépendants, 29 mars, 8e Exposition, sur H. de T.-L. ; p. 379, Exposition chez le Barc de Boutteville, 28 novembre, sur H. de T.-L.

Courrier français, N° 43, p. 11, 23 octobre, H. de T.-L. Reproduction de l'affiche. Le Moulin Rouge Delteil, 359.

La Plume, N° 70, 15 mars, p. 145. Yvan Rambosson. Critique d'art. Cercle artistique et littéraire rue Volney. « Ces T.-L. prennent une valeur très grande dans la banalité contingente ». Jules Christophe, avril. Exposition des Indépendants sur H. de T.-L.

Supplément de l'Echo de Paris littéraire illustré. 1re année, N° 48, dimanche 25 décembre. Page double. Les fêtes parisiennes. Les Redoutes au Casino de Paris. Nouveaux confettis. Grand dessin de Lautrec.

1893

Figaro Illustré, N° 40, juillet. Gustave Geffroy, Le Plaisir à Paris. Les restaurants et les cafés-concerts des Champs-Elysées. H. de Toulouse-Lautrec, 7 illustrations en typo couleurs.

L'affiche moderne. Monde moderne. Louis Gonse-Caudieux. Delteil, N° 346.

L'Escarmouche, fondé le 12 novembre 1893, 16 mars 1894. Grand journal illustré hebdomadaire. Directeur, Georges Darien. H de Toulouse-Lautrec, 12 lithographies originales. Delteil, N°s 40 à 51.

L'Echo de Paris, supplément hebdomadaire illustré, 9 décembre. Le Café-Concert. Texte de Georges Montorgueil. Dessins et illustrations de H.-G. Ibels et de H. de Toulouse-Lautrec. 10 illustrations.

Le Café-Concert, album édité par l'Estampe originale, André Marty. Georges Montorgueil : texte, Le Café-Concert ; H. de Toulouse-Lautrec, 11 lithographies. H.-G. Ibels, 11 lithos. Delteil, N°s 28 à 38.

La Plume, 15 janvier, N° 30. Charles Saunier : Henri-Gabriel Ibels, Son portrait, dessin à la plume, par H. de Toulouse-Lautrec.

La Plume, 15 novembre, N° 110. Numéro spécial sur l'affiche. Ernest Maindron : L'affiche illustrée, pp. 478, 480, sur H. de Toulouse-Lautrec. Charles Saunier : Reine de joie, p. 490, sur H. de Toulouse-Lautrec, p. 488. Frantz Jourdain : L'affiche moderne et Henri de Toulouse-Lautrec, pp. 488 à 492.

L'Art français, Revue artistique hebdomadaire, directeur M. Firmin Javel. N° 327, 29 juillet, numéro entier. Arsène Alexandre : Celle qui danse (Jane Avril), avec 7 illustrations d'après des œuvres de Toulouse-Lautrec sur Jane Avril, dite la Mélinite.

Journal des Artistes, Edition du Journal des Artistes. Directeur, André Marty.

L'Estampe originale, album trimestriel, 1re livraison janvier-mars. Roger Marx, préface. H. de Toulouse-Lautrec. Pl. 1, Couverture de l'*Estampe originale*. Delteil, N° 17.

Revue Blanche, N° 16, 16 février, p. 146. Thadée Natanson, œuvres de Toulouse-Lautrec. Exposition chez Goupil.

Courrier français, N° 27, 2 juillet, p. 7. H. de T.-L. Reproduction de l'affiche Jane Avril au Jardin de Paris. Delteil, N° 345. N° 28, 9 juillet. H. de T.-L. Reproduction de la litho. Pauvre Pierreuse. Delteil, N° 26.

1894

La Revue Blanche. Devient à 100 pages à partir du 1er janvier 1894, inaugure des suppléments *illustrés* sous forme d'estampes originales ou de supplément. *Chasseur de chevelures illustré*. N° 29, mars, t. VI, p. 200. H. de Toulouse-Lautrec, Carnaval, litho originale. Delteil, N° 64.

La Revue Blanche. N° 32, juin, p. 577. *Le chasseur de chevelures*. Supplément fondé en 1892. Moniteur du possible. Rédacteur intégral, Tristan Bernard. Rédacteur vénal, Pierre Veber. De gré à gré, 2 francs la ligne.

Le Salon du Chasseur de chevelures Illustré. Tristan Bernard et H. de Toulouse-Lautrec. 17 croquis à l'encre de Chine. *Nota*. Le *Chasseur de chevelures illustré*, commencé en avril 1894, avec illustrations de Vallotton, prend fin en juillet 1894.

L'Estampe originale, pl. 59, Chanteuse de café-concert. Delteil, N° 68. *Aux Ambassadeurs*. 6e livraison, avril-juin.

Album d'Yvette Guilbert. Gustave Geffroy, septembre. 100 exemplaires numérotés et signés par Yvette Guilbert. 16 planches litho originales. Delteil, N°s 80, etc. André Marty, éditeur, 50 francs, sous une couverture originale. Esquisse au Musée d'Albi, N° 139. Les gants d'Yvette Guilbert.

Figaro Illustré. Gustave Geffroy. N° 47, février. Le plaisir à Paris, Les Bals et le Carnaval. H. de Toulouse-Lautrec, 6 illustrations en chromotypographie couleurs.

Le Rire, fondé le 10 novembre 1894. Directeur Félix Juven, partie artistique, Arsène Alexandre. N° 7, 24 décembre. H. de Toulouse-Lautrec. Yvette Guilbert, Linger-Longer-Loo.

Le Courrier français. N° 35, 2 septembre, p. 11. H. de Toulouse-Lautrec. Reproduction de la litho Yvette Guilbert, 4e pl. Delteil, N° 83. Album édité par A. Marty.

La Plume. N° 124, 15 juin. Edmond Pilon. Exposition Toulouse-Lautrec, chez Durand-Ruel (tout à côté de celle de Manet).

L'Art français. Revue artistique hebdomadaire, par M. Firmin Javel, t. VIII, N° 381, 11 août. Exposition des peintres impressionnistes et symbolistes. H. de Toulouse-Lautrec. Un coin du Moulin Rouge, Hors texte.

Le Courrier français, N° 45, 11 novembre. Jules Roques. Une Exposition d'affiches artistiques à l'Aquarium, à Londres. E. Bella.

1895

Figaro Illustré. N° 64, juillet. Romain Coolus, Le Bon Jockey, conte sportif. H. de Toulouse-Lautrec, 4 illustrations en couleurs.

Figaro Illustré. N° 66, septembre. Romain Coolus, La Belle et la Bête. H. de Toulouse-Lautrec, 4 illustrations en couleurs.

Le Rire. N° 12, 26 janvier. Romain Coolus, Théorie de Footitt sur le Rapt. H. de Toulouse-Lautrec, 5 dessins dans le texte en noir.

Le Rire. N° 16, 23 février. H. de Toulouse-Lautrec. Mlle Polaire, hors texte en couleurs.

Le Rire. N° 39, 3 août. H. de Toulouse-Lautrec, Miss May Milton, hors-texte, trait noir.

Le Rire. N° 59, 22 décembre, de l'affiche. H. de Toulouse-Lautrec. Brother's Marco. Etude de disloqué. Hors-texte noir.

Edition du Journal des Artistes, directeur A. Marty.

L'Estampe originale, Roger Marx, préface, p. 81, mars. H. de Toulouse-Lautrec. Affiche de la *Revue Blanche*, Mme Natanson. Delteil, N° 355.

La Vie Artistique, Gustave Geffroy, t. IV, p 305. Le Salon de 1895, au Champ-de-Mars, Vitrail de L. Tiffany, d'après Toulouse-Lautrec. L. Dentu, éditeur.

Revue Blanche, Jacques-Emile Blanche, t. VIII, N° 117, 15 mai, p. 467. Les objets d'art au Salon du Champ-de-Mars. Vitrail de Tiffany, d'après Toulouse-Lautrec.

Revue Blanche, Paul Adam, N° 47, 15 mai. L'Assaut malicieux, avec un portrait, dessin à la plume d'Oscar Wilde, par H. de Toulouse-Lautrec.

Revue Blanche, Romain Coolus, 15 février, N°s 41 et suivants. Notes dramatiques sur le chariot de terre cuite, par Victor Barrucand. Cul-de-lampe. Un éléphant, par H. de Toulouse-Lautrec.

Revue Blanche, N°s 43 et suivants, 15 mars. Jules Renard Les Tablettes d'Eloi. Vignette figurant un Renard comme signature, par H. de Toulouse-Lautrec.

Nib. *Supplément illustré* (premier), de la *Revue blanche*, N° 39, janvier. Tristan Bernard. Moniteur des Peaux et des Tringles. Toulouse-Lautrec, 3 Estampes originales en lithographie. Voir Delteil, N°s 98, 99, 100.

Revue franco-américaine, juin. H. de T.-L. Reproduction Zimmermann et sa machine. Litho Delteil, N° 145.

La Plume, Edward Bella. N° 155, 1er octobre. Les affiches étrangères, p. 432, L'affiche anglaise, H. de T.-L. Confettis (affiche).

Pan. Société artistique et littéraire. M. O.-J. Bierbaum et J. Meier-Graefe, Présidents de la Société Pan, à Berlin. Édition allemande, t. I, p. 197, 3. H. de Toulouse-Lautrec, Marcelle Lender, en 8 couleurs. Delteil, N° 102. Édition française. Revue avec un supplément français. Directeur, Henri Albert, 9, rue des Beaux-Arts. H. de Toulouse-Lautrec, Marcelle Lender, litho en 8 couleurs. Tirage à 100 exemplaires, sur vélin, numérotés et signés, 10 francs. Voir Delteil, N° 102 et édition d'autres lithos. Voir p. 332.

Le Monde Moderne, Louis Gonse. L'affiche moderne. H. de Toulouse-Lautrec (reproduction affiche Jane Avril). Delteil, N° 345.

1896

Figaro Illustré, N° 74, mai. Journal mensuel illustré. Boussod-Valadon et Cie, éditeurs. Romain Coolus. Les deux sœurs légendaires. H. de Toulouse-Lautrec, 4 illustrations.

Le Rire, N° 62, 11 janvier. H. de T.-L., Skating, Professionnal beauty. N° 66, 8 février, H. de T.-L., Les grands concerts de l'Opéra. N° 67, 15 février. H. de T.-L., Carnaval, Entrée de Cha-U-kao au Moulin Rouge. N° 73, 28 mars, H. de T.-L., Chocolat dansant. N° 84, 13 juin, H. de T.-L., Dans les coulisses des Folies-Bergère. Mme Lona Barrison. N° 103, 24 octobre. H. de T.-L. Les petits levers. Qu'est-ce qu'on va déjeuner ?

Le Courrier français, H. de T.-L., reproduction d'affiches et de lithos, 16 février, La troupe de Mlle Eglantine, Delteil, N° 381 ; 3 mai, Elles. Lassitude, Delteil, N° 180 ; 17 mai, Elles. Le petit déjeuner, Delteil, N° 181.

Les Affiches illustrées, Charles Saunier, Maindron

La Plume, directeur Léon Deschamps, N° 15, 31 janvier ; N° 162, Toulouse-Lautrec, A. Bruant, Delteil, N° 342 ; N° 15, 30 avril ; N° 168, T.-L., p. 240, La Vache enragée ; N° 1, 30 mai ; N°s 169 et 170.

La Plume. XXe Salon des Cent. Henri Degron, H. de Toulouse-Lautrec, Album de Elles, illustrations : lithos, pp. 305, 306, 307, 308, 317. Et procès Arton-Ribot.

Revue encyclopédique, Toulouse-Lautrec, Couverture, Oscar Wille et Romain Coolus. Delteil, N° 195.

Catalogues d'affiches artistiques, A. Arnould, éditeur, 7, rue Racine. H. de T.-L., litho Débauche, Delteil, N° 178.

Etudes de femmes, Lemercier, éditeur, fasc. N° 1. H. de T.-L., litho, Souper à Londres. Delteil, N° 167.

The Chap Book, Revue américaine H. de T.-L., affiche. Irish and American Bar. Delteil, N° 362.

L'Aube, Revue illustrée. H. de T.-L., affiche. Delteil N° 363.

La Vache enragée, Journal mensuel illustré. Fondateur, A. Willette, directeur, A. Roedel. H. de T.-L., affiche. Delteil, N° 364.

La Vie artistique, Gustave Geffroy. H. de Toulouse-Lautrec, Exposition, rue Forest. *La Justice*, 14 janvier. Voir *Vie artistique*, t. VI, 1900. Floury, éditeur.

Les Maîtres de l'Affiche, Roger Marx, préface. Publication mensuelle. Imprimerie Chaix. H. de Toulouse-Lautrec. Vol. I, pl. 2, Le Divan japonais, Delteil N° 341. Pl. 238, La chaîne Simpson. Delteil, N° 360.

Les Affiches illustrées, Ernest Maindron (1886-1895). Librairie artistique, G. Boudet, éditeur. Toulouse-Lautrec, pp. 26, 34, 35, 72, 87, 108 à 112 : Son dessin admirable, sa simplicité, son art des teintes plates. Reproduction des affiches : Moulin Rouge, La Goulue, p. 32 ; Reine de joie, p. 66 ; Jane Avril, p. 166 ; Babylone, p. 111 ; Aristide Bruant dans son Cabaret, p. 113 ; Les drames de Toulouse, le pendu, p. 173.

Revue artistique, André Mellerio, N° de mars. Exposition de lithographies, peintures, affiches, 9, rue Forest.

Le mouvement idéaliste en peinture, André Mellerio, H. Floury, éditeur. Sur Toulouse-Lautrec, pp. 35, 36, 37 (Cachet d'élégance.)

Posters, A. Standish Hartrick. Préface. Edited by Edward Bella. A Collection of Posters. The illustred Catalogue of the Second exhibition, Royal Aquarium London. T.-L., p. 7 et illustrations.

1897

Les Maîtres de l'Affiche, Roger Marx. Préface. Publication mensuelle. Vol. II. H. de Toulouse-Lautrec, pl. 82. La Revue blanche. Delteil, N° 355.

L'Estampe et l'Affiche, André Mellerio. Directeur, Clément Janin. Rédacteur, A. Mellerio. Edouard Pelletan, éditeur. Vol. I, N° 1 du 15 mars 1897. Art. La Rénovation de l'affiche, N° du 15 avril, Voir p. 5 et p. 104. H. de Toulouse-Lautrec. Affiche L'Artisan moderne, Delteil, N° 350, Affiche Idylle princière, p. 100, Delteil, N° 206.

Les Peintres-Graveurs, Ambroise Vollard, éditeur. Appelé ensuite *Album d'Estampes originales*. IIe année, décembre. 32 estampes originales. 1. Toulouse-Lautrec, Partie de campagne, estampe en couleurs 0,39 × 0,50. Delteil, N° 219.

Le Rire, N° 117, 30 janvier. H. de T.-L., 1 illustration. Baron dans les Charbonniers. N° 129, 24 avril, H. de T.-L., Snobisme ; N° 114, 9 janvier, H. de T.-L., Alors vous êtes sage...

Les Hommes d'aujourd'hui, Henry Somm, par L. Roger Milès. Portrait d'Henry Somm, par Toulouse-Lautrec, 8e vol., N° 407.

Les Hommes d'aujourd'hui, Vanier, éditeur, 9e vol., N° 460. Librairie Vanier, 19, quai Saint-Michel. De Toulouse-Lautrec, par Ch. Donos. Caricature de Lautrec peignant devant un chevalet (qui porte un dessin de Lautrec, son portrait par lui-même), par Emile Cohl.

L'Image. Revue mensuelle littéraire et artistique. H. Floury, éditeur. Couverture par H. de Toulouse-Lautrec, N° 11, octobre. Mlle Marthe Mellot

1898

Les Maîtres de l'Affiche. Roger Marx. Préface. Publication mensuelle, Chaix, imprimeur. Vol. III, pl. 110, Jane Avril ; Pl. 122, La Goulue.

L'Estampe et l'Affiche, André Mellerio. Directeur, Clément Janin, E. Pelletan, éditeur. Vol. II, pp. 281 à 282. Affiche de T.-L.. L'Anglais au Moulin Rouge, Delteil, N° 10 ; Estampe, La Goulue et sa sœur, Delteil, N° 11 ; Estampe, Napoléon, Delteil, N° 358.

La Lithographie originale en couleurs. Publication de l'Estampe et l'Affiche, André Mellerio. Chap. II, Toulouse-Lautrec.

La Plume, Revue littéraire et artistique bi-mensuelle. Directeur, Léon Deschamps, p. 21, janvier. Carte de visite de M. de Toulouse-Lautrec, d'après une lithographie originale. Le compliment de Jour de l'An. Delteil, N° 207.

Yvette Guilbert (biographie), Arthur Byll. Drawn by H. de Toulouse-Lautrec. Bliss and Sands, éditeurs, Londres. Série anglaise de 8 lithographies et d'une couverture originale pour l'album. Delteil, N°s 250 à 260.

Mercure de France. août. Cirques. cabarets, concerts, 25 albums. Librairie d'art Baschet, Toulouse-Lautrec, par Jean de Tinan.

1899

Les Maîtres de l'Affiche, Roger Marx. Préface. Toulouse-Lautrec, p. 111. Vol. IV, publication mensuelle. Imprimerie Chaix.

Germinal. Gustave Geffroy. Préface. Sur Toulouse-Lautrec. Album de XX estampes originales. Edition de la Maison Moderne, 82, rue des Petits-Champs. Meier Graefe. Carton orné par G. Lemmen, Au bal public, estampe sur Japon, de Toulouse-Lautrec. Delteil. N° 290.

L'Estampe et l'Affiche, E. de Crauzat. Directeur, Clément Janin. Rédacteur, André Mellerio. Edouard Pelletan, éditeur Vol. III, p. 12. Murailles. H. de T.-L. Vache enragée et la Chaîne Simpson, (affiches inférieures.) P. 78, annonce de l'internement de Lautrec.

La Plume. Aristide Bruant dans son cabaret. p. 491. Delteil. N° 348.

La Revue Encyclopédique. 25 mars. Roger Marx. Sur H. de T.-L. et son internement. Rappel de l'article de 1896.

Le Monde Moderne. juin. N° 54. Octave Uzanne. Les Maîtres de l'Estampe et de l'Affiche, M. Toulouse-Lautrec. 9 reproductions d'affiches.

1900

Les Maîtres de l'Affiche. Roger Marx. Préface. Publication mensuelle. Imprimerie Chaix. Vol. V. H. T.-L., pl. 238. Chaîne Simpson (reproduction).

Paris-Magazine. Londres. From the original drawing by H. T.-L. Polaire. Delteil, N° 227.

La Vie artistique. Gustave Geffroy. 7e série. Souvenirs de l'Exposition de 1900. L'Exposition Centennale et décennale de l'Estampe. H. de Toulouse-Lautrec, Floury, éditeur, 1901, p. 323.

La Vie artistique. Gustave Geffroy. 6e série, chap. XXXIV. H. de Toulouse-Lautrec, pp. 292, 293 et 294. 14 janvier. Exposition avec Joyant, 9, rue Forest. Floury, éditeurs.

Toulouse-Lautrec (1896), Roger Marx. Catalogue de tableaux composant la collection de M. E. Blot Vente des 9 et 10 mai.

1901

L'Art Moderne, Octave Maus. H. de Toulouse-Lautrec. Bruxelles. N° du 17 novembre.

La Revue Blanche, Thadée Natanson. Un Henri de Toulouse-Lautrec. N° 200, 1er octobre.

Revue Universelle, Roger Marx. «Mouvement général». Henri de Toulouse-Lautrec. Nécrologie. P. 1174, N° du, 13 décembre.

Revue de l'Art Ancien et Moderne, André Rivoire. H. de Toulouse-Lautrec. N° de décembre.

1902

La Chronique Médicale, L.-N. Baragnon. Revue bi-mensuelle, directeur, Dr Cabanès. N° 4, 15 février. La Médecine et l'Art, Toulouse-Lautrec chez Péan, avec 4 croquis à la plume.

L'Art Moderne, Maurice des Ombiaux. Revue critique hebdomadaire. N° 11, 16 mars, Bruxelles. La Libre Esthétique, Bruxelles. H. de Toulouse-Lautrec.

Revue de l'Art Ancien et Moderne, André Rivoire. H. de Toulouse-Lautrec. N° d'avril.

Mercure de France, avril. Chronique de Bruxelles. Rétrospective de Toulouse-Lautrec, à la Libre Esthétique, par Georges Eeckhoud.

Figaro Illustré. Numéro spécial, Arsène Alexandre. Toulouse-Lautrec. Le Peintre Toulouse-Lautrec, N° 145, avril. 37 illustrations en couleurs et en noir, Manzi, Joyant et Cie, éditeurs.

Préface du Catalogue de l'Exposition H. de Toulouse-Lautrec. Arsène Alexandre. Galerie Durand-Ruel. mai.

Mercure de France, mai. Art Moderne. Les Indépendants. Rétrospective de Toulouse-Lautrec, par André Fontainas.

Mercure de France, juin. Art Moderne. Exposition chez Durand-Ruel de H. de Toulouse-Lautrec, par André Fontainas.

Les Arts, N° 5, juin, Saint-Luc. Courrier des Arts-Exposition Toulouse-Lautrec, Galerie Durand-Ruel. Manzi, Joyant et Cie, éditeurs.

Maître de sa joie, Jean Dolent. Alphonse Lemerre, éditeur, p. 97. Gustave Moreau n'aimait pas Puvis de Chavannes. Il disait : « Du papier peint. » Il n'aimait pas les impressionnistes. et cependant il tenait à son portrait par Degas : il l'avait dans sa chambre ; et d'un Toulouse-Lautrec, où, rue Laffitte, il avait dit : « C'est presque un chef-d'œuvre. » P. 112, T.-L. disait : « Le portrait de Mme Samary par Renoir, c'est mal fichu, mais que c'est bien l » P. 130, « Forain, La noblesse de Toulouse-Lautrec ».

1903

Catalogue Exposition des Œuvres de H. de Toulouse-Lautrec. Pascal Forthuny. Préface. 20 avril, 3 mai. Galerie Barthélemy, 52, rue Laffitte.

1904

Les Arts. Maurice Hamel, N° 35, novembre. Manzi, Joyant et Cie, éditeurs. *Le Salon d'Automne.* 2e année. Rétrospectives de Renoir, Puvis de Chavannes, Cézanne et Toulouse-Lautrec, 1 illustration

Paris Illustré. N° 28, novembre. Manzi-Joyant et Cie, éditeurs. 3 illustrations. *Le Salon d'Automne*, Rétrospective de Toulouse-Lautrec.

Le Mercure de France, décembre. Notes sur le Salon d'Automne : Toulouse-Lautrec, par J.-E. Blanche.

1905

Au Cirque, Arsène Alexandre. Préface. Album avec 22 fac-similés de dessins. Manzi, Joyant et Cie, éditeurs.

Préface du Catalogue d'œuvres appartenant à A. Bruant. Vente du 13 avril. Roger Milès. Toulouse-Lautrec, Steinlen, A. Bruant.

1906

L'Imprimerie et les procédés de gravure au XXe siècle. André Marty : Procédés spéciaux de reproduction, Pochoir, Fragment de la couverture lithographiée du premier numéro de l'*Estampe originale*. Voir Delteil, N° 17. Lithographie de H. de T.-L., fac-similé au pochoir sur papier d'Arches, 1 volume chez l'auteur, à Paris, v. p. 56, Lautrec et les crachis.

1907

Conférence donnée à l'Exposition des œuvres de H. de Toulouse-Lautrec et de Gairaud, par Jules Pigasse, dans les Salons du *Télégramme* à Toulouse, le vendredi 13 décembre. (Brochure). Imprimerie coopérative du Sud-Ouest, Albi.

Préface du Catalogue de l'Exposition des œuvres de H. de Toulouse-Lautrec, par Louis Lacroix, dans les Salons du *Télégramme*, à Toulouse, 14 décembre. Delteil, N° 366.

1908

Les Arts. N° 81, septembre, Louis Vauxcelles. La collection Paul Gallimard. Sur quatre tableaux de Toulouse-Lautrec.

1910

Album de huit lithographies en couleurs tirées sur Chine. Henri de Toulouse-Lautrec. Librairie Lucien Gougy. Réimpression des planches du *Rire* en typographie et annoncée à tort comme lithographies. 35 collections de 8 planches : 120 francs. Destruction des planches et clichés ? ?

1912

Moderne Illustratoren. Hermann Esswein and A.-W. Heymel. 111e, H. de Toulouse-Lautrec. R. Piper and Co. München und Leipzig, environ 50 francs. Nombreuses illustrations en typographie. Retirage en 1916.

1913

H. de Toulouse-Lautrec, Gustave Coquiot. 1 vol. Nombreuses illustrations, la plupart inédites avec des souvenirs. Auguste Blaizot, libraire, éditeur.

H. de Toulouse-Lautrec. Tristan Bernard et Gustave Coquiot. Préface du *Catalogue Illustré* de la Collection de tableaux, aquarelles et dessins de M. Heim de Munich dont la vente a eu lieu hôtel Drouot, le 30 avril 1913.

La Nouvelle Revue, Louis Thomas, H. de Toulouse-Lautrec, N° 29, 1er juillet. Bi-mensuelle, directeur H. Austruy. 3 illustrations d'après Lautrec.

La Peinture, Tristan Leclère. Les derniers états des lettres et des arts, E. Sansot et Cie, éditeurs, 1 vol. 1 fr. 50. Toulouse-Lautrec, p. 23.

1914

Préface du Catalogue illustré de l'Exposition, Arsène Alexandre, H. de Toulouse-Lautrec. Rétrospective de l'œuvre de H. de T.-L. Galerie Manzi-Joyant et Cie, 15, rue de la Ville-l'Evêque.

Les Arts, Arsène Alexandre. Exposition Rétrospective de l'œuvre de H. de T.-L. à l'Hôtel de la Revue *les Arts*, N° 152, août. Manzi, Joyant et Cie, éditeurs.

Gazette des Beaux-Arts, Gustave Geffroy, H. de Toulouse-Lautrec, août .

L'Art et les Artistes, Gustave Coquiot, H. de Toulouse-Lautrec. N° 110, mai. Directeur, Armand Dayot.

La Grande Revue, Charles Saunier. Les Arts. Henri de Toulouse-Lautrec. N° 25, juin.

La Nouvelle Revue française, H.-G. Les Expositions. A propos de quelques Lautrec. Directeur, J. Copeau, N° 68 (mensuelle), 1er août.

Art et Décoration, François Monod. Exposition H. de Toulouse-Lautrec. Revue N° 7, juillet.

Fantasio, Lucien Métivet. Une belle rétrospective, Toulouse-Lautrec. N° 192, 15 juillet. 4 illustrations.

Der moderne impressionismus, Julius Meier-Graefe, Toulouse-Lautrec. Die Kunst. Richard Muther, Band XI. Julius Bard, Berlin.

Charles Conder, His Life and Work, Frank Gibson. London, John Lane. The Bodley Head. New-York, p. 32 Conder's friendship with. H. de Toulouse-Lautrec.

1917

Les Arts, Arsène Alexandre. Les « Indépendants ». N° 159. Manzi, Joyant et Cie, éditeurs. Exposition avec rétrospective dans la Galerie Manzi-Joyant ; illustration-portrait de M. de Lauradour par Toulouse-Lautrec.

1919

La Grande Revue. Paul Leclercq, Autour de Toulouse-Lautrec. N° 11, novembre.

1920

Lautrec, Théodore Duret, Bernheim jeunes, éditeurs. XXXVIII hors-texte en phototypie Jacomet.

Le peintre-graveur illustré, Loys Delteil. XIXe et XXe siècles, t. X et XI. H. de Toulouse-Lautrec. œuvre gravé et lithographié de H. de T.-L. Préface de Loys Delteil. 368 reproductions.

Préface du Catalogue d'œuvres importantes de Toulouse-Lautrec, L. Cornillon, H. de Toulouse-Lautrec. Formant la collection de M. S. Sévadjian. Vente du 22 mars. Cat. illustré, 15 illustrations.

Autour de Toulouse-Lautrec, Paul Leclercq, H. Floury, éditeur, avec illustrations et couverture illustrée (réimpression de l'article de Paul Leclercq dans la *Grande Revue*, N° 11, novembre 1919.)

1921

Lautrec ou quinze ans de mœurs parisiennes, Gustave Coquiot. Librairie Ollendorff (1885-1900). Des commentaires sur l'œuvre. D'ensemble. Des souvenirs sur la vie. Vol. in-8° écu. 24 reproductions hors texte : 15 francs.

1922

Inauguration de l'installation du Musée d'Albi et de la Galerie H. de Toulouse-Lautrec. Au palais de la Berbie, 30 juillet. Discours de MM. Charles Bellet, Maurice Joyant et Léon Bérard, ministre de l'Instruction publique et des Beaux-Arts. Introduction de Charles Géniaux, brochure. Musée d'Albi. Prix : 1 franc.

La Renaissance de l'Art français et des Industries de luxe. 5ᵉ année, N° 1, janvier. Directeur, Henry Lapauze. Arsène Alexandre. Toulouse-Lautrec au Musée d'Albi. 14 illustrations.

The Print Collector's Quaterly. Vol. 9, N° 4, décembre, edited by Campbell Dodgson. Arthur Symons. Notes on Toulouse-Lautrec and his lithographes, 12 reproductions de lithos.

La Chronique Médicale, M. le Dʳ Tapié de Céleyran, N° du 1ᵉʳ décembre. Médecine et Art. Henri de Toulouse-Lautrec et ses relations médicales.

Bulletin municipal de la Ville d'Albi, 10 août 1922. N° 116.

Les Annales, 13 août 1922. 9 illustrations. L'œuvre de Toulouse-Lautrec, le Musée d'Albi, par Léon Plée. L'Historien du plaisir, par Gustave Geffroy. Le descendant des comtes de Toulouse-Lautrec, par A. Rivoire.

La Renaissance politique, littéraire et artistique, 5 août 1922, N° 31. D'Ingres à Lautrec, par Pierre Claude.

L'Amateur d'estampes, 25 juillet 1922, 1ᵉ année, N° 8. A propos de Toulouse-Lautrec et de son Musée.

La Renaissance politique, littéraire et artistique, 28 octobre 1922, N° 43, La Revue des Revues, H. de Toulouse-Lautrec.

1923

Le Mercure de France. N° 1 du 1ᵉʳ août 1923. Auguste Marguillier, Le Musée Toulouse-Lautrec à Albi.

1924

Catalogue illustré, Galerie Henri de Toulouse-Lautrec. Palais de la Berbie. Introduction de M. Arsène Alexandre. Préface de M Maurice Joyant. Musée d'Albi. Prix : 2 fr. 50.

The print Collector's Quaterly. Vol. II, N° 2, edited by Campbell Dogson, avril. Modern lithography, by F. Ernest Jackson, p. 215, litho de Toulouse-Lautrec.

Des Peintres maudits. Gustave Coquiot. A. Delpeuch, éditeur, *Lautrec,* p. 65.

Das Graphische Kabinet, Gotthard Jedlicka, Lautrec. IX, Jahrgang. Heft 2, Marz-april, Kunstsammling Museum Winterthür katalog des unstellung von lithographirn, plakaten, fac-simile drucken. Zeichnungen und gemalden von Henri de Toulouse-Lautrec, 11 mai, bis 15 juin.

L'Œuvre. Revue Internationale des Arts du théâtre, René Jean. Deux décors de Toulouse-Lautrec et de Paul Renouard. Pl. I. Décor indien pour le chariot de terre cuite de Kalisada. Victor Barrucand, fac-similé. Pastel de H. de Toulouse-Lautrec. Editions Albert Morancé, fascicule Automne 1924.

1925

Toulouse-Lautrec, Gustave Coquiot. Traduction Carl Einstein. Verlag Ernst Wasmuth, A.-G. Berlin. 48 illustrations en phototypie. Album.

La Revue Mistinguett, Grande Revue d'hiver au Moulin Rouge, 2 actes et 50 tableaux de M. Jacques-Charles. Produced by Earl Leslie. Prologue : Le Moulin Rouge de Toulouse-Lautrec en 1889 : Grille d'égout (Mlle Malaterre) ; Nini patte en l'air (Simone Tilly) ; Rayon d'Or (Bourgeois) ; La Goulue (Nelly Rowe) ; Jane Avril (Nolly Grey) ; Sarah la bouquetière (Alily) ; Macarona (Mercédès); La môme Cricri (Stella) ; La Tonkinoise (Praxèdes) ; Demi-siphon (Mélamette) ; La môme Fromage (Jacx) ; Eglantine (Romeuf) ; Mélinite (Sonia) ; Emilienne la fleuriste (Oléo) ; Valentin le Désossé (M. Francés) ; Aristide Bruant (Gayto) ; Toulouse-Lautrec (Tom Thyl) ; Le Fidèle Cousin (Garcy) ; Le Prince de Sagan (Leggo) ; Alexandre Duval (Lewis) ; Maurice Donnay (Varèze) ; Jean Lorrain (Blentzy) ; Liane de Pougy (Mlle Myrra Delhi).

1926

H. de Toulouse-Lautrec, par Achille Astre. Maîtres anciens et modernes sous la direction de Gustave Geffroy, de l'Académie Goncourt. Préface de Gustave Geffroy. Editions Nilsson.

Le Théâtre, le Cirque, le Music-Hall et les Peintres du XVIIIᵉ siècle à nos jours. Préface de Camille Mauclair (Toulouse-Lautrec), La Danse au Moulin Rouge, Valentin le Désossé, par H. de Toulouse-Lautrec, p. 74. Flammarion, éditeur.

Journal inédit, de Jules Renard, 1900-1902. Bernouard, éditeur. Sur la mort de M. H. de Toulouse-Lautrec, p. 839.

L'Art vivant. Revue bi-mensuelle. Edition. Librairie Larousse. N° 42, 15 septembre. Henri de Toulouse-Lautrec, par André Salmon (7 illustrations).

L'Art vivant, Revue bi-mensuelle, N° 46, 15 novembre 1926. Découpages, par Robert Rey. (La Baraque de la Goulue, de H. de Toulouse-Lautrec).

1927

L'Art et les Artistes, directeur Armand Dayot. H. de Toulouse-Lautrec, par Maurice Joyant, N° 2. 25 février.

La Renaissance de l'Art français et les Industries du Livre. La lithographie de Toulouse-Lautrec au Musée du Luxembourg, par Arsène Alexandre, N° 3, Mars.

II. - Journaux quotidiens
(1891-1927)

1891

Echo de Paris, 31 mars. Les Indépendants, par Octave Mirbeau.

Paris. H. de Toulouse-Lautrec. Affiches, par Arsène Alexandre.

Le Rapide, 30 mai. Le Salon des arts libéraux. Sur Anquetin et T.-L., par Roger Marx.

1892

En dehors, N° 62, 10 juillet. Sur Reine de Joie.

Le Rapide, N° du 17 novembre. L'Art à Paris. L'Exposition des Symbolistes chez Le Barc de Boutteville. Sur T.-L., par Roger Marx.

Le Rapide, N° du 3 décembre. L'Exposition des peintres néo-impressionnistes. La scission avec les Symbolistes, par Roger Marx.

1893

Le Rapide, avril. Les Indépendants. Sur T.-L., par Roger Marx.

Le Rapide, 21 mai. Les peintres graveurs français. 5ᵉ Exposition. Sur T.-L. et sa maîtrise, par Roger Marx.

Le Rapide, 10 septembre. L'art décoratif et les symbolistes, par Roger Marx.

La Justice, 19 février. Henri de Toulouse-Lautrec, par Gustave Geffroy.

A propos de l'Exposition
chez Boussod Valadon,
19, Boulevard Montmartre

La Vie Artistique, 10 février. Charles Maurin et H. de Toulouse-Lautrec, par André Marty.

Journal des Artistes, 12 février.

Le Temps, 4 février. Petits Salons. Les Inquiets. Charles Maurin. Henri de Toulouse-Lautrec, par Thiébault-Sisson.

Gil Blas, 5 avril. Toulouse-Lautrec, par Santillane.

Le Père Peinard, 30 avril. Sur les affiches de Lautrec, voir Delteil, N° 341

Journal les Arts, mars. Le Salon des Indépendants.

Le Rapide, 13 février. L'Art nouveau, par Roger Marx. Exposition d'ouvrages récents de M. Ch. Maurin et de T.-L. Galerie Goupil, 19, boulevard Montmartre.

1894

Sur l'Album d'Yvette Guilbert

La Justice, 15 septembre. Au Café-Concert, par Georges Clemenceau.

La Dépêche de Toulouse, 11 septembre. Au Café-Concert, par Homodel (Hue).

Paris, 18 août. Chronique d'aujourd'hui. Siècle qui chante, par Arsène Alexandre.

Le Figaro, septembre. Au jour le jour (1ʳᵉ page). Yvette Guilbert, par Gaston Davenay.

1895

La Dépêche de Toulouse, fin 1895. A propos de l'affiche du Tocsin. Profils. H. de Toulouse-Lautrec, par Nick.

1896

Le Journal, 14 janvier. H. de Toulouse-Lautrec, par Gustave Geffroy.

1897

Exposition de Londres à The Goupil Gallery.

World, 11 mai ; **Chronicle**, 10 juin. Art and Artlesness ; **Pall Mall Gazette**, 14 mai. Minor exhibitions, M. Henri de Toulouse-Lautrec, by Charles Méryon ; **The Echo**, 24 mai ; **Daily News** ; 11 juin ; **Star**, 10 mai ; **Glasgow pictorial**, 3 mai ; **Lady's pictorial**, 11 juin ; **Morning Leader**, 13 mai, by N.-E. Vermind ; **Standard**, 3 mai ; **Standard, Globe**, 10 mai.

1899

Internement à Madrid

Le Journal, mars. La vraie force, par Alexandre Hepp.

La Dépêche de Toulouse, 23 mars. Chronique. Toulouse-Lautrec, par Homodel (Hue).

Echo de Paris, 28 mars. Le secret du bonheur, par E. Lepelletier.

Le Figaro, 30 mars. Une guérison, par Arsène Alexandre.

1900

La Petite Gironde, décembre. Exposition moderne, à Bordeaux, par Paul Berthelot.

1901

Articles nécrologiques

Le Temps, 11 septembre. Nécrologie, par Thiébault-Sisson.

Le Figaro, 12 septembre. Toulouse-Lautrec, par Numa Baragnon.

L'Echo de Paris, 10 septembre. H. de Toulouse-Lautrec, par Lepelletier.

Le Gil Blas, 11 septembre. La Vie parisienne. Toulouse-Lautrec, par Santillane.

Le Gil Blas, 12 septembre. La Vie Parisienne, les Music-Halls, par Santillane.

La Fronde, 11 septembre. Toulouse-Lautrec, par Marie-Louise Néron.

Evénement, 11 septembre. Notes parisiennes. Les victimes de l'excitant, par Frontès.

Le Courrier français, 15 septembre. Nécrologie. H. de Toulouse-Lautrec, par Jules Roques.

Le Cri de Paris, 15 septembre. H. de Toulouse-Lautrec.

Diogène, 15 septembre.

Le Télégramme de Toulouse, 16 septembre. Chronique. H. de Toulouse-Lautrec, par Jean-Louis Renaud.

La Dépêche de Toulouse, 16 septembre. Modernités. H. de Toulouse-Lautrec, par Octave Uzanne.

La Petite Gironde, 12 septembre. H. de Toulouse-Lautrec, par P.-B.

Le Petit Havre, 21 septembre. Paris en province. Le peintre des Filles Orchidées, par Georges Montorgueil.

La Vie Marseillaise, 21 septembre. Effigies. H. de Toulouse-Lautrec, par J.-F. Louis Merlet.

Le Temps, 19 septembre. Au jour le jour. H. de Toulouse-Lautrec, par André Rivoire.

Le Soir, 20 septembre. Bruxelles. L'Art alcoolique, par Gringoire.

L'Estampe, 22 septembre. Nos Morts, par C. Chincholle.

Lyon Républicain, 15 septembre, par Jumelles.

Un nombre incalculable de journaux de France et de l'étranger ont reproduit ou consacré des articles. Parmi les plus importants :

National Zeitung, Berlin, 14 septembre ; **Die Nation,** Berlin, 21 septembre. H. de Toulouse-Lautrec, par Julius Elias ; **Frankfurter Zeitung,** 12 septembre, Toulouse-Lautrec ; **Fremdemblatt,** 14 septembre, Vienne (Autriche). Ein tragisches kunstlerschicksal ; **Berliner Tageblatt,** 13 septembre. Toulouse-Lautrec ; **American Register,** 14 septembre ; **The Daily Telegraph,** Londres, 11 septembre ; **Sketch,** Londres, 18 septembre ; **De Telegraaf,** Amsterdam, 13 septembre ; **The Daily Chronicle,** 28 septembre.

1904

L'Humanité, 23 décembre. H. de Toulouse-Lautrec, par Gustave Geffroy.

1907

A propos de l'Exposition à Toulouse

Gazette du Tarn, 22 décembre. Au pays Tarnais. Deux artistes Albigeois, par J. de Lahondès.

Télégramme de Toulouse, 4 décembre. L'Art au Télégramme. Une Exposition des œuvres d'Henri de Toulouse-Lautrec et de Cairand, par H.-B., comte H. Bégouen.

1909

Echo de Paris, 15 décembre. Exposition des Humoristes. Galerie Georges Petit. Rétrospective de H. de Toulouse-Lautrec.

1913

La Dépêche de Toulouse, 5 janvier. Au jour le jour. H. de Toulouse-Lautrec, par J.-F.-Louis Merlet (à propos de l'entrée de ses tableaux au Musée de Toulouse).

1914

Exposition rétrospective
Galerie Manzi, Joyant & Cie

Le Figaro, 16 juin. La Vie artistique, H. de T.-L., par Arsène Alexandre.

Comœdia, 13 juin. La Semaine Artistique. Indications sur Lautrec et son œuvre, par Arsène Alexandre.

Express du Midi, 6 juin. Choses d'art. La vie et l'œuvre d'Henri de Toulouse-Lautrec, par Jean de l'Hers.

Excelsior, 24 juin. La quinzaine artistique. Une Exposition de Toulouse-Lautrec, par Emile Henriot.

L'Intransigeant, 18 juin. La vie artistique. Exposition rétrospective de l'œuvre de T.-L., par J. B.

Gil Blas, 16 juin. Exposition Toulouse-Lautrec, par Louis Vauxcelles.

L'Opinion, 20 juin. Beaux-Arts. Toulouse-Lautrec, par Robert Rey.

Les Nouvelles, 19 juin. La Rétrospective de T.-L., par Marcel Pays.

La France, 22 juin. Les Expositions. T.-L., par Marius-Ary Leblond.

Le Radical, 28 juin. L'œuvre de Toulouse-Lautrec.

Théâtre, 7 juillet. Notes d'art. H. de Toulouse-Lautrec et le théâtre, par A. Grass-Mick.

Le Petit Parisien, 17 juin. L'Exposition des œuvres de feu T.-L., par Jean Claude.

Le Matin, 6 juillet. L'œuvre de Toulouse-Lautrec au Louvre, par Georges Lecomte.

Eclair, 18 juin. Les Toulouse-Lautrec du docteur. Comment des toiles qu'on couvre d'or deviennent des toiles à laver, par G. M.

Gazette de Hollande, 4 juillet. La Haye. Lettre de Paris, par Francis de Miomandre

La Petite République, 19 juin. A propos d'une Exposition de T.-L., par Henri Pellier.

The Egoist, Londres, 1er juillet. Passing Paris.

1915

Fantasio, 1er avril, N° 197. Au Moulin Rouge, La Goulue et sa sœur. Delteil, N° 11.

1920

L'Eclair, 5 février. Jeudi artistique. H. de Toulouse-Lautrec au Louvre, par Louis Vauxcelles.

1922

Inauguration du Musée d'Albi

L'Avenir, 24 juillet. A propos du Musée T.-L., par André Warnod.

Eclair, 31 juillet. M. Léon Bérard a inauguré le Musée T.-L.

Le Populaire, 31 juillet. A Albi, par Fieu.

Figaro, 31 juillet. M. Léon Bérard, à Albi.

La Dépêche, 31 juillet. Inauguration du Musée et des Galeries de Toulouse-Lautrec

L'Avenir, 1er août M. Bérard à Albi. Toulouse-Lautrec, peintre des femmes damnées.

Le Journal, 1er août. Mon film, par Clément Vautel.

Comœdia, 15 septembre. « Va t'faire moudre ». Scène de la nouvelle revue de Jean des Rieux, au Moulin de la Chanson. Scène de Toulouse-Lautrec à l'Archevêché.

Le Figaro, 23 juillet. Petit Courrier des Arts. Musée Toulouse-Lautrec, par Jack Pencil (A. Alexandre).

Le Temps, 31 juillet. M. Léon Bérard à Albi. L'inauguration des salles H. de Toulouse-Lautrec.

La Gazette du Tarn, 6 août. Les fêtes d'Albi.

Le Télégramme, 31 juillet. Les fêtes d'Albi.

L'Express du Midi, 31 juillet. Les fêtes d'Albi.

1923

Comœdia, mardi 11 décembre. Les décorations de Toulouse-Lautrec (rue d'Amboise), par André Warnod, avec illustrations.

1925

Exhibition Toulouse-Lautrec
Wildenstein Galleries, 647 fifth avenue
New-York

Opening, 16 février, Paul Rosenberg et C°.

New-York City, 21 février. Paintings by Lautrec, H. C.

The Sun, 21 février. Toulouse-Lautrec Work shown. Masterpiece of Artist on views at Wildensteins, by Henry Mc Bride (illustration La Pierreuse).

The Brooklyn Daily Eagle, 22 février. New-York. Superb Collection of Toulouse-Lautrec at Wildensteins, by Helen Appleton Read (illustration : Au Moulin Rouge).

The New-York Times, 22 février. Art. Exhibitions of the Week.

The New-York Herald tribune, 22 février. A Good Week in the Art Galleries. French art. Toulouse Lautrec (illustration : Au Moulin Rouge).

The New York Herald Tribune, 22 février. Illustration. Femme dans un atelier.

New-York evening post, 21 février. About artists and their work. Exhibition Shows large number of paintings by T.-L. His Art as un aspect of his life.

1926

Journal du Tarn, 29 mai. Autour de Toulouse-Lautrec, par Mos. H. de T.-L., par Achille Astre. Nilsson, éditeur.

Echo de Paris, 20 mai. Henri de Toulouse-Lautrec. Préface de Gustave Geffroy, pour H. de T.-L., par Achille Astre. Nilsson, éditeur. Origines et vocation de Lautrec.

Intransigeant, 16 juin. Les collections Pierre Decourcelle, R. B.

Paris-Midi, 16 juin. Une visite chez un grand amateur : P. Decourcelle, par G. J. C.

Liberté, 15 juin. La vente Pierre Decourcelle. Toulouse-Lautrec, par Robert Rey.

Excelsior, 11 juin. La Danseuse en scène, par Toulouse-Lautrec.

Comœdia, H. de Toulouse-Lautrec. La vente Pierre Decourcelle.

1927

Le Matin, 12 mars. L'Exposition des lithographies de Toulouse-Lautrec a été inaugurée hier au Luxembourg, par M. Herriot.

Le Petit Journal, 12 mars. Art et Exposition.

Le Temps, 12 mars. Au Musée du Luxembourg.

Le Petit Parisien, 12 mars. Les lithographies de Toulouse-Lautrec.

L'Avenir, 12 mars. Les lithographies de Toulouse-Lautrec, par André Warnod.

Le Petit Provençal, 20 mars. Sur Henri de Toulouse-Lautrec : A propos d'une Exposition d'ensemble de ses lithographies au Luxembourg, par J.-F. Louis Merlet.

Le Figaro, 13 mars. Toulouse-Lautrec au Luxembourg, par Arsène Alexandre.

L'Echo de Paris, 24 mars. Toulouse-Lautrec au Luxembourg, par Jean-Louis Vaudoyer.

L'Eclaireur de Nice, 24 mars. Un Grand Blessé, par Camille Mauclair.

LE PILORI

NOTE

Les Faux peuvent se diviser en trois catégories d'œuvres :

1° D'œuvres, copies ou non, signées de fausses signatures ou monogrammes ;

2° D'œuvres non signées, copies d'œuvres de Lautrec ;

3° D'œuvres non signées dont la composition ne peut être attribuée à Lautrec;

Nous ne donnons que des faux signés faussement.

LISTE DE QUELQUES FAUX SIGNÉS

Tête de la Goulue. Contrefaçon de l'affiche : Moulin Rouge, voir Delteil, N° 339. Saisie du 1er décembre 1921

Jane Avril dansant. Contrefaçon de l'affiche, voir Delteil, N° 345. Saisie du 1er décembre 1921.

Mlle Marcelle Lender. Contrefaçon d'après l'estampe. Mlle Marcelle Lender, debout, voir Delteil, N° 103. Saisie du 1er décembre 1921.

Au Moulin Rouge. La danse au Moulin Rouge ou le Départ du Quadrille. Carton en haut. 0,60 × 0,50. Monogramme faux de l'artiste en bas et à droite. Saisies des 6 janvier 1922 et 8 mai 1923. Copie d'un tableau original. Photo du faux à comparer avec cliché Joyant. Photo du tableau original Druet, N° 6926, publié dans *Lautrec*, par Joyant. Floury, 1926, vol. I, p. 156. Catalogue 1892, p. 275. Lautrec n'a exécuté qu'un seul tableau de cette composition

Au Moulin Rouge. La danse au Moulin Rouge ou le Départ du Quadrille. Carton en haut. 0,60 × 0,50, primitivement signé du monogramme, qui a été effacé par la suite. Réplique comme faux du précédent. Saisie des 6 janvier 1922 et 8 mai 1923. Voir article précédent.

Aux Ambassadeurs ou Gens chics. Carton en haut; 0,89 × 0,65. Signé Lautrec à gauche et en bas. Contrefaçon du sujet paru dans le *Figaro Illustré*, N° 40. Juillet 1893. Le plaisir à Paris, Les restaurants et les cafés-concerts des Champs-Élysées, par Gustave Geffroy. Dans le sujet, il y a en outre une seconde contrefaçon. Yvette Guilbert, de profil. Illustration suivante du même article du *Figaro Illustré*. Dans le tableau original Yvette Guilbert est de face. Comparer la photo du faux : avec la reproduction. p. 124, *Lautrec*, Floury, 1926, et au Catalogue 1893 aux Ambassadeurs, p. 278. *Photo de New-York.*

Au Moulin Rouge. Bal avec des danseuses. Carton en haut. 1 m. × 0,80. Signé Lautrec, en biais, à gauche et en bas. Copie d'un tableau de Myrbach qui a paru en hors-texte chromo typographique dans le N° 12, *Figaro Illustré*, mars 1891, p. 47.

Au Café. Trois hommes devisent avec une femme en manteau rose dont le visage d'une paleur jaunâtre s'affine sous un petit chapeau galette, hérissé d'une aigrette rose. Aquarelle en larg. 0,72 × 0,53. Signé du monogramme en bas et à gauche. Vente du 30 avril 1913, N° 11 : 1900 francs. A dû repasser dans la vente du 30 avril 1915, N° 11 : 580 fr.

Au Moulin Rouge : La clownesse Cha-U-Kao. Carton en haut. 0,40 × 0,32. Signé Lautrec 95, en bas et à gauche. Voir photo du faux reproduit p. 148. Contrefaçon du tableau original d'après hors-texte en couleurs du *Figaro Illustré*, N° 131, février 1901. Comparer avec les photos, et reproductions, p. 26 : *Lautrec*, par Joyant. Floury, 1926, et catalogue des Peintures, p. 289, 1895. Lautrec n'a jamais exécuté qu'un seul tableau. L'original, en 1926, est dans la collection de M. Oscar Reinhardt, à Winterthur (Suisse).

A l'Opéra : Mme Rose Caron dans " Faust ". Aquarelle en haut. 0,80 × 0,60. Signé Lautrec en bas et à gauche. Agrandissement et copie de la lithographie originale (0,355 × 0,265). Voir Delteil, N° 49.

Gueule de Bois ou la Buveuse. Carton parqueté portant au dos des étiquettes fausses de l'Exposition rétrospective. M. J. 1914, N° 30. En larg. 0,55 × 0,40. Monogramme faux en bas et à droite. Contrefaçon du même tableau : voir Vente Maurice Masson, 22 juin 1911, N° 40, signé *Lautrec* en bas et à droite, voir reproduction p. 87, *Lautrec*, Floury, 1926, et catalogue, p. 267, 1889. Pas de photo du faux qui a été refusé à l'Exposition Rétrospective de 1914.

Seize médaillons de femmes galantes. Copies des médaillons de la décoration du salon de la rue d'Amboise. Médaillons exécutés sur grosse toile à gros grains jaunes. Sans entourage, à la dimension des originaux. Photos des faux faites par Vizzavona. Photos de quatre faux, clichés Joyant. Voir décoration du salon de la maison de la rue d'Amboise, *Lautrec*, Floury, 1926. Reproductions pp. 159, 160, 161, et au catalogue : Maisons closes, 1892, p. 283. Quatre photos Joyant reproduites vol. II. p. 147.

La Blanchisseuse. Debout, allant vers la gauche, un
carton blanc sous le bras (au lieu d'un panier); à
gauche, un monsieur de profil avec un chapeau haut
de forme et raglan, à gauche, un bull-dog. Dans le
fond, un cheval blanc de face, musette au cou,
attelé à une carriole couverte. Dans le fond, à
droite, un fiacre vu de l'arrière, un kiosque de
journaux à peine indiqué, et la silhouette de profil
d'un cocher. Carton en haut. gouache et pastel,
1 m.05 × 0,72. Signé Lautrec 92, en biais et à droite.
Grossière contrefaçon de la Blanchisseuse. Illustration du *Paris illustré* du 7 juillet 1888. L'Eté
à Paris. Original a passé dans la vente Roger Max,
12 mai 1914, N° 222. Comparer avec l'ill. du catalogue et reproduction, page 89. Floury, 1926.
Lautrec, Joyant, et avec le fusain N° 97. Musée
d'Albi.

Deux femmes, en buste, assises. La première à droite
est de profil, cheveux blonds tombant dans le dos,
nœud de ruban dans les cheveux coupés à la chien
sur le front. En chemise bleue, elle est gorge et
bras nus. La seconde à gauche, de face légèrement
tournée vers la gauche, montre sa gorge largement décolletée et porte un peignoir rouge. Ces
deux femmes sont assises sur un divan rouge à
peine indiqué et leurs têtes se détachent sur un
fond de hachures jaunes. Le carton apparant
sert de valeur à presque toute la composition.
Carton en haut. 0,52 × 0,44. Signé Lautrec en
haut et à droite. La femme de gauche est une
copie inspirée par le portrait : Femme de maison,
1894. Voir *Lautrec*, par Joyant. Floury, 1926,
p. 156 et au catalogue, p. 285. Musée d'Albi,
N° 65.

Table des planches hors texte

	Pages
May Belfort (Affiche, 1895). *Reproduction en couleurs*	Couverture
Jane Avril (Affiche, 1893). *Reproduction en couleurs*	Frontispice
Nice. - Sur la promenade des Anglais (1879). *Reproduction en couleurs.* Collection de Mme de Toulouse-Lautrec	4
Sarah Bernhardt, dans Phèdre (Lithographie, 1893)	8
Elles. - La femme au tub (Lithographie, 1896)	16
Babylone d'Allemagne (Affiche, 1894). *Reproduction en couleurs*	18
Pourquoi pas?... Une fois n'est pas coutume (Lithographie, 1893)	20
La modiste (Lithographie, 1893)	24
Miss Ida Heath, danseuse anglaise (Lithographie, 1896)	26
Au Moulin Rouge. - La Goulue et sa sœur (Lithographie, 1896). *Reproduction en couleurs*	30
Mademoiselle Lender, dans Mme Satan (Lithographie, 1894)	44
Carnaval (Lithographie, 1894)	50
Les vieux messieurs (Lithographie, 1894)	52
L'Anglais au Moulin Rouge (Lithographie, 1892)	56
L'amazone et le chien (Lithographie, 1899)	58
La Mère Capulet (Peinture). *Reproduction en couleurs.* Collection de M. A. Corneau	62
Lugné-Poë, dans l'Image (Lithographie, 1894)	68
Eros vanné (Lithographie, 1894)	72
FORAIN. - Le Comte A. de Toulouse-Lautrec. *Reproduction en couleurs.* Collection de Mme de Toulouse-Lautrec	74
Leloir et Moreno, dans les Femmes Savantes (Lithographie, 1894)	86
Couverture de l'Estampe originale (Lithographie, 1893). *Reproduction en couleurs*	88
Attelage en tandem (Lithographie, 1897)	98
Les Vieilles Histoires (Lithographie, 1893)	100
La Goulue au Moulin Rouge (Affiche, 1891). *Reproduction en couleurs*	104
Aristide Bruant dans son Cabaret (Affiche, 1891). *Reproduction en couleurs.*	106
Confetti (Affiche, 1894)	108
May Milton (Affiche, 1895)	110

Pages

Bar-maid à Londres. *Reproduction en couleurs*. Collection de M. M. Joyant. 112
Mademoiselle Lender, saluant (Lithographie, 1895).................... 116
Au Cirque (Sanguine). *Héliogravure* 122
Histoires Naturelles, de Jules Renard. Couverture (Lithographie, 1899)... 124
Elles.- Femme au tub (Sanguine). *Fac-similé*. Collection de M. G. Astruc. 128
Mademoiselle Marcelle Lender (Lithographie, 1895)..................... 132
Miss May Belfort (Lithographie, 1895)................................ 134
Reine de Joie, de V. Joze (Affiche, 1892). *Reproduction en couleurs* 138
Mademoiselle Marcelle Lender (Lithographie, 1895).................... 140
Portrait de Monsieur X... *Pointe-sèche originale*..................... 144
Cecy Loftus (Lithographie, 1895)..................................... 154
Le Divan Japonais (Affiche, 1892). *Reproduction en couleurs*............. 164
La Goulue (Lithographie, 1894)....................................... 168
Au Hanneton (Lithographie, 1898)..................................... 184
Di ti fellow (Lithographie, 1898).................................... 192
Blanche et Noire (Lithographie, 1896)................................ 200
La grande loge (Lithographie, 1897).................................. 208
Procès Lebaudy. - Déposition de Mlle Marsy (Lithographie, 1896)........ 216
Idylle princière (Lithographie, 1897)................................ 224
Partie de campagne (Lithographie, 1897).............................. 232
Madame Le Margouin, modiste (Lithographie, 1900)..................... 240

Dans les exemplaires de luxe :

W. H. B. Sands, éditeur à Edimbourg. *Pointe-sèche originale*............. 36
Henry Somm. *Pointe-sèche originale*................................. 130

Pour toi !... *Lithographie originale.*
Sagesse. *Lithographie originale.*
Etude de femme. *Lithographie originale.*
Carnot malade ! *Lithographie originale.*

*(A cause de leur format, ces quatre lithographies originales
ne sont pas brochées dans les exemplaires de luxe.)*

Table des illustrations dans le texte

	Pages
Hôtel du Bosc, à Albi	1
Maison close (Croquis, 1894). Coll. de M. Guibert	2
Portrait de H. de Toulouse-Lautrec, par Anquetin (1889)	3
Portrait d'enfant (Fusain, 1882)	4
Moine assis dans une église (Aquarelle, 1880)	5
Académie (Atelier Cormon, 1882)	6
H. de Toulouse-Lautrec, par lui-même, et M. G. Tapié de Céleyran (Partie du tableau "Au Moulin Rouge ", 1892)	7
Tête de femme (1886)	8
Tête de vieil homme (Aquarelle, 1880)	9
Dans les prisons (1888)	10
Au café (Dessin au lavis, 1886)	11
Croquis. Coll. de M. Guibert	12
Croquis pour le Théâtre de l'Œuvre. Coll. de M. Guibert	12
Le dernier salut (1887)	13
Catulle Mendès. H. de Toulouse-Lautrec en carabin de l'Hôpital Saint-Louis (1888)	15
Tête de femme (1886)	16
La blanchisseuse (Encre de Chine, 1888)	17
H. de Toulouse-Lautrec. Sa charge, par lui-même, en chien (1888)	18
Tête de femme (1886)	19
Un Japonais (Bal du Courrier français, 1889)	20
Portrait-charge du Comte A. de Toulouse-Lautrec (1889)	20
Gentleman rider (Mine de plomb, 1888)	21
Gueule de bois (Encre de Chine, 1889)	22
Partie de la couverture de " L'Estampe originale ". Jane Avril regardant une épreuve (1893)	23
A Armenonville (Dessin au crayon bleu, 1896)	25
La Roue (Illustration pour " Les Plaisirs à Paris ", 1893)	26
Le Duc de Nemours	27
Au pied de l'échafaud (Affiche pour *Le Matin*, 1893)	29
Raoul Ponchon (1890)	30

Pages

Albert Besnard. - Anquetin (1888)... 31
La Loïe Fuller (Dessin, 1893)... 32
Aristide Bruant (Lithographie, 1893)... 33
Lender et Baron (Lithographie, 1893)... 35
Bruant à Courtelon (1894)... 36
Paul Viaud (1899)... 36
Aristide Bruant dans son Cabaret (Aquarelle, recherche pour l'affiche, 1893). 37
Madame Abdala (Lithographie, 1893)... 39
Croquis (1895)... 40
Croquis... 40
Brandès et Leloir (Lithographie, 1894)... 41
Ida Heath au bar (Lithographie, 1894)... 43
Croquis... 45
Monsieur Hermel (Croquis, 1896)... 45
Le Cortège du Radjah (Illustration pour " La Belle et la Bête ", 1895)... 46
Yvette Guilbert (Céramique, 1895)... 47
Yvette Guilbert (Lithographie, 1re planche de l'Album, 1894)... 48
Yvette Guilbert (Lithographie, 4e planche de l'Album, 1894)... 49
Monsieur H. Marty (Bal des Quat'-z-Arts, 1893)... 51
Monsieur Maurice Guibert (1895)... 53
May Belfort (Lithographie, 1895)... 55
La Passagère du 54 (Croquis, 1896)... 56
Gendarme espagnol à Tolède (Croquis, 1895)... 57
Le bon jockey (Aquarelle, 1895)... 59
Le crapaud (Illustration pour " Les Deux Sœurs légendaires ", 1896)... 60
Le paddock (Crayon et sépia, 1899)... 61
Habitué de bar (Croquis, 1895)... 63
Yvette Guilbert (Linger-longer-loo..., *Rire*, 1894)... 65
Au Moulin Rouge (Dessin et lavis, 1896)... 67
Monsieur G. Tapié de Céleyran (Croquis, 1896)... 69
Espagnols (Croquis, 1896)... 69
Skating. Professional beauty (Dessin au crayon bleu, 1896)... 71
Mademoiselle Polaire (Crayon et lavis, 1895)... 73
Chocolat dansant (Dessin à l'encre de Chine, 1896)... 75
Illustration pour " Le bon Jockey " (1895)... 77
Le Cardinal Lecot (Croquis, Bordeaux, 1900)... 78
Le chirurgien Péan opérant (Hôpital Saint-Louis, 1891)... 79
Madame Jeanne Granier dans " La Périchole " (Croquis, 1894)... 79
Les grands concerts à l'Opéra. - Amb. Thomas assistant à une répétition de
    " Françoise de Rimini " (Dessin, 1896)... 81
Le bar Picton (1896)... 83

Pages

" Elles ". - Femme mettant son corset. - Conquête de passage (1896)..... 85
Le père Cotelle (Dessin, 1893)... 87
Midinettes (Dessin, lavis et crachis, 1896).............................. 89
Le baron Moïse (La loge) (Lithographie pour " Au pied du Sinaï " de G. Clemenceau, 1898)... 91
Arrestation de Schlomé Fuss (Lithographie pour " Au pied du Sinaï ", de G. Clemenceau, 1898)... 93
La Halle aux draps à Cracovie (Lithographie pour " Au pied du Sinaï ", de G. Clemenceau, 1898)... 95
Mademoiselle Cocyte dans " La Belle Hélène " (Mine de plomb, 1900)..... 97
Attelage en tandem (Recherche pour la lithographie, 1897).............. 99
Le marin Laurentin (Croquis, Arcachon, 1896)....................... 102
Le chirurgien Péan (Croquis, Hôpital Saint-Louis, 1891).............. 103
Yvette Guilbert (Croquis, 1895)...................................... 103
Menu à la fillette nue (Lithographie, 1898) 107
Au Moulin Rouge. La Goulue (Recherche pour l'affiche, 1891) 109
Dans les coulisses des Folies-Bergère (Lavis et encre de Chine, 1896)....... 110
Mademoiselle G. dans " Messaline " (Dessin, 1900).................... 113
Croquis de main du violoniste Dancla (Bordeaux, 1900)................ 115
Passager du " Chili " (Croquis, 1897)................................ 115
Tête de femme (Sanguine, 1898). Coll. de M. Berthellemy.............. 119
Le jockey (Lithographie, 1899)....................................... 121
Le Bœuf (Lithographie pour les " Histoires Naturelles " de Jules Renard, 1899) 127
Profil féminin (Sanguine, 1899)...................................... 129
Le Chien (Lithographie pour les " Histoires Naturelles " de Jules Renard, 1899) 131
Croquis... 132
Couverture pour " La tribu d'Isidore ", de V. Joze (1897)............... 133
Le Cochon (Lithographie pour les " Histoires Naturelles ", de Jules Renard, 1899) 137
Monsieur Paul Sescau (Croquis, 1895) 141
Madame Rapetto (Croquis, 1896)..................................... 141
Mademoiselle Cocyte dans " La Belle Hélène " (Crayon noir, 1900)........ 143
Au cirque (1899)... 145
Copies des médaillons de la rue d'Amboise 147
Faux (d'après " La clownesse ")...................................... 148
Faux (d'après " Gens chics ").. 151
Faux (d'après " Au Moulin Rouge ") 152
Elsa la Viennoise (Mine de plomb, 1897).............................. 153
Monsieur M. Guibert (Croquis, 1894)................................. 154

Pages

Le motographe (Crayon et encre de Chine, 1899)........................ 155
Passager du " Chili " (Croquis, 1895)................................ 156
Croquis de main du violoniste Dancla (1900)......................... 157
Monsieur G. Tapié de Céleyran (Croquis, 1895)....................... 157
Au Moulin Rouge. - Entrée de Cha-U-Kao (Encre de Chine, 1896)........ 159
L'Epervier (Lithographie pour les " Histoires Naturelles de Jules Renard, 1899) 163
Mademoiselle Cocyte dans " La Belle Hélène " (Crayons noir et rouge, 1900). 165
Bal des étudiants (Dessin au crayon, 1900)........................... 167
Au cirque. - Chocolat (1899).. 168
Messaline (Mine de plomb, 1900)..................................... 169
Monsieur M. Guibert (Croquis, 1896)................................. 170
Le chirurgien Péan (Croquis, Hôpital Saint-Louis, 1891)............... 171
La Belle Hélène (Dessin aux crayons, 1900).......................... 172
Le poney Philidor (Lithographie, 1898).............................. 173
José Garcia el Algabeno (Tolède, 1896).............................. 174
Le chirurgien Péan (Croquis, 1891).................................. 245
Croquis.. 246
Croquis.. 251
Le chirurgien Péan (Croquis, 1891).................................. 257
La dernière goutte (Dessin du " Mirliton ", 1887)................... 276

Table des Matières

Pages

Chapitre Premier. LE PEINTRE ET LE DESSINATEUR I

    La Technique I

    Méthode de travail. - Choix du sujet. - Souci de la documentation exacte 45

    La Femme et les Parasites 50

    Du Chapeau haut de forme 56

    Du Cheval 58

    Des. Mains 62

    Des Accessoires 62

    Exécution matérielle 64

    Dessins, Fusains, Aquarelles. - Collaboration aux Journaux illustrés. - Des moyens de reproduction 68

    Du beau dessin 72

Chapitre II. LA LITHOGRAPHIE 79

    Les lithographies en noir 90

    Les estampes en couleurs 96

Chapitre III. LE CRÉATEUR D'AFFICHES 103

    Technique des affiches 110

Chapitre IV. LA CONQUÊTE DE L'IMMORTALITÉ 115

    Le portrait de M. Delaporte et le Musée du Luxembourg .. 139

    Ventes publiques. - Prix de vente 144

    Le Pilori. - Les faux 146

Chapitre V. LA RÉPARATION OFFICIELLE. - MUSÉES DE FRANCE ET DE L'ÉTRANGER 157

CONCLUSION 171

ESSAI DE CATALOGUE CHRONOLOGIQUE DES DESSINS, PASTELS, AQUARELLES, ET CÉRAMIQUES 175

ICONOGRAPHIE 246

PORTRAITS PARUS D'APRÈS DES PHOTOGRAPHIES 249

SIGNATURES 250

SUPPLÉMENT AU CATALOGUE CHRONOLOGIQUE DES PEINTURES DU VOLUME I. 251

EXPOSITIONS 254

VENTES PUBLIQUES 258

BIBLIOGRAPHIE : I. Revues, Journaux périodiques, Livres, Collaboration de H. de Toulouse-Lautrec (1886-1926) 265

    II. Journaux quotidiens (1891-1927) 271

LE PILORI 274

TABLE DES PLANCHES HORS TEXTE 277

TABLE DES ILLUSTRATIONS DANS LE TEXTE 279

Achevé d'imprimer
le 31 Mai 1927 sur les presses
de l'Imprimerie J. LANGLOIS
186, Faubourg Saint-Martin, 186
PARIS (Xe)

www.ingramcontent.com/pod-product-compliance
Lightning Source LLC
LaVergne TN
LVHW020600180726
843502LV00002B/307